国际战略与国际关系理论青年论丛

新世纪地区安全危机
及其治理

Regional Security Crisis and Its Management
in the New Century

主　编 / 刘鸣
副主编 / 顾炜　汪舒明

社会科学文献出版社
SOCIAL SCIENCES ACADEMIC PRESS (CHINA)

本书系第七届上海全球问题青年论坛（2015 年 10 月 24～25 日）择选论文集，会议由上海社会科学院国际问题研究所主办。

前　言

进入 21 世纪以来，世界范围内大国间直接冲突的可能性正在逐步降低，但各种地区性安全难题频现，各种地区危机与冲突层出不穷。在一些地区，危机和紧张得到了较好的管控，而在另一些地区，危机却上升为地区性冲突，并引发域外大国或国际组织的介入和干预。这些安全难题和地区危机呈现出新老因素交织、地区性因素与全球性因素联动的特征。实现对这些安全难题和危机的管控与治理，是维护全球和地区两个层次稳定与安全的重要课题。

为加强对上述问题的研究，上海社会科学院国际关系研究所（现已更名为国际问题研究所）于 2015 年 10 月 24~25 日在上海召开第七届上海全球问题青年论坛，主题为"新世纪地区安全危机及其治理"。本届论坛于 2015 年 3~9 月开展论文征集工作，得到了全国青年国际问题研究学者的大力支持和踊跃投稿。经专家委员会匿名评审，共有 27 篇论文入选正式会议。与会作者经会上讨论后对论文进行了修改，我们从中遴选出 12 篇论文结集出版，并结合事态发展对文章进行了增补。

论文集较为全面地展示了当代青年学人对地区安全危机及其治理的理论思考和现实关切。希望本论文集能够启发青年学人继续思考地区危机的相关理论和现实问题，并有助于深入推进相关研究。

代序：克服中美新型大国关系建设中的认知障碍

——对美国霸权心态与对抗思维的思考[*]

刘　鸣

按照美国著名中国问题专家兰普顿的判断，中美关系正在进入一个危险的临界点，如何应对这一危险是中美两国政府、战略界所面临的一个棘手的难题。中美关系走向紧张与对抗的原因有很多，美国往往把问题归结为中国的非常态化崛起打破了地区均势。但是，美国作为一个守成大国与奉行例外主义的国家，极少从自身进行反省。本文旨在从美国的角度来探寻其自身存在的问题。

一　无视其他国家的安全必要性及民族感受

美国自身的地位、自我认知以及历史经验决定其先天性地奉行对外怀疑态度，力量平衡与钳制强大的国家是其必然的战略。这其中既包含了美国的特殊身份——霸权国家的基因，也是一种无政府状态下力量对比变化的压力所造成的结果，同时又是其所谓"天命感"形成的国家优越感的发

---

　　* 刘鸣，上海社会科学院国际问题研究所研究员、学术委员会主任、《国际关系研究》主编、博士生导师，上海联合国研究会副会长。这是作者在"第七届上海全球问题青年论坛"上发表的主旨演讲，原文稿是国际所研究生张骐根据会上录音内容整理的，现经作者修改后发表。

散，视自己是替天行道的警察，其他非西方大国是潜在的"强盗与小偷"。美国认为自己是世界上最幸福、最民主、最高大上的国家，对其他国家是善意与仁慈的，是世界上维护公道的霸权国家，应该享受与其他大国殊异的特权利益。美国认为，这几年随着中国崛起，东亚、亚太地区的力量对比已经悄然发生了一些实质性变化。美国预感到其中潜伏着对其领导地位与其构建的秩序的挑战。危机感、敌对性成为萦绕在美国领导人、舆论界领袖脑海中的思维常态。这种心态不是因为其是小国、力量不足，因而担心周边大国对其安全构成威胁，而是在一种神权式的光环笼罩下的错位反应，认为世界上异质性的大国总是会觊觎美国的财富与地位，会设法与其竞争，对其形成挑战与威胁。

加拿大不列颠哥伦比亚大学著名教授、原东亚研究中心主任埃文斯（Paul Evans）正在领导一个中美加合作课题，试图让美国与东亚各个国家相互能够从对方的视角去正确理解各自的外交政策和各种行动的意图，化解敌对性，探寻构建能够共生的新国际秩序规则。但是在与美国学者沟通时，他发觉美国不可能接受这种设身处地的"情感沟通"（empathy）观。在需要美国对其国家利益与其他国家合理的感受进行量衡时，其国家利益一定处于毋庸置疑的绝对地位。即使这种国家利益在国际法、国际舆论或一般的道理上是荒谬的，但只要美国国内政治与舆论在传统上把其视为不可改变的国家利益或延续性的美国外交政策，美国就会无视对其不利的因素，不惜践踏别国的民族感情与正常的利益。中美关系中的台湾问题就是典型一例。台湾问题事关中国的主权和领土完整，事关13亿中国人的民族感情，两岸关系保持和平发展势头，要和平不要战争、要合作不要对抗、要交往不要隔绝已是两岸同胞的人心所向，对此，美国却采取了熟视无睹或明肯暗阻的应对手法。

在各个国家追求其安全与合理的军事目标方面，美国认为其是国际体系的领导者、维护者，保持超群的力量优势是必要的，其他大国没有必要去追求一种与美国相匹配的力量。除非与美国处于同一个阵营，美国需要其分担地区安全责任。如果不是其阵营的国家，发展超越其最低防御需要的军事力量，就有打破美国绝对优势之嫌疑，就是对现状的威胁。美国前国防部长拉姆斯菲尔德在香格里拉论坛上曾经说过这样一段大意如此的话：中国可以发展军事力量，但这种发展应该是防御性的，不应发展超越亚太地区的力量投射。美国是一个全球性大国，承担着全球安全义务，而中国只需要保证自己的安全就行，中国军事力量的发展，包括航母、远程导弹等都是对美国的挑战。

美国军事实力超群，只要求其他国家畏惧于它，不接受受制于他人。美国 2017 财年的国防预算达到 5827 亿美元，其中 714 亿美元用于研发，75 亿美元用于打击"伊斯兰国"（IS），81 亿美元用于采购新型潜艇，18 亿美元用于采购弹药。其庞大的国防预算远远超过其他任何国家的军费，比世界上位于其后的 8 个最大军费开支国的总和还要多。但它总是指责中国的国防预算增长太快，用途不透明，是潜在的威胁，从来不承认其先进的武器装备与庞大的国防预算对中国构成的威胁与压力。

美国对在亚洲无限期保持主导地位的执着，主要因为存在这样一种观点，即美国的实力与生俱来就是良性有益的，如果其他国家不这样认为，那么这是它们的错误。为此，卡内基国际和平基金会高级研究员迈克尔·史文批评道，"有观点认为，美国在西太平洋无可争议的主宰地位是确保整个亚太长期稳定繁荣的唯一基础，这一观点是一种危险的日趋过时的观念"，但它"深深地植根于美国例外论及国际秩序中霸权力量具有好处的信念中"。①

秉持这种心态，美国往往倾向于视中国的一系列行动为测试美国的反应，美国当年对苏联也是这种判断，其结果是判断对方的意图总是高估，或从坏处考虑，应对的姿态也因而就必须强硬，不能给对方发出错误的信号。现在美国经常讲中国在东海的"防空识别区"与南海的维权行动及主权范围内的填海造岛行动（陆域吹填）是一种"切香肠式"的进攻，认为中国的每一步行动都有改变现状的意图，如果美国没有反应，中国可能会采取更进一步的行动。美国一般不会考虑中国在南海加固岛礁的必要性：驻岛守军有改善其生活环境的需要；有必要的军事防卫需求；有为南海地区提供海上搜救、防灾减灾、海洋科研、气象观察、生态环境保护、航行安全、渔业生产服务等各类民事服务的需求。只要涉

---

① 《美须弃做亚太老大 避免对华冲突》，《参考消息》2016 年 1 月 4 日。

及中国在海外，特别是在海洋与争议海域的行动，美国就会从军事与地缘政治角度进行考虑，从最坏场景假定中国意在削弱美国在南海地区的军事优势，逐步扩大控制海上的战略空间，最终在岛礁争议国博弈过程中获取力量对比方面的优势。

在东海防空识别区的设立问题上，美国也是无端指责中国，提了三条：挑衅行为；单方面改变现状带来不稳定因素、加剧紧张局势；不接受中国所宣布的防空识别区的合法性。美国还派遣了两架美军 B-52 轰炸机进入东海防空识别区以示挑战，但是美国显然有意回避了这样的事实，即是美国自己在冷战时期发明了"空中识别区"这个概念的，它在北美最早建立了这种识别区；在冷战时期，美军在东海划设了防空识别区；日本于1969 年在其专属经济区上空设立防空识别区，中国则在 44 年后的 2013 年才这样做，虽然时代不一样了，但从对等角度讲无可厚非。

二　选择性地炒作中国的美国问题研究成果

美国一部分进攻性现实主义学者在阅读中国国际问题、国家战略的文献时，往往会重点挑选一些讨论如何抗衡美国进攻性的战略、战术，或强硬应对美对华进行施压、干预政策的文章，或者一些意在重塑国际体系，重振中华文明威望与盛世的著述。例如，臆造中国军方存有一个"区域拒止"与"反介入"战略（Anti-Access；Area-Denial）。在中国军方公开发表的研究应对美国干预台海冲突的论文中，并没有所谓的 A2/AD 词汇，但由于是战术应对的论文，必定会涉及以具体特定装备、手段反制敌方航母、军舰、巡航导弹、战斗机的攻击，这是各国军方常规的战法研究。实际上美国把中国发展针对部署在西太平洋地区的部队实施远程打击的能力，以限制或控制敌方进入中国外围陆地、海洋和空域，都视为这个战略的一部分。中国发展包括东风 21 导弹在内的军事能力，目的之一当然是迫使美军航母远离中国近海。装备新型鱼雷和高速反舰巡航导弹的潜艇，部署侦察卫星和装备高速反舰巡航导弹的战机也都是为了远距离发现并打击对中国的军队、基地构成威胁的外国舰艇。美国作为霸权国家，认为无论是平时还是战时都有权畅通无阻地进入世界上的任何一个角落，而中国有这样的武器，美国航母等军舰就不敢轻易进入中国的近海域，因而能对其构成挑战，是美国不能容忍的，但美国却忽视了中国基本的安全需求。

此外，美国的研究文献也特别关心中国学术圈讨论"天下体系"这个概念。根据他们的联想性判断，中国有一种战略想在东亚地区恢复朝贡体系，最终分化美国的东亚盟国，把美国边缘化，在太平洋建立中国领导的国际秩序。根据中国的外交学院"美国'知华派'专家评估项目组"发布的排名报告，中国国际关系学者被西方引用最多的是三位，其中包括"天下体系"概念的创建者赵汀阳（另两位学者是阎学通与秦亚青）。①

近年来，《环球时报》与国内其他门户网站上对于中美关系、中日关系与南海问题等热点有关的评论文章，其中有一部分是比较激进、强硬或维权立场比较坚定的言论，但这不代表所有或主流的中国精英阶层的想法，更不是中国的国家政策。与此同时，由于美国中国问题研究界与媒体不间断地把中国报纸杂志上有关这些针对美国军事行动、建立非美国化秩序的文章内容进行夸大性宣传或经常性引用，客观上就使得美国普通民众、其他国家的受众倾向于相信中国正在准备挑战美国，是一个损害美国海外领导利益的国家。在这种铺天盖地、一面倒的舆论引导下，美国国会右翼的和对中国缺了解的议员，就会随之起舞，以各种听证会与决议案的方式加大施压力度。在这种妖魔化中国的氛围中，华府的决策层中无论是半明智的，还是本来就不怀好意的官员，就会依据这种美国国内政治的偏见的舆论来同中国讨价还价，迫使中国在一些政策上进行调整，其中网络安全问题就是如此。

三　美国只认可由其创设或尊崇其为老大的多边机制

美国狭隘的老大心态在多边制度建设中反映得最淋漓尽致。虽然总统

---

① 《外交学院美国"知华派"专家评估项目组发布排名报告》，http：//world. people. com. cn/n/2015/0116/c1002-26395604. html；另参见严丹《西方学界进行中国对外关系研究的信息源分析——以英美学者 SSCI 期刊论文为样本》，《国际观察》2015 年第 4 期，第 94 页。

经常说支持中国崛起的漂亮话，也乐意接受多边主义，但除了美国感到需要借助中国的力量或与其势力范围没有特别关系的地区外，它实际上坚决反对与抵制由中国创构或发挥主导影响的新多边机制。六方会谈是一个例外，因为它无法迫使朝鲜让步，也不可能对朝鲜做出战略性让步，而中国对朝鲜具有一定影响力，双方在朝鲜半岛无核化问题上的利益也相对一致，所以出于转嫁责任与包袱，它接受了中国主导的六方会谈。但是，一旦这种会谈不符合其标准与目标，它又会坚决拒绝参加。对于其他多边或地区新机制，即使中国不排斥美国参加，美国也不愿看到其战后建立的各种机制被中国建立的新机制弱化、分化。美国推动的跨太平洋伙伴关系协议（TPP），实际上就是在规制上削弱中国在东亚的区域一体化进程中的主导影响。奥巴马总统毫不掩饰地表示，"TPP协议将让美国而不是中国主导制定21世纪亚太地区的路线和规则"。①

即使诺贝尔经济学奖得主斯蒂格里茨把TPP称为"数十年来最差的贸易协定"，认为其过多的金融、环境、健康和安全规定对成员国的宏观经济将产生冲击，特别是它被认为与世界贸易的精神相背离，美国也坚持走这条道。

奥巴马总统原东亚顾问麦艾文（Evan Medeiros）2015年在英国《金融时报》上发表文章称，"英国在对华政策上误入歧途"，"如果说与一个日渐崛起的中国打交道有一个颠扑不破的真理的话，那就是如果你屈从于中国人的压力，那就将不可避免地导致中国人施加更多的压力。伦敦希望用战术性迁就换来经济上的好处，这是在玩火，可能导致未来产生更多问题"。② 从这段言辞可以看出，他非常情绪化地反对英国积极与中国发展关系，同时也反对美国对中国崛起进行"包容"，因为这会发出一个信号——美国衰弱了，美国将不得不与中国进行交易，而中国会有更多的进攻性行为。基于这种思维，他建议美国政府抵制可能会削弱美国领导地位或利益并由中国制定的地区规则与创设的合作机制，其中亚投行就是这样

---

① 参见美国总统奥巴马2016年2月4日发表的《跨太平洋伙伴关系协议（TPP）签署的声明》。

② 迪米：《美国忧心英国对华立场》，〔英〕《金融时报》2015年10月21日。

一个例子。当中国副财长金立群会见麦艾文，劝其建言美国参加亚投行时，号称白宫的知华派、出身于著名智库兰德公司的麦艾文竟表示，由于亚投行是中国创立的，所以无论有多少好处，美国都不可能参加。

近年来，美国与澳大利亚的少数学者都在不同场合与著述中向美国当局建言，在亚太地区放下"老大"身段，真心诚意地包容中国崛起，与中国分享该地区的权势、利益及分担责任，特别是对应该归属于中国的利益，需要做出让步。这些学者包括卡内基基金会资深的中国问题专家史文（Mike Swaine）以及澳大利亚国防部前副部长、澳大利亚国立大学教授休·怀特（Hugh White）。史文以其敏锐的眼光和现实主义的立场判断，亚太地区的力量对比已经发生了根本性变化，美国应该同中国商讨未来本地区秩序的重构问题，达成一个双方可以良性互动、相互包容（mutual accommodation）与制约的机制。① 他还建议美政府应重估对台"六项保证"。怀特为美国开出了应对中国的三个选项：竭力抗衡中国的挑战并在亚洲维持现状；放弃在亚洲的主导性地位，放任中国尝试建立霸权的行动；在一个新的基础上维持其在亚洲的强大存在，同时让中国发挥更大的作用。怀特断言，绝大多数美国人会接受第一个选项，为数较少的人会严肃考虑第二个选项。绝大多数人会不假思索地接受第三种选项。怀特坚信，第三种选项，即认可中国是一个可以平等分享权力的大国应是美国唯一理性的反应。②

另一个例子是"10+3"机制。2001年秋，韩国"东亚合作展望小组"（EAVG）在为东亚地区设计的今后的发展目标和实现方式的报告中向"10+3"机制建议，"建立一个能使地区内所有国家都能得到充分发展的和平、繁荣、进步的东亚共同体"，并为实现这一目标提出了50多项措施。其中最重要的动议包括建立东亚自贸区，逐渐改组"10+3"首脑会议，使之发展成为"东亚峰会"。2002年，东亚研究小组的报告提及东亚共同体，并强调建立东亚共同体符合各国的利益和愿望。该报告在当年的"10+3"

① 引自史文（Mike Swaine）2015年11月22日在上海社会科学院国际关系研究所举行的"淮海论坛"上的演讲。

② Hugh White, *The China Choice：Why We Should Share Powers*, Oxford University Press, 2013, p. 5.

领导人会议上通过。2003 年，在"10＋3"的旗帜下，设立了东亚各国各地区研究网，目的是探索建立东亚共同体的设想。在 2004 年万象东盟峰会上，东盟提议于 2005 年 12 月在吉隆坡召开首届东亚峰会。①

美国对这个排除其参与的机制的发展感到非常担心。它怂恿新加坡、日本出头进行活动，最终使东亚峰会的成员扩大到 16 个，让所谓民主国家——澳大利亚、印度和新西兰进入了峰会。这种安排明摆着就是希望"民主国家"壮大声势，制衡中国主导性影响的扩大。

四　现行的众多国际规则是按照美国的理念与利益制订的

这里从三个主要规则方面进行考察。

（一）在网络方面的规则

网络是一个全球公地，过去没有一套规则。由于互联网最早是在美国诞生的，美国始终对互联网域名及根服务区系统实施控制。目前除 I、K、M 根服务器系统由英国、瑞典与日本管理外，其余都处于美国控制下，特别是母服务器。虽然中国有根镜像服务器，但绝大部分解析都需要经过美国才能完成，美国可以全面监控中国互联网的访问数据。网络的游戏规则是按照美国的国家安全利益至上、知识产权保护与私人企业财产不可侵犯等原则设立的。美国前驻华大使芮效俭在一次会议外的场合对笔者说，中美在网络问题上的对抗实际上是一种哲学观念的冲突。中国人认为，美国在网络安全问题上的道德立场是虚伪与双重标准的，斯诺登事件就是最好的例子，美国国家安全局和联邦调查局与 9 家著名的互联网公司合作（包括微软、雅虎、谷歌、脸谱等）对本国与外国公民进行监控，在一个月内可从全世界互联网上收集 970 亿条数据，其覆盖范围包括：欧盟办公室，各国的中央和地方金融体系、交通、通信、制造业和能源行业，内装美国生产的芯片的手机等。"棱镜"项目可确保获取海外通信传输路径中的各

①　马燕冰：《东亚合作发展概况及成果》，《国际资料信息》2007 年第 3 期，第 15～16 页。

种服务器数据。

既然美国有如此赤裸裸、全覆盖的监听项目，其他有能力的国家当然认为，它们完全有权反其道而行之。但此时美国又按照其理念来制定双重标准的规矩：一国公共机构对另一个国家的政府、军事部门的网络监控与窃取情报是合法的，但是通过网络进入其他国家的商业公司，获取具有知识产权的资料、技术数据、设计图是违法行为，必须追究法律责任。如果是政府机构的行为，属于侵害其他国家的知识产权的行为，违法了国际法。

这种强制推行的理念，貌似区分了政府与私人的不同性质，分割了属于国与国关系中的安全利益需要及对市场中公司的正当竞争与公司的创新精神的保护，实际上反映了一种不公平的交易理念：美国需要的外国政治与军事情报，其搜集活动就是合理的；美国的商业科技情报无须依赖其他国家，对其进行搜集就是不合法的。它事实上单方面维护了美国具有先天技术优势的情报搜集特权，确保了美国政府利用私人公司为其政治利益服务的不公平权力。

（二）双边投资协定（BIT）

现在与美国谈判的只有中国，过去12年里，和美国谈过双边投资协定的只有两个国家，一个是卢旺达，还有一个是拉美小国，这一点确实令人惊讶。中国没有获得美国与欧盟承认的市场地位，也被排斥于TPP之外，但作为全球第二对外投资大国，中国需要进入美国市场进行投资，以提升中国企业的经济竞争力与在世界生产分工体系中的地位。中国制造业2015年1月至11月对外直接投资额比2014年同期增长95%，达到118亿美元。在整体上，2015年对外直接投资额首次超过了吸引外资额，中国有可能成为直接投资的输出方。同样，中国为了吸引高技术与服务业的国外投资，也需要放宽条件让包括美国在内的发达国家以国民待遇进入各个行业投资。上海自由贸易区推行的负面清单，与美国谈判签订BIT就是为中国深化改革并最终与新的国际贸易投资规则接轨做准备的。

但是，这种谈判从一开始就是艰难的，因为它是依据美国方面定下的规矩而推进的。美国在贸易网站上公布了一个双边投资协定的模板，任何谈判都要按照这个模板进行，中国的负面清单在美国的压力下一再缩减，但是，美国方面仍然以各种要求来拖延达成协议。2015 年 9 月习近平主席访美，中方以此前"中美经济与战略对话"达成的超长清单为基础，主动将负面清单削减到 36 项，但是美国方面仍然以各种理由拒绝达成协议。从各方面迹象看，目前阶段美国根本无意与中国达成协议，背后的原因是多重的，核心就是政治上对中国的和平崛起速度与国内深化改革态势有严重疑虑。在中美经济发展势头与竞争力呈现不利于美国的背景下，美国试图以 BIT 与 TPP 作为一种新规则来削弱中国以国家集中调控和以中央大企业为核心的经济管理体制，所谓要求中国加强市场调控与经济政策透明度、开放政府采购、削弱大国企的龙头地位等问题，实际上就是要求中国全面向美国的自由化的市场体制靠拢。

（三）南海领土争端问题中的规则

美国不是《联合国海洋法公约》的签署国，因为它不希望其作为海洋大国的利益受到公约的约束，但是，吊诡的是，它却要用这个法律来约束中国在南海的正常维权行动。2015 年 10 月召开的南京论坛上，一位哈佛大学的学者说中国台湾方面已经承认"陆地控制海洋"的原则，换言之台湾不再坚持"十一段线"或大陆所称的"九段线"。显然他是误读了台湾方面的立场。台湾方面的正式立场是：无论就历史、地理及国际法而言，南沙群岛、西沙群岛、中沙群岛、东沙群岛及其周遭海域属中国固有领土及海域。① 中国认同"陆地控制海洋"的原则，但这个原则的实施不能否定中国在南海岛礁及其周边海域在历史上已经行使的管辖权。中国对南海岛礁及其周边海域的声索既来自于自汉代以来中国人民在那里的生活与生产活动的事实，也基于国民政府 1946 年派员收复南沙群岛，立碑与派兵驻守，1947 年划出十一段线，对南海四群岛及其礁、沙、滩进行命名的历史。而《联合国海洋法公约》是 1982 年签署、1994 年生效的，比中国重新控制这些岛礁晚了 47 年。事实上，《联合国海洋法公约》并不适用于解决领土主权问题。美国与菲律宾等国纠缠于九段线与《联合国海洋法公

---

① 参见中国台湾地区外事部门网站，http：//www.mofa.gov.tw/News_Cont。

约》的所谓冲突，试图以国际海洋法法庭的"仲裁"来否定中国对南海岛礁及其周边海域的声索权，这既是对历史上存在的"谁先发现，谁先拥有与管辖"规则的颠覆，也是对九段线本身的曲解，因为中国是依据《联合国海洋法公约》和历史权利，拥有在九段线之内的岛屿及相关海域的主权权益，"历史性权益"或"历史性水域"从历史延续地管辖看，就是一种习惯国际法，但它不是一条禁止国际航运的内湖线。

2015 年 10 月 27 日，美国"拉森"号军舰非法进入南沙渚碧礁周围 12 海里，2016 年 1 月底"柯蒂斯"号驱逐舰又以"无害通过"名义进入西沙群岛中建岛 12 海里，试图挑战中国对南海岛礁的控制权。美国的"航行自由计划"虽然是美国卡特政府在 1979 年制订的一项行动计划，旨在维护其主张的海洋自由原则，防止沿海国家的"过度海洋主张"（excessive maritime claims）对美国海洋大国地位的挑战，保证美国军事力量的全球机动畅通；但它这次在南海的实施却是第一次，其目的并不是捍卫美国海军的自由航行权，而是针对中国在南沙 7 个岛礁的陆域吹填工程，因为美国无法从国际法上对中国在自己控制的岛礁上的工程进行挑衅，但它可以以低潮高地没有 12 海里领海和领海的 12 海里可以"无害通过"的规则来显示其实力，威慑中国在南海的军事力量，挑战所谓中国改变南海现状的行动。

美国的行动虽然理论上没有违反国际法，但它已经不是一般意义上维护海洋自由原则的"和平通行"行动，而是在敏感主权海域具有敌意性或恶意性的武力展示，实际上是滥用规则来达到介入南海争议，通过常态化及逼近性的军事巡逻，体现这个海域常态化的美国军事存在，加大对中国的军事压力，给其他声索国以更多的安全信心，限制中国在这个海域依托加固的岛礁扩大正常的军事存在与其他民事活动的目的。

五 美国以"修昔底德陷阱"的历史光谱来观照中美关系

中美关系进入到一个高度竞争与对抗的阶段，既有力量关系对比变化的结构性因素，也更多具有美国认知中的历史类比性现实主义与强烈抵触异质性大国的崛起等因素。这两年美国在形容处于竞争性的中美关系时，有两个概念出现频率颇高——"改变现状"与"修昔底德陷阱"。

2014 年时值第一次世界大战爆发 100 周年。西方与日本的一些媒体把现在的中国与威廉一世的德意志帝国相类比，把当前中日与中美之间的竞争关系比作当年的德英关系，认为中国正在走一条类似德国的发动一战、改变地区现状的老路。这当然是日本以及西方媒体对中国走和平崛起之路与建设新型中美大国关系的努力的诋毁，也是时空背景完全颠倒的类比。一战的爆发是西方列强大肆进行殖民扩张，竞相掠夺与瓜分势力范围，构建殖民帝国的必然结果，在一战爆发前的十几年，两大集团就已经形成，所以它是帝国主义国家之间的争霸战。当前的东亚地区，美日澳等多个双边同盟关系在加强，它们拥有广泛的势力范围，而中国没有海外基地，也没有盟国与势力范围，更没有任何扩张行动。

至于所谓的现状就是战后以美国霸权为核心的轴辐结构，它包括美国的盟国体系、美国对其盟国的安全与领土的保护、小国在政治上对美国领导的顺从、美国在韩日等国保有军事基地与驻扎军队、美国确保其绝对的军事优势、美国对地区内海陆空广大区域进行巡弋与监控、用美国主导的多边经济机制向顺从的各国提供各种公共物品并确保这些国家开放市场、维持台湾与大陆的分离及战后领土现状等。试图改变其中任何一点，或者侵蚀其基础，美国都认为是在改变现状。

所谓现状实际上存在两个问题：第一，战后的地区现状一直在渐进地发生改变，有些是冲突、战争或政局变动引起的，有些是冷战中美国与苏联竞争的结果；第二，现状不是公平与合理的，美国治下的和平是以保证一部分国家的利益但损害另一部分国家的利益为前提的。

东亚地区现状的最早改变始于美国违背《波茨坦公告》，即日本军队完全解除武装、不得保有可供重新武装作战的工业等。1950 年朝鲜战争爆发后，美国指令日本重新发展军事力量。日本于 1952 年成立"海上警备队"，1954 年新建航空自卫队，7 月颁布《防卫厅设置法》和《自卫队法》，将保安队、海上警备队分别改称陆上自卫队和海上自卫队，将陆、海、空三军正式定名为自卫队，并成立了防卫厅和参谋长联席会议，健全了统率指挥机构。

1971 年 6 月 17 日，经过近两年的艰苦谈判，日、美签署归还冲绳协议（《关于琉球诸岛及大东诸岛的日美协议》），根据这个协议，美国擅自把不属于琉球群岛的钓鱼岛的"施政权"与琉球群岛一并交给日本。中国政府一直主张钓鱼岛等岛屿是中国台湾的附属岛屿，它不属于琉球（冲绳），日本在甲午战争后窃占钓鱼岛是非法的。按照《开罗宣言》中美双方达成的协议，日本用武力从中国夺去的东北各省、台湾和澎湖列岛，战后必须归还中国。美国起初称，施政权不等于主权，美国政府把钓鱼岛的施政权归还给日本，并不等于日本拥有对钓鱼岛的主权，所以，1996 年美国驻日大使表示，《日美安全保障条约》不适用于钓鱼岛。但到 2010 年 11 月 10 日，美国政府又出尔反尔，宣布该条约适用于钓鱼岛。

美国也背弃了《波茨坦公告》中有关在日本"成立和平责任政府后，盟国占领军立即撤退"的规定。1951 年 9 月 8 日，美国与日本签订军事同盟条约，使一个战败国进入了一个战胜国的军事集团对抗另一个战胜国，同时开启了美国在日长期驻军的时代。1951 年美国等 48 个国家绕过《波茨坦公告》签字国中国以及加入国苏联，单方面与日本签订《对日本和平条约》（《旧金山和约》）。

美国近年来把中国在南海的维权与正常作业作为中国改变现状的证据，但实际上，1946 年 11 月，中国政府根据《开罗宣言》《波茨坦公告》等国际条约和宣言精神，由海军上校林遵率领"太平"号、"中业"号、"永兴"号、"中建"号四舰编队收复了南沙群岛，其中这支舰队的旗舰"太平"号是刚刚从美国手中得到的援助。① 战后南沙 42 处岛礁先后被周边三国不法占据，中国实际控制仅 9 个，29 个被越南占据，涉及 117 万平方公里海域，7 个被菲律宾占据。有些岛礁也曾经易手过，如中业岛，曾经是中国台湾控制的，后来被菲律宾非法占据了。岛礁扩建与建设飞机跑道问题，也都是越南与菲律宾最先开始的。所以，哪个国家首先改变地区现状是客观明了的。

---

① 中国外交部部长王毅在 2015 年于清华大学举行的"第四届世界和平论坛"上专门有这样一说："中国军队是坐着美国的军舰收复南沙群岛的"，http://news.xinhuanet.com/world/2015-06/28/c_127959300.htm。

总体而言，从战后到冷战后，美国在东亚建立的安全轴辐体系表面上看维护了地区的和平，但它是以一部分国家放弃发展海外军事力量、出让土地与环境保护的权益做美军基地、接受美军的治外法权乃至在国家主权上克制、忍让、忍辱负重为代价的。美日在中国周边建立了一系列军事基地，通过先进武器的部署与演练威慑中国。按照1972年尼克松访华时发表的《上海公报》、1979年中美建交公报、1982年"八一七"公报精神，美方应该完全接受世界上只有一个中国的原则，停止对中国台湾的军售，但到目前为止，美国仍然根据其国内法"与台湾关系法"继续给这个中国的地方当局提供武器，以确保其能够防御中央政府的"武力统一"。另外，美国对中国近海的海空实施高密度的抵近侦察，这也是正常的两国关系无法承受的。所以，对于这些"现状"，中国无法全盘消受，希望通过和平的维权、军事力量的发展、新的地区多边机制、地区经济合作、新的安全观与各种对话来逐步改变这种不公平、不合理、霸权式的安全秩序。

基辛格与史文都建议中美应该尽早就未来的世界与地区秩序进行讨论。基辛格表示，所有国家必须参与世界秩序的创造过程中来，其中中国和美国必须要达成一致，相互理解。如果双方都同意这一点，遵照这样一种做法，可能构建新的世界秩序就有希望。① 史文希望美国能够更包容中国的崛起，包括其合理的维权行动与军事发展。但是美国国内许多保守力量并不接受他们这种观点，他们认为美国绝对不能对崛起大国让步。

现在研究"修昔底德陷阱"问题，不能被这种2600年前的"铁律"所迷惑，陷入理论上自设的困境不能自拔，因为当前的中美关系要远比希腊与斯巴达的关系复杂得多；但同时需要看到其一般的共性，即修昔底德的经典总结："使得战争无可避免的原因是雅典日益壮大的力量，还有这种力量在斯巴达造成的恐惧。"显然希腊的力量壮大是改变秩序的主要客观因素，但是也需要看到斯巴达不包容、不愿以现实的态度去调整关系也是非常重要的因素，斯巴达在处理希腊问题过程中非常强势，不愿意做出让步。斯巴达人在公元前6世纪组建了以它自己为核心的伯罗奔尼撒同盟，

---

① 基辛格博士在中信出版社主办的"2015年京城国际论坛"上的主旨发言，2015年10月31日，http://opinion.caixin.com/2015-11-02/100869068.html。

并绝对不容忍任何他国碰触自己的势力范围。

美国认为现在所定的规则不能轻易改变，不能因为中国崛起就去顺从，这与斯巴达的做法非常像。当然，讨论到对新兴大国的顺从，必然涉及一个词——"绥靖"。在希特勒和张伯伦达成《慕尼黑协定》之前，"绥靖"在国际关系理论中是一个中性词，它是指两个不同等级的国家在竞争过程中需要交易和互相让步。二战以后没有人敢触碰这个词，美国现在认为，如果妥协，那么就会回到"绥靖"，其潜台词就是中国是一个体系挑战者。按照这样一种思路，美国在中国相关问题上就陷入了只能从坏的角度进行判断，不能以善意去理解；只能硬，不能软；只能对冲，不能妥协；只能单赢，不能双赢的困境。

六　结语

美国不会自动改变长期形成的思维定式，这是其霸权地位决定的强势心态与历史惯性使然。除非其国内陷入长期的经济与社会危机，逐步走向衰落，而且其他国家也开始背离它；或者它遇到更多的国家与非国家行为体的挑战，无法再保持其狂妄、傲慢、顽冥的态度，到时它可能不得不调整其对异质性新兴大国的偏见与敌意。但从中国方面看，只要在经济、军事上保持进一步发展，能够在构建地区与全球机制方面做出更多的贡献，能够在提供公共物品方面更积极主动一点，能够在战略运用上把谋略、胆略与审慎更好地结合起来，美国最终将不得不正视中国崛起后的现实，与中国共商、共建未来的世界秩序。

CONTENTS 目 录

国际危机管理中的成本权衡

——关于大国介入立场和方式的假设

荣正通[*]

摘 要： 现有的权力平衡理论、威胁平衡理论、利益平衡理论和风险平衡理论无法完美地解释尼克松政府在 1971 年南亚危机中的介入立场和介入方式。为了弥补现有的各种理论在解释能力上的缺陷，本文结合新古典现实主义和前景理论，提出成本权衡理论。成本权衡理论认为，大国领导人在选择介入立场时将追求机会成本的最小化，规避或挽回沉没成本，同时规避观众成本。在大国介入国际危机时，国家利益是自变量，成本权衡是中间变量，而介入行为是因变量。

关键词： 成本权衡理论　国际危机管理　新古典现实主义前景理论

在国际关系史中，大国是主角。自 1648 年威斯伐利亚体系建立以来，在国际危机中或多或少都可以看到大国的身影。出于维护或拓展本国国家利益的考虑，大国在介入国际危机时往往表现出明显的倾向性。对于冷战期间超级大国的危机干预活动，只有 6% 的危机角色认为美国的干预

* 荣正通，上海外国语大学国际关系与公共事务学院 2013 级博士生，上海交通大学钱学森图书馆馆员。

态度是公正的，只有4%的危机角色认为苏联的干预态度是公正的。[①] 大国介入国际危机的影响并非总是积极的。斯蒂夫·陈（Steve Chan）在其论文《大国干预和由弱国挑起的战争》中指出，大国的干预虽然有可能阻止国际危机中实力更强的一方使用武力打压较弱的一方，但是也会鼓励较弱的一方主动挑起战争以便获得大国的支持。[②] 近年来，美、日、印等区域外大国纷纷加大了对南海争端的介入程度，引发了中国学者的密切关注。因此，研究大国介入国际危机的客观规律不但具有很高的理论价值，而且具有很强的现实意义。目前，中国学者大多专注于研究国际危机中的冲突双方如何管理危机，关于第三方介入国际危机管理的研究成果比较少，而关于大国介入国际危机管理的理论研究成果则更少。[③] 本文以新古典现实主义和前景理论为理论基础，试图通过理论分析来揭示成本权衡如何影响大国介入国际危机的立场和方式选择，从而推动外交政策理论的建设和发展。

一 成本权衡理论的提出

研究大国介入国际危机的立场实质上是研究大国是否会支持冲突双方中的某一方，或者说大国是否会反对另一方。关于制衡行为的形成，秉持现实主义理论的学者们先后提出了权力平衡理论[④]、威胁平衡理论[⑤]、利益

---

① 胡平：《国际冲突分析与危机管理研究》，军事谊文出版社，1993，第244页。

② Steve Chan, "Major-power Intervention and War Initiation by the Weak," *International Politics*, Vol. 47, No. 2, 2010, pp. 163–185.

③ 中国学者关于大国介入国际危机的案例研究成果比较多。代表性论文包括：陈兼：《德国、英国与七月危机——关于国际危机处理的一项个案研究》，《世界历史》1990年第6期，第45~56页；李智：《中东地区冲突危机管理与国际调解策略初探：以"六天战争"前约翰逊政府对阿以危机调解为例》，《外交评论》2009年第5期，第106~116页；张威：《战略抉择与危机应对：基于尼克松政府应对1971年南亚危机的研究》，《国际论坛》2012年第3期，第19~23页。中国学者关于大国介入国际危机的理论研究成果则很少，代表性论文有：王石山、韩召颖：《美国为何援助国际危机中的盟国（1946~2006）》，《世界经济与政治》2014年第8期，第107~134页。

④ 关于权力平衡理论，参见汉斯·摩根索《国家间政治：权力斗争与和平》，徐昕等译，北京大学出版社，2006。

⑤ 关于威胁平衡理论，参见斯蒂芬·沃尔特《联盟的起源》，周丕启译，北京大学出版社，2007。

平衡理论①和风险平衡理论②。然而，这些国际关系理论都无法完美地解释尼克松政府在1971年印巴危机中的介入立场选择。作为一个全球大国，美国在南亚地区扮演的主要是"离岸平衡手"的角色。印度当时是当之无愧的地区大国，而巴基斯坦在分裂前也算得上是一个地区大国。

汉斯·摩根索（Hans J. Morgenthau）认为，如果若干国家追逐权力，各自试图维护现状或推翻现状，势必导致所谓权力均衡的态势和旨在维护这种态势的政策。③ 按照权力平衡理论，美国在1971年印巴危机中应该反对实力强大的印度，支持弱小的巴基斯坦，以维护全球和地区均势。肯尼思·华尔兹（Kenneth N. Waltz）认为，如果可以自由选择的话，国家将涌向较弱的一方，因为威胁它们安全的是较强的一方。④ 按照华尔兹的观点，美国当时应该支持巴基斯坦，反对印度。约翰·米尔斯海默（John J. Mearsheimer）提出的进攻性现实主义预测大国对均势将十分敏感，会寻找机会来增加自身实力，或削弱对方实力。⑤ 按照米尔斯海默的观点，在两极体系中，美国面对苏联的准盟友印度的威胁，推卸责任是不可取的，应该支持自己的盟友巴基斯坦抗衡印度。防御性现实主义学者斯蒂芬·沃尔特（Stephen M. Walt）提出了威胁平衡理论，认为在无政府社会中，国家结成联盟来保卫自己。它们的行为由所受到的威胁决定，别国的实力只是国家考虑结盟问题的一个因素。⑥ 按照威胁平衡理论，当时印度的侵略野心威胁到美国的南亚利益，因此美国应该反对印度，支持巴基斯坦。针对权力平衡理论和威胁平衡理论存在的不足，兰德尔·施韦勒（Randall L. Schweller）提出了利益平衡理论。施韦勒指出，"国家更关注谁

---

① 关于利益平衡理论，参见：Randall L. Schweller, "Bandwagoning for Profit: Bringing the Revisionist State Back in," *International Security*, Vol. 19, No. 1, Summer, 1994。

② 关于风险平衡理论，参见：Jeffrey W. Taliaferro, "Power Politics and the Balance of Risk: Hypotheses on Great Power Intervention in the Periphery," *Political Psychology*, Vol. 25, No. 2, 2004。

③ 汉斯·摩根索：《国家间政治：权力斗争与和平》，徐昕等译，北京大学出版社，2006，第205页。

④ 肯尼思·华尔兹：《国际政治理论》，北京大学出版社，2004年影印版，第134页。

⑤ 约翰·米尔斯海默：《大国政治的悲剧》，王义桅、唐小松译，上海人民出版社，2003，第446页。

⑥ 斯蒂芬·沃尔特：《联盟的起源》，周丕启译，北京大学出版社，2007，第2页。

拥有权力，而非权力的不平衡。利益而非权力，决定了国家如何选择敌友"。① 在施韦勒看来，现状的主要维护者狮子型国家愿意为维护现状而付出较高的代价。按照利益平衡理论，美国应该愿意付出较高的代价，反对试图挑战现状的印度，同时支持维护现状的巴基斯坦。杰弗里·托利弗（Jeffrey W. Taliaferro）提出了一种由防御性现实主义与前景理论融合而成的风险平衡理论。托利弗认为，大国选择冒险对并不十分重要的边缘地带进行军事干预源于领导人对本国相对权力、国际地位和威望受损的厌恶。② 按照风险平衡理论，美国在 1971 年印巴危机中面临国际威望受损的前景，理应敢于承担风险，不惜采用军事手段来阻止印度发动侵略巴基斯坦的战争。

事实上，美国在 1971 年印巴危机中没有选择支持盟友巴基斯坦，反而选择保持中立的介入立场。美国一方面警告印度不要发动战争，同时给予印度大量的经济援助；另一方面逐渐收紧对巴基斯坦的武器出口，还一度威胁要暂停经济援助。为了弥补上述理论在解释能力上的不足，本文结合新古典现实主义的内核假设和前景理论提出"成本权衡理论"（balance-of-costs theory），解释大国介入国际危机时的立场和方式选择。新古典现实主义理论认为，人们必须分析体系的压力是如何通过单元层次这一干扰变量，例如决策者的观念、一国政府机构的能力及国家与社会的关系等，来得到传递，并最终决定一国的对外政策的。③ 因此，在大国介入国际危机时，国家利益是自变量，成本权衡是中间变量，而介入行为是因变量。

大国领导人在选择介入国际危机的立场和方式时，必然要考虑特定的介入立场和介入方式将给大国带来哪些收益和哪些损失，大国为了实现预期的介入目标又需要投入多少资源。换句话说，大国领导人为此必须综合考虑"预期收益"、"预期损失"和"预期投入"。成本权衡理论从"成

---

① Randall L. Schweller, *Deadly Imbalances: Tripolarity and Hitler's Strategy of World Conquest*, Columbia University Press, 1998, Conclusion.

② Jeffrey W. Taliaferro, "Power Politics and the Balance of Risk: Hypotheses on Great Power Intervention in the Periphery," *Political Psychology*, Vol. 25, No. 2, 2004, p. 177.

③ 于铁军：《进攻性现实主义、防御性现实主义和新古典现实主义》，《世界经济与政治》2000 年第 5 期，第 33 页。

本"的视角来研究大国介入国际危机的"预期收益"、"预期损失"和"预期投入"。成本权衡理论用"机会成本"来反映"预期收益"和"预期损失"的对比关系，重点研究"预期损失"中的"沉没成本"和"观众成本"，并将"预期投入"设定为"投入成本"。成本权衡理论认为，大国领导人在选择介入国际危机的立场时将遵循机会成本最小化的原则，为此将规避或挽回沉没成本，并且规避观众成本；大国领导人在选择介入国际危机的方式时将规避观众成本，同时受到预期投入成本的制约。

二　机会成本的最小化

机会成本原本是经济学术语，但是对于大国介入国际危机的立场选择具有重要的影响。机会成本是指在若干备选方案中选取某一方案而放弃另一方案所丧失的潜在收益。[①] 这种潜在收益应该作为净收益（即预期收益减去预期损失）来考虑，数值可正可负。当大国介入国际危机时，机会成本是不可避免的，是大国领导人为选择某种介入立场所必须付出的代价。这种代价既可能是政治代价，也可能是经济代价。机会成本在决策中的意义在于它有助于全面考虑可能采取的各种方案，以便为既定资源寻求最为有利的使用途径。[②]

大国领导人在选择介入国际危机的立场时首先会考虑不同介入立场带来的预期收益和预期损失，而特定的介入立场带来的预期收益和预期损失都是固定的，与大国在国际危机中的介入方式及其投入资源的多少没有关系。如果把大国选择支持甲方的预期净收益设定为 A，把大国选择支持乙方的预期净收益设定为 B，把大国选择保持中立的预期净收益设定为 C。如果大国选择支持甲方，则 B 和 C 中较大的一个就是支持甲方的机会成本。如果大国选择支持乙方，则 A 和 C 中较大的一个就是支持乙方的机会成本。如果大国选择保持中立，则 A 和 B 中较大的一个就是保持中立的机会成本。根据古典决策模型，决策者在效用和可能性这两个基本层面上进

---

① 周频：《略议决策中的机会成本与沉没成本》，《经济师》2005 年第 3 期，第 261 页。
② 姜旭宏：《决策中的机会成本》，《北方经贸》2007 年第 5 期，第 61 页。

行计算。决策者被假设为理性的人，所以他们会争取预期效用的最大化。[①] 如果 A 大于 B 和 C，那么大国倾向于支持甲方。此时，大国选择支持乙方或者保持中立的机会成本都是 A，而大国选择支持甲方的机会成本必然小于 A。如果 B 大于 A 和 C，那么大国倾向于支持乙方。此时，大国选择支持甲方或者保持中立的机会成本都是 B，而大国选择支持乙方的机会成本必然小于 B。如果 C 大于 A 和 B，那么大国倾向于保持中立。此时，大国选择支持甲方或者支持乙方的机会成本都是 C，而大国选择保持中立的机会成本必然小于 C。由此可见，只要大国选择预期净收益最大的介入立场，对应的机会成本必然是最小的。上述推导的结果与预期收益是绝对收益还是相对收益无关。总而言之，大国领导人对介入立场的选择将实现机会成本的最小化。

三 对沉没成本的厌恶

沉没成本原本也是经济学术语，对大国介入国际危机的立场选择同样具有重要影响。沉没成本是指过去已经发生，并不能由现在或将来的任何决策加以改变的成本。[②] 根据经济逻辑的法则，沉没成本与制定决策应是不相关的。[③] 然而，大多数人难以接受应该忽略沉没成本的观点，所以广泛存在一种决策时顾及沉没成本的现象，即决策者把沉没成本视为一种损失。

因为人们通常不甘心接受先前投入的资源已经被浪费掉的事实，所以沉没成本可能导致风险偏好，即"沉没成本的正效应"。因为以前的巨大损失也可能使决策者对未来的损失变得异常敏感，所以沉没成本也可能导致风险厌恶，即"沉没成本的逆效应"。沉没成本的正效应会导致决策者

① Marshall Dimock, *A Philosophy of Administration*, Harper & Row, 1958, p. 140. 转引自詹姆斯·多尔蒂、小罗伯特·普法尔茨格拉夫《争论中的国际关系理论》，阎学通、陈寒溪等译，世界知识出版社，第 602 页。

② 周频：《略议决策中的机会成本与沉没成本》，第 261 页。

③ 施俊琦、李峥、王垒、黄岚：《沉没成本效应中的心理学问题》，《心理科学》2005 年第 6 期，第 1309 页。

增加后期投入，沉没成本的逆效应却会让决策者停止后期投入。成本权衡理论认为，当投入的总成本在决策者能够承受的心理底线之内时，决策者倾向于继续增加投入，希望能够通过改变现状来防止沉没成本的固化。换句话说，决策者不愿承认现有的沉没成本是无法改变的，而是希望能够通过增加投入来挽回沉没成本。前期投入转变成沉没成本的时间越短，决策者越倾向于认为该沉没成本尚未固化，仍有可能设法逆转这个变化过程。当投入的总成本达到或超出决策者的心理底线时，决策者因为没有能力或者不愿进一步增加投入，就会选择止损，彻底放弃这项已经失败或者仍在进行的决策。

大国领导人在选择介入国际危机的立场时，倾向于规避沉没成本或者挽回沉没成本，即防止沉没成本的产生或固化。大国领导人对沉没成本高度敏感是因为它直接关系自己的政治生命。如果大国领导人能够通过介入国际危机挽回沉没成本，大国领导人的国内威望就会上升。如果大国领导人因为介入国际危机的决策失误导致产生新的沉没成本，大国领导人的国内威望就会下降。如果国际危机中的一方威胁改变现状导致大国的前期投入面临转变成沉没成本，那么大国领导人将通过介入国际危机来设法规避沉没成本。如果国际危机中的一方实际改变现状导致大国的前期投入实际转变成沉没成本，那么大国领导人将通过介入国际危机来设法挽回沉没成本。

大国介入国际危机的立场选择可能得罪冲突双方中的一方，可能因此产生新的沉没成本。如果大国得罪的是对手，那么大国本来就不可能在对手身上付出多少前期投入，所以新的沉没成本可以忽略不计。如果大国得罪的是盟友，因为大国在正常情况下不可能为了对手而得罪盟友，所以这种得罪并不会影响同盟关系的根基，因而新的沉没成本是大国可以承受的。如果大国得罪的国家既不是盟友也不是对手，那么大国在确定介入立场之前，必然会把这种新的沉没成本纳入预期损失中加以考虑。大国领导人会确保采取这种介入立场的预期收益大于预期损失。总而言之，如果国际危机威胁到或者损害了大国的前期投入，那么大国选择的介入立场将能够最大限度地规避或者挽回沉没成本。

四 规避国内外观众成本

大国介入国际危机的立场和方式都会受到国内观众成本和国际观众成本的影响。因为大国领导人的危机决策不可能让所有人都感到满意，所以由大国领导人的危机决策引发的不满将成为大国领导人不得不承受的观众成本。于是，大国领导人在介入国际危机时总是希望自己的危机决策能够让尽可能多的人感到满意，即努力规避各种各样的观众成本。

詹姆斯·费伦（James Fearon）最早提出了观众成本的概念，并将其应用于国际危机的研究。费伦认为："国际危机是一种公开事件，是在国内政治观众的面前发生的。"[①] 因为国家领导人在国际危机中的重要举动完全暴露在国内观众和国际观众的视线中，所以他们的决策和行动将承担巨大的政治成本。这种成本涉及领导人的政治生命和国家的国际威望。林民旺认为，国内政治观众包括反对党、竞争对手、国会议员、政治官僚、利益集团、大众（特别是在大众媒体崛起之后），等等；国际观众主要是指国家在危机中的对手，以及没有直接卷入危机的其他国家，例如盟友，等等。[②] 笔者认为，对介入国际危机的大国来说，国际观众除了冲突双方外，还包括大国的对手、盟友、潜在对手、潜在盟友，以及其他国家和国际组织等。

随着通信科技的发展和社会的日益开放，民众比以往能够更加方便地观察国家领导人在处理国际危机时的表现和行动，并且由此评价国家领导人的能力，然后通过选票或舆论来表示支持或反对。在国际危机中，如果大国领导人没能有效维护国家利益，或者没能兑现自己的承诺，或者违背了当时国内民众普遍认可的价值倾向，就会遭到国内民众的各种惩罚，包括批评、谴责，乃至罢免。如果国内社会舆论普遍反对战争，大国领导人就很难下定决心对国际危机实施军事干预。如果大国的军事介入行动导致了较大的人员伤亡，愤怒的国内民众会给政府造成更大的政治压力。即使

---

① James De. Fearon, "Domestic Political Audiences and The Escalation of International Disputes," *American Political Science Review*, Vol. 88, No. 3, September, 1994, p.581.

② 林民旺：《选择战争：基于规避损失的战争决策理论》，世界知识出版社，2010，第62页。

民众的呼声违背大国领导人的意愿，大国领导人通常也不会公开违背民众的呼声，而是会采取迂回的、变通的、隐蔽的办法来实现自己的意图。如果竞选连任的大国领导人希望给选民留下对外强硬的印象，就有可能在介入国际危机时采取不必要的强硬政策。相反，如果现任大国领导人想保持自己爱好和平的形象，就会尽量避免对国际危机的军事干预。大国领导人在选择介入国际危机的立场和方式时必须考虑不能给竞争对手和反对党制造抨击自己的"罪证"。

利益集团也会以国内观众成本的方式影响大国领导人的危机决策。这种利益集团既包括政治利益集团，也包括经济利益集团。大国领导人在考虑介入国际危机的立场和方式时，都不得不考虑各种利益集团的反应，需要平衡好国家利益和个人的政治利益。此外，大国领导人还必须考虑不同的干预立场和干预方式对干预结果的影响，因为国内政治观众对干预结果也很关注。如果大国介入国际危机的结果事半功倍，那么大国领导人的国内威望就会上升。如果大国介入国际危机的结果得不偿失，那么大国领导人的国内威望就会下降。上述都是大国领导人在选择介入国际危机的立场和方式时必须考虑的国内观众成本。

在国际危机中，国家领导人还不得不考虑其表现和行为将给国家和其本人的国际信誉和国际形象造成的影响。一个国家无论是表现得咄咄逼人，还是表现得软弱无能，都会有损国家的国际形象。如果国家领导人言而无信、朝秦暮楚，也会损害国家及其本人的国际信誉。孟子曰："得道者多助，失道者寡助。寡助之至，亲戚畔之。多助之至，天下顺之。"[①] 如果一个国家的国际信誉很低、国家形象很差，就会被其他国家疏远和猜忌，甚至被整个国际社会孤立和敌视。值得注意的是，如果国家领导人在国际危机中的表现和行为导致国家及其本人的国际信誉和国际形象受损，其国内支持度未必会同步下降。在极端民族主义和大国沙文主义的双重影响下，国家领导人强硬的对外政策经常会在引发国际社会广泛批评的同时，赢得国内部分民众的支持和喝彩。

除此之外，介入国际危机的大国还需要考虑"抛弃困境"、"牵连困

---

① 《孟子·公孙丑下》。转引自李学勤主编《孟子注疏》，北京大学出版社，1999，第102页。

境"和"对手困境"。如果大国对陷入国际危机的盟友支持不力,那么无论是陷入国际危机的盟友,还是没有陷入国际危机的盟友,都会产生被大国抛弃的恐惧。如果大国在介入国际危机时表现出即将发动战争的迹象,就有可能使没有陷入国际危机的盟友产生将被大国裹挟卷入战争的恐惧。如果大国在国际危机中采取过于强硬的介入政策,就有可能使原本对该大国没有敌意的维持现状国家因愤恨和恐惧而产生敌意,从而增加大国的对手数量。如果大国在国际危机中采取过于软弱的介入政策,就有可能使原本对该大国没有敌意的修正主义国家由于蔑视和贪婪而产生敌意,从而增加大国的对手数量。上述都是大国领导人在选择介入国际危机的立场和方式时必须考虑的国际观众成本。

国内观众成本和国际观众成本哪个更重要?詹姆斯·费伦认为,对于国家领导人的决策来说,首要的是国内观众成本,其次才是国际观众成本。国内政治观众对国家领导人的惩罚更直接,也更容易实现。一个国家所承受的国际观众成本需要通过国内政治才能作用于国家领导人,所以国际观众成本在国家领导人身上发挥作用需要更长的时间。[1] 安妮·萨特里(Anne E. Sartori)认为,虽然国内观众成本很重要,但是国际观众成本同样不能小看。[2] 国家对外行为中的声誉和形象损失,将会给国家未来的行动能力带来更大的麻烦与损失。[3] 笔者同意费伦的看法,因为国内观众成本直接作用于大国领导人,而国际观众成本只是部分地、间接地作用于大国领导人。因此,当国内观众成本和国际观众成本对大国领导人造成不同方向的政治压力时,大国领导人倾向于优先规避国内观众成本。

五 预期收益与投入成本

大国介入国际危机的投入成本包括两部分:一是大国主动付出的资

[1] James De. Fearon, "Domestic Political Audiences and the Escalation of International Disputes," *American Political Science Review*, Vol. 88, No. 3, September, 1994, p. 581.

[2] Anne E. Sartori, *Deterrence by Diplomacy*, Princeton University Press, 2005, p. 51.

[3] Anne E. Sartori, "The Might of Pens: A Reputation Theory of Communication in International Disputes," *International Organization*, Vol. 56, No. 1, Winter, 2000, pp. 121–149.

源，二是大国被动付出的资源。这种资源不仅包括需要付出的金钱，还包括需要付出的人力、物力，乃至无形的国际威望。为了实现介入国际危机的目的，大国需要付出的资源通常大于或等于大国愿意主动付出的资源。这是因为大国通常在制定介入目标时不可避免地带有一定的理想主义色彩，希望能够以最低的介入成本实现最佳的介入效果。无论大国以何种方式介入国际危机都必须投入某种程度的资源。如果大国采取军事威胁或军事威慑方式，需要调动武装力量，就会产生巨额的军费开支。如果大国实际使用武力，除了军费开支外，很可能还将面临人员和装备的损失。

大国为了达到介入目的所需主动付出的投入成本取决于大国需要付出多少资源才能改变对象国在国际危机中的立场。如果大国的介入立场是中立，那么大国就可能需要改变冲突双方的立场。如果大国的介入立场是支持其中的一方，那么大国就需要改变另一方的立场。对象国的立场越难改变，大国的介入目标就越难实现，大国所需付出的投入成本也就越高。影响这种投入成本高低的因素包括对象国利益的受损程度、对象国对大国的依赖程度、对象国是否得到其他大国的支持。这三个影响因素并不是彼此孤立的，而是互相影响的。按照唐纳德·纽科特赖因（Donald E. Nuechterlein）在 1979 年提出的国家利益分为"生存利益（survival interests）、重大利益（vital interests）、主要利益（major interests）、次要利益（peripheral interests）"① 的划分标准，如果对象国认为冲突的另一方威胁到本国的生存利益，那么即使对象国对大国的依赖程度很高，也很难做出重大让步。如果对象国在国际危机中得到其他大国的大力支持，那么该对象国对大国的依赖程度就会明显降低。这都意味着大国必须付出很高的投入成本才有可能改变对象国的立场。

在介入国际危机时，大国领导人愿意付出的投入成本与预期收益存在密切联系。这里所说的预期收益指的是相对收益。根据新古典现实主义理论，国家关注相对收益，而不是绝对收益。大国领导人在介入国际危机时

---

① Donald Nuechterlein, "The Concept of National Interests: A Time for New Approach," *Orbis*, Vol. 23, No. 1, Spring, 1979, pp. 73-92. 转引自李冬燕《从美国国家利益角度看伊拉克战争》，《国际经济评论》2003 年第 3 期，第 17 页。

关注的是本国在国际体系中权力地位的相对变化，而不是绝对变化。换句话说，如果大国认为自己的投入虽然能使本国获利，但是对手通过"搭便车"能够获得更多的净收益，那么大国就很可能会选择对国际危机袖手旁观。在可以承受的范围内，大国能够获得的相对收益越大，大国愿意为此付出的投入成本就越高。丹尼尔·卡尼曼（Daniel Kahneman）和阿莫斯·特沃斯基（Amos Tversky）提出的前景理论的主要观点是：人们决策时往往更加重视财富的变化量而不是最终量。人们对损失与获益的认知是不对称的，在面临获益时行为趋于风险规避，当面临损失时则趋于风险接受，因而偏好在概率上是非线性的。① 根据前景理论，当大国领导人预期国家利益处于收益状态（即收益为正）时，倾向于规避风险；当大国领导人预期国家利益处于受损状态（即收益为负）时，倾向于承担风险。

成本权衡理论认为，当大国领导人面临介入国际危机的方式选择时，仅仅考虑国家利益现有的收益状态是不够的，还得考虑是否可能通过增加投入来改变收益的幅度。当大国预期国际危机将使本国的国家利益处于受损状态时，如果大国认为无论投入多少成本，受损的程度都是固定的，那么大国倾向于付出最低限度的投入成本；如果大国认为随着投入成本的增加，就有可能降低受损的程度，那么大国倾向于付出尽可能多的投入成本。当大国预期国际危机将使本国的国家利益处于收益状态时，如果大国认为无论投入多少成本，收益的程度都是固定的，那么大国倾向于付出最低限度的投入成本；如果大国认为随着投入成本的增加，有可能提升收益的程度，那么大国倾向于付出尽可能多的投入成本。

大国介入国际危机的方式与大国领导人愿意付出的投入成本之间存在必然联系。通常来说，大国在介入国际危机时实施外交斡旋、军事制裁、经济制裁、军事援助、经济援助、军事威慑、军事威逼、军事打击所需的成本在总体上呈上升趋势。孙子曰："凡用兵之法，全国为上，破国次之；全军为上，破军次之；……不战而屈人之兵，善之善者也。故上兵伐谋，其次伐交，其次伐兵，其下攻城。"

---

① Jack Levy, "Prospect Theory, Rational Choice, and International Relations," *International Studies Quarterly*, Vol. 41, No. 1, 1997, p. 87.

自古以来，成本最低的外交手段一直是各国解决国际争端的优先选择。发动战争不但消耗的成本最大，而且副作用也最大，其结果有时还难以预料。因此，大国领导人通常都把使用武力作为最后的选择。在介入国际危机时，大国领导人愿意付出的投入成本越低，就越倾向于采取温和的介入方式。反之，大国领导人愿意付出的投入成本越高，那么大国实际使用武力的可能性就越大。

六　结语

成本权衡理论作为新古典现实主义理论的一个分支，致力于解释大国在介入国际危机时的立场和方式选择。成本权衡理论认为，大国领导人在选择介入国际危机的立场和方式时，将会综合考虑各种方案对应的预期收益、预期损失和预期投入，从而做出最优选择。大国领导人在选择介入国际危机的立场时将遵循机会成本最小化的原则，规避或挽回沉没成本，同时规避观众成本。大国领导人在选择介入国际危机的方式时将规避观众成本，同时受到预期投入成本的制约。成本权衡理论作为一种全新的外交政策理论，在研究中也难免会受到实践的挑战，因此未来的研究方向是通过系统的案例检验来对该理论进行修正和完善。

当前国际卫生治理转型剖析

汤 伟[*]

摘 要： 2014 年埃博拉疫情的爆发说明国际卫生治理"安全化"的失败，由此当前国际卫生治理不得不转型。转型主要表现在三个方面：监测系统更为多元开放，治理维度从"水平"向"垂直"再向"混合"转化，世界卫生组织等地位下降而其他角色作用上升。这一转型仍属"未完成时"，即过渡状态。这种"过渡性"表现在治理结构未发生颠覆式变化、治理路径属于部门解决方案、治理预期对城市化和健康影响不足等方面。"过渡期"说明转型艰难，在转型目标、价值已确定的前提下，在转型路径上，尽快"去安全化"，搭建全球政策框架；在转型领域上，单纯技术维度向综合性多维度转型；在转型层次上，顶层设计和自下而上的多层治理相融合。未来国际卫生治理将被构建为可持续发展议程，信息和大数据的重要性将显著上升；国际标准和地方知识需有效融合。中国在国际卫生治理中应扮演积极角色，发挥自身优势做出贡献的同时，也要根据转型内容、特征、路径和预期做好相应准备。

关键词： 埃博拉 国际卫生治理 安全化 流行病 全球治理

---

[*] 汤伟，上海社会科学院国际问题研究所副研究员，复旦大学社会学博士后。

近年来，随着艾滋病（HIV/AIDS）、非典型性肺炎（SARS）、禽流感、埃博拉、中东呼吸综合征（MERS）等流行病爆发，国际公共卫生领域面临的威胁日益上升，引起学术界极大关注。学术界关于国际卫生治理的研究主要有三项议程：第一，社会发展议程，将卫生治理看成人权的内容，如基本药物的获取；第二，安全议程，致死率极高的流行病引发的社会恐慌对国际政治产生影响，如联合国安理会将艾滋病列入讨论议题，而世界卫生组织也获得了以往没有的权威；[①] 第三，经济议程，正常经济社会秩序被扰乱后造成的经济损失。这三项议程中，安全话语在近年来越来越占主导。[②] 2003 年美国兰德公司发布《新发与复发流行病的全球威胁——协调美国的国家安全和公共政策》报告，从六个方面确认国际卫生安全的内涵：①危及人类生命；②降低政府合法性；③削弱经济基础；④威胁社会心理；⑤导致地区不稳定；⑥生物恐怖主义。[③]

尽管世界卫生组织欢迎疾病或卫生的"安全化"，指出流行病一旦爆发，几个小时就可能形成威胁。然而"安全化"的推动却并未成功防控2014 年埃博拉病毒的蔓延，过多的安全话语又引发广泛担忧，似乎公共卫生本身已不是目的。发展中国家甚至还追问"谁的安全，从哪里获取安全"，认为"安全化"显现出明显的"遏制而非预防"的倾向，主要用来"保护西方"。尽管"卫生安全"或者"保护西方"并非不重要，或者相应的政策和指令无须被执行，但仅限于"安全"话语难以实质性提升国际卫生治理的水平。由此，国际卫生治理机制迫切需要转型，转型内容是什么、转型具有哪些特征、路径如何、未来又可能以何种方式推进等问题值得探析。

---

① Tine Hanrieder, Charistian Kreuder-Sonnen, "WHO Decides on the Exception? Securitization and Emergency Governance in Global Health," *Security Dialogue*, Vol. 45, Issue 4, 2014, pp. 331-348.

② 关于传染和安全关系的研究文献，参见涂晓艳《传染病与安全研究的现状与思考》，《国际政治研究》2013 年第 4 期，第 131~142 页。

③ Jennifer Brower and Peter Chalk, *The Global Threat of New and Reemerging Infectious Diseases: Reconciling U.S. National Security and Public Health Policy*, RAND Corporation, 2003, http://www.rand.org/pubs/monograph_ reports/MR1602.html.

一 转型内容

流行病应对以及更广泛意义上的国际公共卫生，与气候变化、互联网、核不扩散等议题相比，并不居于全球治理的核心位置。然而，公共卫生问题与生命直接相关，有着丰富的治理传统。工业革命之前尤其是抗生素未被发明之前，对抗流行病主要依靠港口隔离以及贸易和人口流动的限制。① 后来人们逐渐意识到，清洁的水对流行病治理至关重要。② 此后，公共卫生事业急剧发展，发展引导卫生成为历史性趋势。二战以来，科学技术进步以及一系列防控机制的建立，使天花、肺结核等流行病得到了有效防控，一些政治家甚至由此乐观地认为人类可以战胜流行病。但自20世纪80年代以来，尤其是进入21世纪，微生物和病毒惊人的适应性变化不但使旧病以新特征出现，新流行病也层出不穷，③ 其治理越来越不是单纯的医学问题，由此人们意识到国际公共卫生治理迫切需要转型。这种转型主要表现在三个方面：监测系统开放多元、机制规制创新、世界卫生组织功能下降而其他角色作用上升。

第一，监测系统更为多元开放。监测对流行病防控至关重要。早在1951年，世界卫生组织就组建了全球流感监测网络，该网络由位于83个国家的112个流感中心以及澳大利亚、日本、英国和美国的合作中心组成。④ 1969年，全球卫生大会修订《国际卫生条例》，要求各国主动报告流行病爆发，尽管如此，指涉范围极其有限，仅包含霍乱、黄热病、天花、猩红热以及斑疹伤寒等。天花被根除后，国际社会甚至只要求报告瘟疫、霍乱和黄热病，且只接受主权政府报告的信息。由于缺乏快速有效的

---

① 马克·扎克、塔尼亚·科菲：《因病相连：卫生治理与全球政治》，浙江大学出版社，2011，第34页。

② 爱德华·格莱泽：《城市的胜利》，刘润泉译，上海社会科学院出版社，2012，第91~93页。

③ 劳里·加勒特：《逼近的瘟疫》，杨岐鸣、杨宁译，生活·读书·新知三联书店，2008，作者自序。

④ K. Lee and D. Fidler, "Avian and Pandemic Influenza: Progress and Problems with Global Health Governance," *Global Public Health*, July 2007, 2 (3), pp.215-234.

公共卫生风险评估机制，也没有包含任何增强调查能力的技术手段，经常出现成员国不遵守规定的现象。2003 年，非典型性肺炎（SARS）疫情在广州、北京和香港等地暴发，世界卫生大会顿时意识到流行病种类繁多，任何疾病的突发、蔓延都可能造成巨额经济损失、扰乱国际秩序，《国际卫生条例》亟须全面修改。鉴于 SARS 事件，[①] 2005 年新条例规定，所有公共卫生突发事件，只要危及人类健康，不管来源如何，都应及时向世界卫生组织通报。

与此同时，通信技术革命尤其是电子邮件和网络的普及，也使得监测系统向全社会开放成为可能。随着由医学专家运行的"新发疾病监测计划和全球新发疾病通报系统"、加拿大政府和世界卫生组织合作的"全球公共卫生信息网"以及美国军方筹建的"全球新发疾病监测和反映系统"先后上线运营，流行病信息开始更多地来自媒体记者、网络和专业人士，而不是来自官方报告。据统计，目前国际流行病信息的 70% 来自非国家行为主体。《国际卫生条例》从法律上确认了从非官方获取信息的合法性，自此国家丧失了对国内公共卫生信息的垄断。但主权国家的责任与义务也增加了，它不仅有责任报告国内疫情，也有义务报告国外疫情。疾病种类全覆盖、监测系统的技术应用和报告法律化使得 2005 年版《国际卫生条例》在国际法方面实现了历史性进步，强化了世界卫生组织（WHO）的监测和迅速反应能力。

然而监测能力和快速反应的基础是国家监测系统和技术能力的提高，当 2014 年埃博拉事件爆发后，这种监测系统在贫民窟社区和广袤的农村区域及时发现疑似病例并接触追踪、隔离观察方面仍然存在问题，当然实验室的确证能力建设也很关键。[②] 显然 WHO 在帮助发展中国家达到监测标准方面负有责任。然而，遗憾的是，WHO 并没有完整的规划和相应的资金分配，以致监测标准严重落后的国家没有得到及时有效的帮助。埃博拉危机表明即使国家已及时向世界卫生组织报告疫情暴发，世界卫生组织仍有

---

① 罗艳华：《试论"全球卫生外交"对中国的影响与挑战》，《国际政治研究》2011 年第 2 期，第 45~61 页。

② Sam I. Okware etc., "Managing Ebola from Rural to Urban Slum Setting: Experience from Uganda," *African Health Sciences*, Vol. 15, Issue 1, March 2015, pp. 312-321.

可能基于以往的经验和知识判断失误，酿成更大的危机。

第二，治理维度从"水平"向"垂直"再向"混合"转化。过去流行病治理主要是"水平"式的，即聚焦于流行病"蔓延"对国家的威胁。政策目标也主要是通过对贸易和旅行的最小干预实现对疾病传播的有效遏制，而国家如何改善自身卫生治理体系不是讨论的重点。20 世纪 70 年代以后，人们逐步发现，水平治理主要集中在保护那些未受流行病影响的国家，并未对暴发疫情的源头国家予以援助。因此，水平治理迫切需要向垂直治理转型。垂直转型有三个基本特征：首先，从着眼于微生物和病毒横向地理传播向旨在降低国家内部疫情暴发可能性的转变，这要求国家公共卫生体系的改善；其次，世界卫生组织的功能从"发现、遏制"疾病的暴发和扩散向疾病疫苗、药物研发和可获得性方面转变；最后，"人人享有卫生保健的权利"逐步成为基本治理规范，各个部门、各级决策都应考虑相关行动带来的卫生和健康效应。治理的垂直转型既说明发展中国家国内公共卫生体系极其不完善，也说明治理规范不仅仅保护未病之人，还得尽可能医治患病之人。

进入 21 世纪，人们又发现无论是垂直治理还是水平治理，都不能独自发挥作用，两者趋向相互渗透、融合。例如，仅仅倾向水平遏制，将在全球化条件下失去意义；又如，水平的贸易知识产权机制常常会对发展中国家药物获取权形成障碍。由此，"水平"和"垂直"的混合性需求越来越突出。混合治理具有三大特征：第一，国家不再以主权名义垄断国内卫生治理信息，政策制定权限受到世界卫生组织、非政府组织、医药行业甚至个体的冲击；第二，治理目标演化为提供更多的全球卫生公共产品，即不仅要提高国家在国际卫生体系中的安全程度，也要提高个体的健康状况，由此监测系统的预防和患者药物可获取性的重要性急剧提升；第三，疾病治理与其他领域机制的协调性增强。2005 年版《国际卫生条例》明确规定应对流行病应"防止对全球贸易造成不必要的干扰"，"不能更多地限制国际交通，也不能过多地侵犯或打扰个人"，相关措施应以"科学原则"和"对人类健康构成风险的现有科学证据"为基本依据。与此同时，其他国际组织也做出了一系列的规定，改变了全球卫生安全规范结构和卫生主权观念，限制了国家采取额外的政策措施的权限，提升了世界卫生组织的权限。其结果是，经贸、旅行和卫生措施之间有更好的协调。① 例如，国际海事组织、国际民航组织、国际原子能机构也都制定卫生规则，尽管条款并不具有法律约束力，却要求成员国应遵守《国际卫生条例》，支持应用世界卫生组织制定的卫生标准。

第三，世界卫生组织的地位下降，其他角色兴起。SARS、禽流感、埃博拉等流行病暴发之初，在尽快获取病毒基因及其传播模式、疫苗等专业知识方面，世界卫生组织常扮演核心角色。事实上，世界卫生组织也成功管控了禽流感、猪流感等诸多流行病，并制定出新的国际卫生条例。但国际社会对其存在"过度反应"和"缺乏责任"等问题提出了批评。2009年甲型 H1N1 禽流感暴发，世界卫生组织有史以来第一次发布了"公共卫生紧急状态国际关切通告"（PHEIC），总干事也督促相关国家紧急购买大量疫苗，然而事态的最后发展并没有想象得那么严重，也没有造成重大经济社会损失，引发媒体、国家代表和欧盟议会对世界卫生组织过度反应及决策程序透明化的质疑。② 2014 年 7 月埃博拉事件中，当世界卫生组织收到相关国家报告后，考虑到埃博拉新发感染数有所下跌，遂做出判断，认为事件正在结束，"应对埃博拉是国家的责任"，没有意识到传播和感染高峰尚未到来。③ 由于完全没有考虑缺乏健全卫生体系的国家不可能独自应对重大危机，这种做法最终酿成了更大危机。尽管卫生治理安全化进程确实在强化世界卫生组织的权威，但英国皇家国际事务研究所（Chatham House）发布的研究报告指出，"复杂的融资机制、急剧恶化的财政危机、对少数国家资金的过度依赖，以及 1 个总部、6 个地区办公室、150 个国家办公室网络的行政结构使世界卫生组织的能力存在重大缺陷"。④ 德国发展

① Adam Kamradt-Scott Simon Rushton, "The Revised International Health Regulations: Socialization, Compliance and Changing Norm of Global Health Security," *Global Change*, *Peace & Security*, Vol. 24, No. 1, 2012, pp. 57-70.

② Tine Hanrieder and Charistian Kreuder-Sonnen, "WHO Decides on the Exception? Securitization and Emergency Governance in Global Health," *Security Dialogue*, Vol. 45, Issue 4, 2014, pp. 331-348.

③ Colin Binns, et al., "Progress in Public Health in the Year of the Goat," *Asia-Pacific Journal of Public Health*, 2015, Vol. 27, pp. 121-122.

④ Colin McInnes, "WHO's Next? Changing Authority in Global Health Governance after Ebola," *International Affairs*, Vol. 91, No. 6, 2015, pp. 1299-1316.

研究所（German Development Institute）的简报《使全球卫生治理运转起来：关于如何应对埃博拉的建议》指出，当前卫生治理的领导力已不在世界卫生组织，而在联合国安理会和秘书长。①

实际上，其他一些国际组织也获得了部分原本属于世界卫生组织的领导权。② 例如，世界银行已将改善卫生设施、免疫接种、艾滋病防疫等作为自身主要工作内容之一，更成为低收入国家卫生治理的最大外部资金支持者。世界贸易组织已把服务贸易总协定（GATS）、卫生和植物卫生措施应用协议（SPS）和技术性贸易壁垒协议（TBT）等作为国际流行病防控最重要的法律条文。但由于这些组织之间并未协调合作，组织碎片化、跨组织合作以及合作治理经常失效抑或不足也为非政府组织的发展提供了空间。20世纪90年代，联合国艾滋病联合规划署（UNAIDS）、国际疫苗联盟（GAVI）、疟疾药品联营公司（MMV）、被忽略疾病药物研发组织（DNDi）、比尔＆梅琳达·盖茨基金会（BMGF）先后成立，它们或进行药物研发，或扩大资金来源，或直接参与政治议程，或与国家和国际组织构建伙伴关系，对国际卫生治理进程产生了巨大影响。美国政府国际卫生援助项目"总统防治艾滋病紧急救援计划"（PEPFAR）的资金也主要流向国际非政府组织、民间合作人员、教会组织以及东道国政府。

实践证明，多种行为主体的参与可有效扩大市场机制和公私伙伴关系在卫生治理中的作用，不仅调动医药公司研发各类医药设备和药品的积极性，还能使普通民众获得更符合需求的医疗卫生援助。一些学者认为，国际卫生治理结构已大体呈现世界卫生组织、世界银行居于核心圈，国际货币基金组织和联合国其他组织处于外围，而非政府组织、跨国公司、认知共同体、个体处于最外围的格局。③ 而另外一些学者却指出非政府行为体因其灵活性、创新性、成本收益的合理性、更大的民主责任正事实上成为

---

① German Development Institute, "Makeing Global Health Governance Work: Recommendations for How to Respond to Ebola," *Briefing Paper*, No. 14, 2014.

② 晋继勇：《世界卫生组织评析》，《外交评论》2013年第1期，第139~149页。

③ Steven Hoffman, Clarke Cole and Mark Pearcey, "Mapping Global Health Architecture to Inform the Future," Chatham House Report, January 2015, https://www.chathamhouse.org/sites/files/chathamhouse/field/field _ document/20150120GlobalHealthArchitectureHoffmanColePearcey Update. pdf.

全球卫生治理的核心角色。[①]

二 转型特征

近几年来，国际卫生治理机制从监测系统多元开放、治理维度混合化以及世界卫生组织角色转换等几方面出现了转型。然而这种转型仍属"未完成时"，处于过渡状态，总体上治理结构未发生颠覆式变化，治理仍局限于在部门范围内寻找解决方案，治理预期对城市化带来的卫生影响估计不足。

（一）国际卫生治理仍呈现南北"结构性暴力"

公共卫生革命发生于19世纪与20世纪之交，既包括现代化的医疗技术（如医疗设备、疫苗）、公共服务设施（如洁净水和卫生设施），也包括对人群健康状况的定期干预和监测等体制机制变革。公共卫生革命成功推动疾病发生率、感染率和死亡率的大幅下降，人均寿命得以大幅延长。然而这种革命在全球范围内的分布并不均衡，主要集中于北方国家，因此南北之间有显著的"垂直落差"。[②] 世界卫生组织2014年的统计数据显示，2012年低收入国家儿童死亡率约为8‰，超过高收入国家13倍；生育健康服务覆盖率只有46%，不及高收入国家99%的一半；艾滋病新发感染的70%人口住在撒哈拉以南非洲。世界卫生组织及联合国儿童基金会的报告《饮用水和卫生设施的进步：2014年最新情况》显示，全球仍有7亿人得不到清洁饮用水，其中一半生活在撒哈拉以南非洲地区，还有25亿人缺乏经过改良的卫生设施，他们多数生活在贫困的农村。[③] 20世纪70年代以

---

① Hélène Delisle, Janet Hatcher Roberts, Michelle Munro, Lori Jones, and Theresa W. Gyorkos, "The Role of NGOs in Global Health Research for Development," *Health Research Policy and Systems*, Vol. 3, No. 1, 2005, pp. 1–21.

② Alan Ingram, "The New Geopolitics of Disease: Between Global Health and Global Security," *Geopolitics*, Vol. 10, No. 3, 2005, pp. 522–545.

③ 《世卫组织/儿童基金会强调需要进一步缩小在获得经改善的饮用水和卫生设施方面的差距》，世界卫生组织，2014年5月8日，http://www.who.int/mediacentre/news/notes/2014/jmp-report/zh/。

来，全球新发流行病的 95% 来源于发展中国家，[①]而且不同国家和地区对同种流行病的应对能力悬殊。以禽流感为例，日本和韩国的工业化农场中出现禽流感时，能很快被发现，而中国香港即使发现较晚也可以较好地遏制。相比之下，泰国和越南的禽类散养习俗和落后的监测系统导致疫病发现之时已呈流行之势，而柬埔寨和老挝根本没有足够的资金投入监测系统的建设，印度尼西亚则忙于应对造成数万人死亡的登革热而无暇他顾。

卫生治理的垂直落差使卫生援助成为发达国家对外援助的主要内容之一，表现在资金、药物研发和制度建设三个方面。①资金方面，美国是国际卫生援助的最大捐赠者，通过"总统防治艾滋病紧急救援计划"，差不多提供了约一半的全球应对和防治艾滋病资金。[②]仅 2014 年，美国就帮助 60 多个国家建立 HIV 病毒/艾滋病防治项目，770 万人接受抗反转录病毒治疗，5670 多万人完成了 HIV 病毒检测和咨询。②技术研发主要包括对药物疫苗开展研发以及投资基础设施。艾滋病于 1981 年在美国加州洛杉矶首先被发现，药物主要由发达国家医药公司研发。抗埃博拉药物也主要来自美国，核心专利也归强生公司、葛兰素史克等欧美制药公司所有，尽管中国的制药单位也积极参与，但总的来说发达国家在药物研发方面居于主导地位。③机制体制建设，美国等发达国家帮助发展中国家逐步构建起监测系统和周期性干预机制，培养了大量专业人才，例如湄公河疾病警戒网络就是在美国疾病控制和预防中心以及洛克菲勒基金会资助下建立的。

尽管发达国家为推进国际卫生治理做出了重大贡献，但仍遭受广泛批评，主要表现在三个层面。①将大量资源投向特定流行病，如艾滋病 HIV/AIDS 和 SARS。1990 年，用于艾滋病 HIV/AIDS 的国际卫生援助资金只占 3%，2015 年已超过 1/4，而对其他常见疾病，例如肥胖、癌症等关注极少，即使对流行病也有高度选择性，世界卫生组织曾列出 17 种被忽视的疾病，如蛔虫病、淋巴丝虫病、沙眼等，它们每年导致 50 万到 100 万人死亡，远远超过艾滋病，但并未受到国际社会的关注，其主要原因在于它们

---

① 姚粲璨、陆家海：《人兽共患病疫情防控新观念》，《中国病毒病杂志》2014 年第 3 期，第 166~170 页。

② Alan Ingram, "Global Leadership and Global Health: Contending Meta-narratives, Divergent Responses, Fatal Consequences," *International Relations*, 2005, Vol. 19, No. 4, pp. 381-402.

未对富裕国家产生威胁；SARS 受到关注也在于它对亚洲和世界经济造成损失以及对国家和全球其他政策议程构成影响。②援助缓慢，过于着眼于隔离式遏制而非常规治理。2014 年埃博拉呈蔓延之势时，大量国际援助也是在国际社会感觉明显威胁后才开始涌入的，特别是美国和欧洲也出现了感染案例。① 尽管如此，监测系统关注的也只是狭义的人员流动，如航空港口运输等。发达国家对自身安全的单方面追求无疑降低了其道德权威，并引发发展中国家的不合作行为。2007 年，印度尼西亚政府拒绝将其境内的禽流感病毒标本交予国际社会，理由是西方医药公司开发的疫苗价格本国国民难以承受。③援助不足，主要集中于紧急援助，而监测系统和制度化干预等基础建设方面则资金严重匮乏，即使得到了世界银行、亚洲开发银行的援助，但由于资金有限，发展中国家的治理能力无法得到实质性提升。埃博拉事件后，非洲国家已明确要求世界卫生组织执行理事会和全球卫生大会重新考虑关于世界卫生组织的预算改革问题。世界卫生组织事实上已成为许多发展中国家应对流行病的最后防线，其决策和预算的合理调整将对相关发展中国家产生难以估量的积极影响，因此必须从资金优先性上满足公共卫生系统最不完善国家的需求。

（二）卫生治理路径仍属部门解决方案（Sectoral Approach）

国际卫生治理应和经济社会发展融合已成为所有人的共识。早在 1978 年，世界卫生组织就启动了"为所有人的健康"的政策指导方针；1986 年《渥太华宪章》以及卫生大会要求跨部门协调推进"所有政策中的健康卫生"；2008 年世界卫生组织要求所有政策领域都应包含减少卫生不平等的内容；联合国《变革我们的世界：2030 年可持续发展议程》还提出全民健康保险，让人们获得优质医疗服务，不遗漏任何人，也试图从更宽泛的范围考察卫生治理问题。但卫生治理在可持续发展中仍然没有获得合理的位置，针对健康和卫生问题，卫生主管部门并没有正确修正其战略和决策，总体上依旧呈现"头痛医头、脚痛医脚"的部门路径。

---

① Anna Roca, et al., "Ebola: A Holistic Approach is Required to Achieve Effective Management and Control," *Journal of allergy clinical immunology*, Vol. 135, April, 2015, pp. 856-867.

这种部门路径有以下特征。第一，卫生治理目标并未成为各国诸多经济社会议程的内嵌目标。例如，美国推进的《跨太平洋伙伴关系协定》（TPP）、《跨大西洋贸易与投资伙伴关系协定》（TTIP），东盟十国发起的"区域全面经济伙伴关系"（RCEP），甚至中国当前推动的"一带一路"建设，都没有包含基本的公共卫生和健康影响评估；联合国千年发展议程也只包含儿童死亡率、生育服务覆盖率、艾滋病感染率等少数指标。世界主要治理机制鲜少涉及卫生议题，如二十国集团（G20）也只在2014年布里斯班峰会上明确呼吁国际金融机构帮助受影响的国家应对埃博拉和其他人道主义危机带来的经济冲击。第二，世界卫生组织缺乏足够的协调权威和能力。非典、禽流感、埃博拉、中东呼吸综合征等重大流行病接连暴发，说明国际卫生治理需求增加，然而世界卫生组织的活动却因资金、组织设置和政策范围等被少数国家制约而缺乏必要的灵活性，在涉及流行病防控的一系列检疫防疫、监测协调、药品研发、人权保障、环境保护等诸多环节，它的协调能力也非常有限。国际卫生治理逐步简化为监测、遏制和治疗几个环节，就是这几个环节也归属不同的国际组织和部门负责，碎片化异常明显。在提供治疗药品方面，少数国家的利益也高于世界卫生组织的权威。发达国家出于保护医药、粮食行业利益，有意强化知识产权体制，加剧了医药创新和基本药物获取的难度。[1] 第三，"医生无疆界"等非政府组织推进国际卫生治理的作用没有得到相应的提升。非政府组织存在诸多优势，例如信息获取灵敏、资金筹备灵活和规范传播范围广；在接触人群尤其是前线病人方面异常成功，能够为病人提供及时有效的基本救助；能增加政府的责任性和透明度等。[2] 但在推进国际卫生治理进程中，这些非政府机构依然处于政策制定外围，话语权和影响力有限，其优势难以充分发挥。

---

[1] Wolfgang Hein and Lars Kohlmorgen, "Global Health Governance Conflicts on Global Social Rights," *Global Social Policy*, Vol. 8, No. 1, pp. 80-108.

[2] Hakan Seckinelgin, "A Global Disease and Its Governance: HIV/AIDS in Sub-Saharan Africa and the Agency of NGOs," *Global Governance*, Jul-Sep, Vol. 11, No. 3, 2005, pp. 351-368.

（三）世界城市的国际卫生治理作用被忽视

城市本来就是疾病传播的中心，14 世纪的人类瘟疫、18 世纪的天花、20 世纪的流感无不以城市尤其是贸易港口城市为中心向外扩散。进入 21 世纪，城市在流行病传播中的中心地位不但没有改变反而日益强化。第一，随着城市化改变自然景观，导致森林面积减少、动植物组成异化、微生物环境变化，同时也迫使人类与携带病毒的动物栖息地产生交集，使病毒适应性增强产生变异，更易传播。[1] 第二，城市化改变了社会互动模式，使流行病传播模式发生变化。以前城乡明显分割，城市疾病很少向乡村传播，而乡村也维持着自身的生态平衡，病毒很少向城市传递。随着人口在乡村和城市之间的双向流动加快，微生物和病毒成功突破这种城乡之间的界限，使农村感染城市中的病毒，乡村疾病也在城市大规模出现。[2] 国外学者对海地艾滋病传播进行调研后发现，城市化使越来越多的农村妇女感染艾滋病病毒。西非埃博拉病毒最初也是来自农村，但城市内部空间结构和武装人员流窜、难民逃离使病毒迅速从农村向城市贫民窟转移，城市内部出现大量感染者。[3] 第三，经济社会水平对卫生治理和流行病防控的影响越来越大。著名城市学家乔尔·科特金（Joel Kotkin）认为，公共卫生治理与城市化模式、建筑设计等因素有密切联系。高密度、短间距的城市建筑和城市化模式会产生严重的健康后果，如肥胖人数上升、中风和心脏病患者增多，而无处不在的空气污染也在损害民众健康。[4] 2010 年世界卫生组织和联合国人居署联合发布《隐藏的成本：打开并克服城市环境中的卫生不平等》报告指出，截至 2010 年，全球大约 8.28 亿人口居住在非正式住房，形成了城市内部显著的卫生区隔。贫穷居民总是生活在最差的房

---

① 《五张图教你读懂埃博拉的来龙去脉》，福布斯中文网，2014 年 8 月 15 日，http：//www. forbeschina. com/review/201408/0035043. shtml。

② Colin Binns, et al., "Progress in Public Health in the Year of the Goat," *Asia-Pacific Journal of Public Health*, 2015, Vol. 27, pp. 121–122.

③ San O. Okware, et al., "Managing Ebola from Rural to Urban Slum Settings: Experiences from Uganda," *African Health Sciences*, Vol. 15, Issue 1, 2015, pp. 312–321.

④ 《香港及中国大都市面临的危机》，福布斯中文网，2014 年 10 月 22 日，http：//www. forbeschina. com/review/201410/0038093_ 2. shtml。

屋和社区，且出于社会和物理障碍，很难接近公共空间和公共卫生服务，对流行病的产生、扩散起到推波助澜的作用。[①]

三 转型路径

国际卫生治理处于转型"过渡期"说明了转型的艰难，在转型目标、价值已确定的前提下，如何转型才是最关键的。那么国际社会应采取何种方式和途径呢？目前主要集中在三点：从环节上，尽快"去安全化"，搭建适宜的全球政策框架；从领域上，从单纯的技术维度向综合性多维度转型；从层次上，顶层设计和自下而上的多层治理相融合。

（一）国际卫生治理需要"去安全化"

流行病暴发常常出乎意料，对生命的直接威胁和蔓延特性决定了国际社会必须尽快做出反应。为了尽快调动资源，强化动员，安全化是需要的。[②] 然而安全化具有应一时紧急、存续时间短、效果有限等特点，更存在在利益攸关者之间难以达成一致的隐忧，对国际卫生合作反而造成根本性伤害，因此需将流行病"安全化"向"去安全化"转变。那么如何"去安全化"？

"去安全化"实际上是回归国际合作本身，承认彼此观点的合理性，将预防、准备、监测、报告、反应和疫后恢复等一系列环节连接起来，确保每一个环节都有相应的具体实施主体、合作机制和物质基础设施。在这一完整链条中，"预防"和"对核心药物的获取"是基础，其实践程度关系国际社会执行基本人权方面的信心。遗憾的是，无论是预防还是核心药物的获取，都没有适宜的全球政策框架，其构建也异常艰难，涉及知识产权、贸易、医药公司和价格等一系列环节和机制。

---

① World Health Organization UN-Habitat, "Hidden Cities: Unmasking and Overcoming Health Inequities in Urban Settings," Kobe, 2010.

② 斯科特·特巴雷特：《新发传染病：我们做好应对准备了吗？》，弗朗西斯·福山主编《意外：如何预测全球政治中的突发事件与未知因素》，辛平译，中国社会科学出版社，2014，第118页。

以禽流感疫苗为例。目前全球禽流感疫苗需求量大约为 5 亿单位剂量，然而全球的生产能力却只有 3 亿，而且主要分布在澳大利亚、加拿大、法国、德国、意大利等 9 个发达国家，这些国家人口只占世界的 12%，而全部疫苗贸易额只相当于全球医药贸易额的 2%，也就是说，疫苗的需求和供给存在严重的不匹配。更严峻的是，疫苗生产往往是商业化的，愿意生产疫苗的厂商正从数十家跌到当前的数家。这意味着即使全球医药行业满负荷生产，且不考虑地理配给问题，发展中国家仍有 30% 到 50% 的人口面临无疫苗供应的问题。尽管世界卫生组织曾屡次与医药行业、政府管制机构、非政府组织等利益攸关方谈判，讨论疫苗的足量供应问题，但却始终缺乏行之有效的实施方案。实际上，西非埃博拉疫情暴发之前，疫苗试验就已获得成功，但埃博拉病毒的低发生率和地理分散使得医药公司不愿意投入巨额资金测试和量产。此外，药物价格也一直影响南北关系框架，世界贸易组织虽然通过《TRIPS 协定与公共卫生多哈宣言》《穷国购药决议》授权发展中国家可以通过"强制许可"等手段获得廉价医药品，但总体上进展缓慢，难以满足发展中国家的防控需求。

（二）从技术维度向综合发展维度转变

初期的国际卫生治理主要以疾病发现、预警监测和药物研发为主，由此国际卫生专家和官员以技术和部门形式获得主导权。20 世纪 90 年代之后，人们发现流行病的兴起仅局限于技术应对难以取得实质性成效。尽管比尔·盖茨在 2005 年第 58 届全球卫生大会上阐述，"世界并不需要先消除贫困后才消灭天花，我们也不需要减少疟疾之前必须减少贫困，我们需要做的是生产并配给疫苗"[①]，然而，到目前为止，仅有天花和贫困脱钩，其他疾病不但没有得到根本性缓解反而出现恶化，甚至天花也存在复发迹象。技术路径也许能增强国家的应对能力，外部资助或许也能提升全球和国家应对疫情暴发和监测的能力，但并不能有效提升一个国家的总体健康和卫生治理水平，由此应从技术视角向全方位经济社会发展转型。

---

① 转引自：Anne-Emanuelle Birn，"The Stages of International（Global）Health：Histories of Success or Success of history，"*Global Public Health*，Vol. 4，No. 1，2009，pp. 50~68。

实际上，二战结束以来 70 余年的历史也表明，宏观社会经济因素是大多数流行病暴发、传播和能否成功应对的最重要解释变量，对贫困和流行病内在联系的破除异常关键，[①] 技术维度必须向综合发展维度转变。那么如何完成这一转变？首先，应将卫生思想观念、具体政策贯穿到所有政策领域，如经济发展规划、环境污染治理、教育、劳工、国际贸易、农畜牧业、住房交通等诸多领域。其次，充分协调不同行为主体。卫生政策涉及许多政府部门，需要政府不同组成部门之间进行协调，也需要政府部门之外的行为主体，如科学界和媒体。然而不仅需要协调机制，也需要协调主体，一般说来卫生部门应是主要的协调主体，而协调机制则需要充分考虑各国国情。世界城市论坛引用 2008~2009 年巴格达应对麻疹、2009~2010年墨西哥城应对甲型 H1N1 禽流感的成功案例说明，监测系统、卫生警报和应急体系的正常运行需要许多不同公共服务部门共同协作以及公私伙伴关系、私营行为体的配合。[②] 也正因如此，联合国粮农组织（FAO）提出"唯一健康"（One Health）口号，积极构建跨部门工作组以聚焦人类、动物和环境的共同议题，包括疾病监测警戒，生产、销售环节中的生物安全和经济社会发展过程中的防疫机制。[③]

（三）顶层设计和自下而上多层次治理相融合

国际卫生治理既存在于宏观社会空间，如地区、国家、省、市，也存在于微观方面，如城市、社区和个人居住环境。这种宏观—微观的演变使得卫生治理需要嵌入到全球和地方多个层面，需要顶层设计和自下而上治理的融合。全球卫生大会是顶层设计的最佳平台，围绕监测和报告系统、基本药物、防疫防控等国际问题做出有力部署，制定《国际卫生条例》，相关国家再按照《国际卫生条例》制定出一系列国家战略和应对方案。尽

---

① Guillermo Foladori, "The Challenge of Infectious Diseases to the Biomedical Paradigm," *Bulletion of Science*, *Technology & Society*, Vol. 25, No. 2, April 2005, pp. 145-158.

② World Health Organization, "Global Forum on Urbanization and Health," Nov. 15-17, 2010, Kobe.

③ Wondwosen A. Gebreyes, et al., "The Global One Health Paradigm: Challenges and Opportunities for Tackling Infectious Diseases at the Human, Animal and Environment Interface in Low Resource Settings," *Neglected Tropical Diseases*, Vol. 8, Issue 11, November 2014, pp. 1-7.

管如此，人们仍然发现一些刚性、集中化的规划和战略经常失败，主因就在于未能及时有效地利用区域和地方提供的机会和可能性，或者忽视了区域和地方的特殊环境。其实各个国家、地区的自然生态条件与环境卫生状况迥异，仅依赖顶层设计或者国际法规难以跟上医学进展和适应地方具体条件，政策也难以起到预期效果。联合国粮农组织、世界卫生组织和世界动物卫生组织与一些利益攸关者推进"唯一健康"路径，逐步强化国家、地区和全球各个层面的能力建设，充分利用技术创新使基层群众实时动态报告他们接触到的病原和最新发病情况，进而及时找到疫情暴发、传播过程中的关键控制点。从地理区域角度看，疫情暴发集中点无疑是人口密集的城市区域，如1854年伦敦霍乱来自于一条街道上已被脏水污染的一台水泵，1910~1911年中国东北肺鼠疫来自于人与人之间通过飞沫传播的肺部炎症。当然，城市区域的高密度、高流动既提供了疾病和病原高速传播的可能，也为遏制提供了机会和可能，但这种机会和可能只能从社区和村庄这样的基本组织单元中寻找。由此，顶层设计和自下而上既要超越全球，也要超越地方，必须寻找一种既能够跨越不同层次和空间又将不同层次和空间进行有效连接的创新组织方式，而城市网络就是这样一种有效的组织方式。有学者曾经以欧洲"健康城市网络"为案例进行研究，发现连接了不同国家、不同规模的36个城市的网络显著提升了各个城市卫生治理的绩效，合作行为产生了明显的外部性结果。①

四 转型展望

转型路径明确了卫生治理期望目标的实现方式。随着国际社会政策框架的搭建、经济社会的改革以及顶层设计和地方治理的融合，治理水平和机制未来还将持续变革。

（一）国际卫生治理将被构建为可持续发展议程

卫生治理被国家和政府构建成一系列制度安排，公共和私人行为主体

---

① Roberta Capello, "The City Network Paradigm: Measuring Urban Network Externalities," *Urban Studies*, Vol. 37, No. 11, 2000, pp. 1925-1945.

将比以往更紧密地联系在一起，由此全球政策框架的复杂多元成为常态，但也造成一些不足。利益攸关方总有不同规范和价值诉求，也会有不同的实践标准，且经常随着时间变化，再加上治理的自愿性，分散性的权力、思想、观点如何被框定尤为关键。目前全球竭力追求的政策目标隐含了西方国家的利益和安全考虑，而低收入国家在全球层次上缺乏代表，这使西方国家和中低收入国家之间构造出"安全"和"人权"的对立。未来的卫生治理不可能仅仅围绕技术化议题（如病毒株、传播模式和疫苗等）展开，更在于主体间结构的制度安排和执行过程，即治理架构。这种治理架构要求流行病应对必须与教育、环境、水、城市等可持续议题联系起来，进而实现有效的资源动员和可视化的监测结果。

实践证明，流行病和发展之间具有显著的相关性。香港 1912 年人口的 4% 死于瘟疫，到 1948 年就几乎绝迹；全球肺结核的死亡率从 1851 年的每十万人 632 人下降到 1940 年的每十万人 61 人，这种改变应归结为抗生素的发明与二战后期逐步的扩大运用。这从一个角度说明医药水平的提高、经济社会发展、营养和住房条件的改善显著降低了流行病的感染率和死亡率。此外，当前中国和印度无论是收入还是健康指标方面都比非洲、中亚和部分南亚国家有更好的表现，社会保障改革使贫穷阶层获得了更多的卫生服务，应对流行病暴发的能力也更强，这说明发展对卫生治理具有极端重要性。国际卫生法学家肖·哈蒙（Shawn H. E. Harmon）认为，应对公共卫生是全球发展不可分离的组成部分，主要表现在：①医疗服务，包括基本药物、医生供给和初级护理；②公共卫生服务，包括清洁空气、有营养的食物、疾病监测和控制、烟酒控制、伤害预防、病毒和微生物携带者数量的减少；③经济社会因素，包括就业、减贫、教育等，尽管这些因素与卫生健康没有直接关系，却比任何因素都更能直接决定卫生治理的成效。① 遗憾的是，发展中国家在这三方面都存在严重不足，无序的城市化、资金匮乏、老化的基础设施、自然资源被破坏、环境遭到不可逆转的污染等，都增加了新发流行病的可能性和严重性。

---

① Shawn H. E. Harmon, "Imagining Global Health with Justice: Ebola, Impoverished People and Health System," *Medical Law International*, No. 15, 2015, pp. 1-16.

（二）信息在卫生治理中的重要性显著提升

流行病仍将是 21 世纪人类面临的重大挑战，其治理离不开科学技术，预防、监测、治疗和恢复等也离不开经济社会层面的有效行动，这些环节的唯一共通性便是信息。早在 1854 年霍乱流行于伦敦时，数据和信息的作用就已经凸显，约翰·斯诺（John Snow）记录了感染霍乱家庭的具体方位，花费数月才发现应对霍乱的关键在于清洁水的供应。如今，信息技术革命和系统化数据收集大大简化了约翰·斯诺的工作，数小时就能发现疾病流行的关键所在。然而，卫生信息如此之少、如此不完善、又如此分散以至于难以做出可靠判断。2014 年发表于《柳叶刀》上的一篇论文指出，卫生信息数据的不完整已对防疫工作造成严重干扰。[①] 例如，22 个高结核病发生率国家中，只有 4 个国家具有良好的生命登记系统；联合国艾滋病规划署的监测数据也很不完整；世界卫生组织报告的 103 个疟疾流行国家中，仅有 62 个国家提交了有质量的数据。对此必须就数据来源、方法和结果的透明度、数据质量和严谨程度进行全新的全球卫生调查。[②]

监测系统是对信息进行系统化收集，然而渠道的狭隘、技术的落后和分析手段的欠缺都使得数据质量和分析的效果难以获得足够保障。为确保卫生信息数据的充分、可靠，拓宽信息采集渠道是必要的。《国际卫生条例》将非政府组织、私营企业尤其医药行业甚至个体都纳入数据报告范围。在线报告系统等信息收集技术变革也可以提高信息和数据采集的效率。更可靠的数据分析技术，如大数据技术，也可以从海量信息、噪声信号中分离出真实信号，发现疾病传播的内在规律，进而预测到流感、禽流感、甲型 H1N1 禽流感等流行病的发生。尽管这些分析技术也可能导致错误警报，但却具有重大参考意义。[③]

---

① Muriel Figuié, "Towards a Global Governance of Risks: International Health Organizations and the Surveillance of Emerging Infectious Diseases," *Journal of Risk Research*, Vol. 17, No. 4, 2014, pp. 469-483.

② Rifat Atun, "Time for a Revolution in Reporting of Global Health Data," *Lancet*, Vol. 384, 2014, pp. 937-938.

③ 维克多·迈尔-舍恩伯格、肯尼斯·库克耶：《大数据时代：生活、工作和思维的大变革》，盛杨燕、周涛等译，浙江人民出版社，2013，第 2~3 页。

需要指出的是，当前卫生信息采集和处理仍以主权国家为基础，谁能掌握关键流行病的更多信息，谁就可能在具体的防疫防控甚至药物研发中获取主动。然而，国际社会根深蒂固的对病毒信息和医药专利的非对称保护使得信息交换和共享存在各种政治困难。① 有鉴于此，世界卫生组织发起了一系列强化卫生信息采集和病毒库建设的计划，世界卫生大会甚至要求各国"及时和持续地向世界卫生组织协作中心提交与高致病性禽流感和其他新兴流感有关的信息和相关生物材料"，世卫组织时任干事长陈冯富珍女士更指出"不分享禽流感病毒的国家将违反《国际卫生条例》"。② 但由于国家情况不同，在短时间内难以做出实质性改变。

（三）国际标准将日益与地方知识融合

随着全球化的不断推进，疾病日益整合到"流动空间"，而全球流动也都嵌入到地方进程，由此造成的后果是地方不再是封闭的物理空间，而是受到外来体制、信息流动的影响。因此，治理目标和标准趋于一致，如医疗服务、卫生设施和经济社会发展目标，而这三大维度又被分解成若干可以达到的指标。然而这些指标如何实现、采取何种路径以及实现方式在不同区域差异甚大，甚至同一种流行病在不同国家也可能面临不同局面。例如，麻疹在英国只是普通疾病，而在尼日利亚却能引发流行病。有人归咎于营养状况，然而在南非德班，营养很好的孩子同样没有产生免疫力，由此学者认为当前尼日利亚的黑人孩子和19世纪英国的白人孩子有免疫缺陷类似性，③ 而后进一步发现麻疹在新加坡的传染率和严重性介于欧洲和其他发展中国家之间。这说明发展中国家不但不具有发达国家的较为丰富的财政资源、技术条件和物质基础设施，其免疫力和敏感性也很不相同，流行病防控方案必须根据地方性特征，如资源条件、生存环境和制度安排等制订。

---

① 龚向前：《病毒共享的国际法思考》，《政法论丛》2010 年第 10 期，第 56~63 页。

② Jussi Sane and Michael Edelstein, "Overcoming Barriers to Data Sharing in Public Health a Global Perspective," *Chatham House*, April 2015, https：//www. chathamhouse. org/sites/files/ chathamhouse/field/field_ document/20150417Overcoming Barriers Data Sharing Public Health Sane Edelstein. pdf.

③ Kaine Ikwueke, "The Changing Pattern of Infectious Disease," *British Medical Journal* （Clinical Research Edition）, Vol. 289, No. 6455, 1984, pp. 1355~1358.

实际上，即使同种医疗卫生技术在不同地区也会有不同的应用情况，在发展中国家应用相对简单的技术和进行周期性干预往往会产生良好效果，如设置简单防疫站点、复杂医疗设备简单化和快捷化、扩大社区参与、周期性的干预普查等。注重地方性知识和经验的运用，不意味着不去分享成功经验和最佳实践模型，而是说其他国家和地区的成功经验可以根据实践经验，创造性地应用，以满足当地需求。在这方面，中国有非常成功的案例，实现了贫困条件下对常见流行病的防控。

五 结语

西非埃博拉疫情的暴发使得国际卫生治理遭受到前所未有的压力，而世界卫生组织的决策失误说明治理机制迫切需要范式转型。这一范式转型表现在监测系统日益多元开放，治理维度从"水平"向"垂直"再向"混合"转化，以及世界卫生组织权威日益分散引发的治理主体多元化。目前，转型仍在进行中，总体处于"过渡状态"，表现在治理结构未发生颠覆式变化，治理路径仍属部门解决方案且对城市化带来的健康影响估计不足等。这种"过渡期"转型面临困难也是国际体系结构造成的。笔者认为，未来的国际卫生治理既不会是安全议程，也不会是人权议程，而是经济、社会和环境交互重叠下的可持续发展议程。只有将流行病防控与环境、人、经济发展等联系起来才能做到治理绩效的最大化。随着信息技术广泛普及，卫生信息治理的重要性将日渐凸显，如何在系统开放的条件下收集信息日益重要。

国际卫生治理的另一个发展目标是，逐步统一包括死亡率、感染率等在内的国际卫生标准。然而要实现这种标准，必须获取各国不同地区的信息、不同地区环境的信息，各国各地情势有异，要发挥地方主动性和积极性，将社会结构和有效干预结合起来。在国际卫生治理转型进程中，中国理应发挥积极作用，这不仅因为一部分流行病源起中国，继而扩散到全球，还因为中国具有丰富的卫生治理实践经验，更具有卫生治理资源和制度建设能力。在埃博拉事件中，中国以强大的医疗援助获得国际社会赞誉，帮助发展中国家以低成本构建制度化医疗体系、推广质优价廉的卫生技术，推进更适合发展中国家国情的卫生治理改革，中国可以奉献自己的方案与经验。

人道主义危机治理规范的变迁：
倡议联盟框架的视角

花　勇[*]

摘　要： 短短15年时间，"保护的责任"就从政治概念成长为国际规范，发展速度之快实属罕见。现有研究通过施动者和规范自身属性两条路径来分析该规范的变迁过程，这些研究过于倚重话语实践，对结构性机会讨论较少，较少关注该规范2005年之后的发展。2005年"保护的责任"成为国际社会共识是外部事件、政策子系统内部政策执行的失败、政策学习共同作用的结果，所以，运用政策科学中的倡议联盟框架进行研究更有意义。2005年之后，政策子系统内政策执行上的巨大反差以及"保护的责任"倡议联盟的政策学习，使得倡议联盟的作用更有利于"保护中的责任"，特别是考虑接受加强军事授权的过程监督和事后问责。目前倡议联盟工作重点是建立落实"保护的责任"的共识。倡议联盟框架综合考虑宏观因素（政策子系统所处的外部国际社会环境）、中观因素（政策循环）、微观因素（倡议联盟），比较清楚地展示了2005年前后推动"保护的责任"发展的不同动力。未来需要进一步研究的是联合国如何继续推进"保护的责任"、"保护的责任"在非洲和亚洲"社会化"程度的比较分析以及将倡议联盟框架运用于分析国际关系现象是否会补充或修改

---

* 花勇，华东政法大学马克思主义学院讲师。

其主要假设。

关键词： 保护的责任　人道主义危机　倡议联盟　危机治理
政策子系统　规范变迁

2015 年是"保护的责任"（the Responsibility to Protect，R2P）成为国际社会共识十周年，其国际规范的地位已经确立，成为国际社会思考和应对种族暴行的主要方式。潘基文（Ban Ki-moon）2012 年就提出"R2P 的时代已经来临"。[1] 加雷斯·埃文斯（Gareth Evans）指出 R2P 改变了各国决策者以及决策者的智囊们思考和回应种族暴行的方式。[2] 亚历克斯·贝拉米（Alex Bellamy）称 R2P 已经成为国际规范。[3] 在 2015 年 2 月柬埔寨纪念 R2P 十周年会议上，与会学者认为 R2P 在规范层面是发展最快的，已经是被国际社会接受的稳固政治规范（well-established political norm）。[4] R2P 从提出到成为国际规范，进展之快实属罕见。[5] 为什么 R2P 能在如此短的时间内从一个政治概念成长为国际规范？本文拟借助政策变迁分析框架解释 R2P 规范变迁过程。

一　规范变迁的现有研究

现有规范变迁研究多是以马莎·芬尼莫尔（Martha Finnemore）和凯瑟

---

[1] "Timely and Decisive Response Vital to Uphold 'Responsibility to Protect'," http：//www. un. org/apps/news/story. asp? NewsID = 42806&Cr = responsibility + to + protect&Cr1 = #. VmpaXSwjqHk.

[2] Gareth Evans, "R2P：The Next Ten Years," in Alexander Bellamy and Tim Dunne, eds. , *The Oxford Handbook on The Responsibility to Protect*, Oxford University Press（forthcoming），p. 1. 该文在埃文斯的个人主页上，参见：http：//www. gevans. org/pubs. html。

[3] Alex Bellamy, "The Responsibility to Protect Turns Ten," *Ethics & International Affairs*, Vol. 29, No. 2, 2015, p. 1.

[4] 此次会议的详细报告，参见 http：//www. r2pasiapacific. org/index. html? page = 219326&pid = 214718。

[5] 罗艳华：《"保护的责任"的发展历程与中国的立场》，《国际政治研究》2014 年第 3 期，第 11 页。

琳·斯金克（Kathryn Sikkink）的"生命周期理论"为基础。① 芬尼莫尔和斯金克在分析规范如何兴起时就提出规范倡导者运用框定战略来建构新的问题认知框架。这个思路被学者用来分析 R2P 的兴起。行为体通过框定战略，改变外界对问题性质、问题因果关系、问题解决方法的认识，将人道主义保护的焦点从干预主体转向危机受害者，成功转移了国际社会的注意力，推动了 R2P 取代人道主义干预。② 但这一研究没有考虑规范接受者对规范变迁的作用。另一不足是该研究只关注主要规范倡导者——干预和国家主权国际委员会（International Commission on Intervention and State Sovereignty, ICISS），忽略了其他行为体与规范倡导者之间的互动关系。

框定战略忽视规范接受者的能动性为框定竞争研究所弥补。该研究认为现有规范变迁研究多是单向度的，忽视了规范接受者的主动性。在 R2P 规范演化过程中，不同行为体之间存在竞争，这种竞争影响规范变迁。③ 行为体之间的框定竞争，究其实质就是行为体采用不同话语策略，占领规范变迁的制高点，主导规范演变或者阻碍其他行为体推进规范发展。该研究提醒我们，规范在发展过程中是存在变异的，这种变异是行为体互动竞争的结果，需要对这个竞争过程进行精细化的描述和阐释。

上述研究都非常强调话语权，认为规范变迁的核心是行为体通过话语策略，重新定性问题的性质、确定因果关系。后续研究对这个话语过程进行了细化，提出"话语主体—话语内容—话语平台—话语认同—干涉实践"的话语逻辑。④ 这一研究对整个话语策略的实施过程进行了清楚的描述和展示。但该研究仅仅将联合国视为话语平台，降低了联合国在 R2P 规范变迁中的作用。

① 马莎·芬尼莫尔、凯瑟琳·斯金克：《国际规范的动力与政治变革》，卡赞斯坦等编《世界政治：理论的探索与争鸣》，秦亚青等译，上海人民出版社，2006，第 295~332 页。

② 黄超：《框定战略与保护的责任：规范扩散的动力》，《世界经济与政治》2012 年第 9 期，第 58~72 页。

③ 陈拯：《框定竞争与保护的责任的演进》，《世界经济与政治》2014 年第 2 期，第 111~127 页。

④ 陈小鼎、王亚琪：《从"干涉的权利"到保护的责任——话语权视角下的戏份人道主义干涉》，《当代亚太》2014 年第 3 期，第 97~119 页。

对联合国作用的忽视被戴舒克·马德罗（Daisuke Madokor）的研究所弥补。[①] 运用规范企业家分析工具，马德罗详细分析了联合国秘书长对R2P规范发展和扩散的作用。该研究认为联合国秘书长通过劝服和鼓励会员国接受和认同R2P，促进了R2P的发展，尤其是《2005年世界首脑会议成果》文件（以下简称成果文件）[②] 和2009年联合国大会决议[③]。与关注秘书长作用不同的是，迈克尔·康塔瑞罗（Michael Contarino）、梅琳达·内格龙-冈萨雷斯（Melinda Negron-Gonzales）、凯文·梅森（Kevin Mason）三人讨论了国际刑事法院（International Criminal Court, ICC）对R2P发展的作用。他们认为ICC成员的增加、审判暴行罪犯、帮助国际社会就R2P内涵和落实达成更多共识有助于加快R2P规范自身的巩固。但是他们也担心，如果安理会常任理事国不加入ICC，某些大国在安理会上给R2P的内涵和应用划定界限，那么R2P就很难发展和巩固。[④]

与上述行为体视角不同的是，诺安·肖克（Noha Shawki）从规范本身来讨论R2P的变迁。[⑤] 肖克综合了杰弗里·内格罗（Jeffrey Legro）[⑥] 和托马斯·弗兰克（Thomas Franck）[⑦] 的研究成果，从规范自身特性着手分析R2P处于规范变迁的何种阶段。肖克从规范具体性（specificity）、一致性（coherence）、附着性（adherence）分析指出，R2P目前处于规范兴起到规范扩散阶段，2005年成果文件不足以构成规范扩散的倾斜点。

[①] Maisuke Madokoro, "How the United Nations Secretary-general Promotes International Norms: Persuasion, Collective Legitimisation, and the Responsibility to Protect," *Global Responsibility to Protect*, Vol. 7, No. 1, 2015, pp. 31-55.

[②] 《2005年世界首脑会议成果》，联合国文件 A/RES/60/1，http://daccess-dds-ny.un.org/doc/UNDOC/GEN/N05/487/59/PDF/N0548759.pdf? OpenElement。

[③] 联合国大会决议《保护的责任》，联合国文件 A/RES/63/308，http://www.un.org/zh/documents/view_doc.asp? symbol=A/RES/63/308&Lang=C。

[④] Michael Contarino, Melinda Negron-Gonzales, Kevin Mason, "The International Criminal Court and Consolidation of the Responsibility to Protect as an International Norm," *Global Responsibility to Protect*, Vol. 4, No. 3, 2012, pp. 275-308.

[⑤] Noha Shawki, "Responsibility to Protect: The Evolution of an International Norm," *Global Responsibility to Protect*, Vol. 3, No. 2, 2011, pp. 172-196.

[⑥] Jeffrey Legro, "Which Norms Matter? Revisiting the 'Failure' of Internationalism," *International Organization*, Vol. 51, No. 1, 1997, pp. 31-63.

[⑦] Thomas Franck, "The Emerging Right to Democratic Governance," *The American Journal of International Law*, Vol. 86, No. 1, 1992, pp. 46-91.

肖克认为未来需要进一步完善 R2P 的一致性和附着性，重点解决规范具体性，尤其是要明确如何回应人道主义危机。肖克依照建构主义的分析路径，较准确地阐明了 R2P 所处的发展阶段，间接回答了 R2P 为何发展如此之快的问题。

上述研究在规范演化周期理论大框架下，结合其他学科的研究工具，深化了规范变迁过程分析，清晰描述了 ICISS 在规范变迁过程中的作用，注意到了其他行为体的影响。但这些研究重点更多放在话语内容、话语运用上，过于依赖话语实践。这些研究论述了 ICISS 成功运用框定策略推动 R2P 成为国际规范，较少考虑为什么 ICISS 的框定策略能成功，是什么样的结构性机会为 ICISS 的成功提供了条件。现有研究对 R2P 规范变迁的考察主要放在 2005 年之前，对 2005 年之后 R2P 的变迁关注较少。

本文尝试运用政策科学倡议联盟理论来分析 R2P 的发展变迁过程，阐释是什么样的结构性机会打开了 R2P 规范兴起的大门、各个行为体基于什么样的信念组成 R2P 倡议联盟，以及 R2P 的共识是如何达成的。本文运用倡议联盟框架不仅仅分析 2005 年之前的 R2P 发展过程，而且阐释其在 2005 年之后的变迁过程。

二 政策科学倡议联盟框架

政策科学意在更好地理解政策过程。传统的阶段模型理论因其自身缺陷被其他新的分析模型所取代和超越。倡议联盟框架就是替代方法之一。该框架主要分析十年乃至数十年间的政策变迁，主张政策变迁是外部因素和倡议联盟竞争共同作用的结果。

（一）倡议联盟框架的发展过程

从政策科学诞生到 20 世纪 80 年代初，阶段模型理论一直占据主导地位。阶段模型理论根据时间和功能将整个政策过程区分为问题识别阶段、方案设计阶段、方案采纳阶段、政策执行阶段、政策评估阶段和政策终结阶段。但阶段模型理论在实践中暴露出以下问题：第一，实际政策过程中，各个阶段不是按照时间顺序依次展开，而是存在交叉的；第二，该模型忽视了自下而上影响政策变迁的行为体；第三，也是最重要的一点，该模型无法提供关于政策变迁的因果解释。正是这些缺陷激发了政策科学学者创新政策过程分析框架。倡议联盟框架（Advocacy Coalition Framework，ACF）就是其中的一种。①

倡议联盟框架被开发之后，经历了数次发展变化。1988 年，保罗·萨巴蒂尔（Paul Sabatier）在《政策变迁的倡议联盟框架及政策取向学习的作用》一文中首次提出倡议联盟框架。② 1993 年，萨巴蒂尔和汉克·詹金斯-史密斯（Hank Jenkins-Smith）合编《政策变迁与学习：一种倡议联盟途径》，对倡议联盟框架的核心概念进行了更为清晰的界定。③ 1999 年，萨巴蒂尔和詹金斯-史密斯发表了《倡议联盟框架：一项评价》，增加了新变量——公共舆论的变化和一个中介机制——政策变迁所需要的一致程度。④ 2007 年，萨巴蒂尔和克里斯托弗·怀布尔（Christopher. M. Weible）再版《政策过程理论》，添加了"政治系统开放性"这一变量，将之与政策变迁所需要的一致程度整合为长期的联盟机会结构。⑤ 2011 年，怀布尔、萨巴蒂尔、詹金斯-史密斯等人在《政策研究》（Policy Studies Journal）杂志上组织了以倡议联盟框架为主题的专刊。该专刊共有 9 篇文章，主要是对倡议联盟框架理论的检验和进一步开发，讨论政策学习、联盟资源以及

---

① 其他的包括间断—平衡框架、多源流框架、政策传播框架、制度理性选择框架、大规模比较的因果漏斗框架。

② Paul Sabatier, "An Advocacy Coalition Model of Policy Change and the Role of Policy-Oriented Learning Therein," *Policy Sciences*, Vol. 21, No. 2, 1988, pp. 129–168.

③ Paul Sabatier and Hank Jenkins-Smith, eds., *Policy Change and Learning: An Advocacy Coalition Approach*, Westview Press, 1993. 该书中文版参见保罗·萨巴蒂尔，汉克·詹金斯-史密斯编著《政策变迁与学习：一种倡议联盟途径》，邓征译，北京大学出版社，2011。

④ Paul Sabatier and Hank Jenkis-Smith, "The Advocacy Coalition Framework: An Assessment", in Paul Sabatier, ed., *Theories of the Policy Process*, Boulder: Westview Press, 1999, pp. 117–168. 该书中文版参见保罗·萨巴蒂尔编《政策过程理论》，彭宗超等译，生活·读书·新知三联书店，2004。

⑤ Paul Sabatier and Christopher Weible, "The Advocacy Coalition Framework: Innovations and Clarifications," in Paul Sabatier, ed., *Theories of the Policy Process*, Boulder: Westview Press, 2007, pp. 189–222.

倡议联盟框架和其他框架相互运用的问题。[①] 到目前为止，倡议联盟被应用到多个领域，包括环境、能源、卫生、健康、航空和外交等。[②]

（二）倡议联盟框架的核心概念

倡议联盟框架是由一系列核心概念组成的政策过程分析工具。作为行为主体的倡议联盟具有共同的价值观，能够协调一致地行动。倡议联盟的核心是信念。各个倡议联盟竞争互动的场所就是政策子系统，政策子系统关注的是在政策变迁过程中真正发生实质性作用的行为体。倡议联盟间的互动就是政策学习。政策学习的主要目标就是使自己的政策方案赢得更多的支持，成为公共机构的正式政策。

倡议联盟的信念系统包含三层结构：一是深层核心信念（deep core beliefs），包括本体论的认识（世界的本原、人性善恶等），对自由、平等、正义等主要价值的优先排序等；二是政策核心信念（policy core beliefs），包括不同政策手段的优先性、对问题严重程度的评判和对问题原因的认识等；三是次要方面信念（secondary aspects beliefs），即实现核心信念的手段和方法。信念系统三层结构被改变的难度依次递减。深层核心信念很难改变，可能发生变化的是次要信念。

---

① 2011 年《政策研究》期刊第三期的 9 篇文章包括：Christopher Weible, Paul Sabatier, Hank Jenkis-Smith, Daniel Nohrstedt, Adan Douglas Henry, and Peter DeLeon, "A Quarter Century of the Advocacy Coalition Framework: An Introduction to the Special Issue"; Adam Douglas Henry, "Ideology, Power, and the Structure of Policy Networks"; Simon Matti and Annica Sandstrom, "The Rational Determining Advocacy Coalitions: Examining Coordination Networks and Corresponding Beliefs"; Jonathan Pierce, "Coalition Stability and Belief Change: Advocacy Coalitions in U. S. Foreign Policy and the Creation of Israel. 1922 – 1944"; Karin Ingold, "Network Structures within Policy Processes: Coalitions, Power, and Brokerage in Swiss Climate Policy"; Daniel Nohrstedt, "Shifting Resources and Venues Producing Policy Change in Contested Subsystems: A Case Study of Swedish Signals Intelligence Policy"; Elizabeth Albright, "Policy Change and Learning in Response to Extreme Flood Events in Hungary: An Advocacy Coalition Approach"; Eric Montpetit, "Scientific Credibility, Disagreement, and Error Costs in 17 Biotechnology Policy Subsystems"; Elizabeth Shanahan, Michael Jones and Mark Mcbeth, "Policy Narratives and Policy Processes," *Policy Studies Journal*, Vol. 39, No. 3, 2011, pp. 535–561。

② Christopher Weible and Paul Sabatier, "Themes and Variations: Taking Stock of the Advocacy Coalition Framework," *Policy Studies Journal*, Vol. 37, No. 1, 2009, pp. 121–140.

所谓政策学习，是指倡议联盟根据政策实施的后果和新的外部信息调整政策目标和目标实现路径的活动过程。政策学习既可以是联盟内部的学习，也可以是联盟之间的学习。倡议联盟框架把这种学习视为手段性的，主要是为实现政策目标服务的。政策学习通常只会改变政策信念的次要方面。跨联盟学习很难改变倡议联盟的核心信念。这种分析和建构主义是不同的，按照建构主义的理解，行为体的互动会改变行为体的身份，这意味着行为体的信念发生了改变。当然，建构主义并没有指出这种信念是属于哪个层次的。但从建构主义对身份变化的认识来看，这里的信念是属于比较核心的。倡议联盟框架对信念的层次分析或许有助于我们细化认识行为体互动究竟改变了什么样的身份。

倡议联盟框架认为要达到有效果的政策学习，必须具备三个条件：冲突的程度；问题的可分析性；存在专业论坛。中等程度的冲突最有可能引发政策学习。问题的可分析性主要是指存在针对该问题的成熟的为大家所接受的分析技术、理论和数据，存在通用的标准来评价相关判断的正确性，存在为大家所认可的标准来比较各种政策方案的价值和目标。可分析性越高，越有利于政策学习。专业论坛越是声望很高，越是有专业规范主导，政策学习越容易发生。①

（三）倡议联盟框架

倡议联盟分析框架（见图1）认为政策变迁主要来自四条路径：一是外部因素，包括相对稳定的因素和外部事件，尤其是外部事件为政策变迁打开了机会大门；二是政策学习，发生在联盟间的政策学习只对联盟的次级层面信念产生影响；三是政策子系统内部事件，主要是指当前子系统的政策失败；四是联盟间的妥协。② 在倡议联盟框架看来，政策变迁是外部事件和政策子系统内部联盟竞争的共同结果。外部事件重新分配了权力资源，影响政策子系统内各联盟的地位和影响力。联盟间力

① 保罗·萨巴蒂尔、汉克·詹金斯-史密斯编《政策变迁与学习：一种倡议联盟途径》，邓征译，北京大学出版社，2011，第47~53页。
② 朱春奎、严敏、曲洁：《倡议联盟框架理论研究进展与展望》，《复旦公共行政评论》2012年第1期，第190~191页。

量对比的变化导致政策变迁的发生。当然，外部事件一般所带来的可能是政策的更替，或者说是较大幅度的政策变化。联盟间的竞争也会发挥作用，主要是联盟间学习。联盟间的学习可以改变联盟的次要信念，也就是如何实施的问题。外部事件会造成主要政策变迁，即政策的核心内容发生变化。政策学习会带来次要政策变迁，即政策的边缘内容发生变化。

相对稳定的因素通过机会结构影响政策子系统的行动者。所谓机会结构，是指能够影响政策子系统行动者资源和约束的相对持久的政体特征。①机会结构由两个变量来衡量：政策变迁所需的一致程度和政治系统的开放性。前者指的是决策规则，后者指的是决策开放度。国内政治中，机会结构主要表现为多元主义决策体制还是威权主义决策体制。国际政治中，决策规则依循安理会决策体制；决策开放度与国际社会多元力量并存，相对来说开放度是较高的。外部事件作为短期性外部因素，直接影响政策子系统行动者所获取的资源。

倡议联盟运用所掌握的资源将自己的政策主张输入决策系统，转化为公共政策。倡议联盟使用的主要策略是将自己联盟的成员输入系统内统治联盟，或者直接参与政策讨论。系统内统治联盟的态度将直接影响倡议联盟的主张能否被采纳。国内政治中系统内统治联盟的态度主要表现为国家决策体制的倾向，国际政治主要表现为主要大国的反应，尤其是安理会常任理事国的态度。

总体来说，倡议联盟分析框架以戴维·伊斯顿（David Easton）的政治系统理论为基础，认为一群政策相关者以共同信念为基础组成倡议联盟，以期将自身的政策信念转变为实际的政策产出，从而实现政策变迁。

---

① Paul Sabatier and Christopher Weible, "The Advocacy Coalition Framework: Innovations and Clarifications," in Paul Sabatier, ed., *Theories of the Policy Process*, Westview Press, 2007, p. 200.

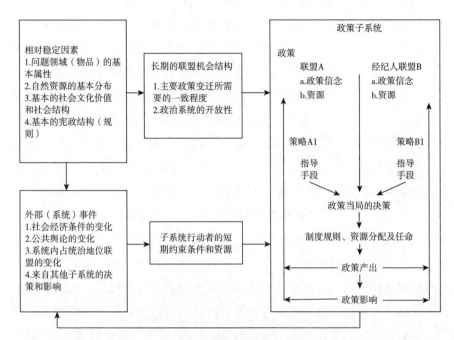

图1 倡议联盟框架

资料来源：Paul Sabatier and Christopher Weible，"The Advocacy Coalition Framework：Innovations and Clarifications,"in Paul Sabatier, ed.，*Theories of the Policy Process*，Westview Press，2007，p. 202。

（四）以倡议联盟框架分析国际规范变迁的合理性

公共政策和国际关系的结合已经出现了丰硕的成果。现有研究多数以政策过程框架为基础，探讨国际议程设置[①]、国际公共政策扩散[②]、主权国家如何参与规则制定[③]。作为政策过程分析工具，倡议联盟框架主要是阐

[①] 韦宗友：《国际议程设置：一种初步分析框架》，《世界经济与政治》2011年第10期，第38~52页。

[②] 刘伟：《国际公共政策扩散：机制与路径研究》，《世界经济与政治》2012年第4期，第40~58页；《探索国际公共政策的演化路径——基于对全球气候政策的考察》，《世界经济与政治》2013年第7期，第114~135页。

[③] 薛澜、俞晗之：《政策过程视角下的政府参与国际规则制定》，《世界经济与政治》2012年第9期，第28~44页。

述中央权威结构下公共政策的发展变迁，包括对内政策和对外政策。那么，作为公共政策分析工具，倡议联盟框架适合分析国际规范变迁吗？

公共政策不仅仅存在于中央权威的国内社会，也存在于无政府的国际社会。政策是人类社会的古老现象之一。现代公共政策诞生于二战后。层出不穷的社会问题使得致力于解决现实问题的公共政策学迅速崛起。伊斯顿认为政策是对一个社会的价值进行权威性分配。① 他认为社会是属人的群体，社会的基本生存条件是如何解决分歧。国内社会由中央政府解决分歧，国际社会由大国磋商解决分歧。无论是中央政府的决策还是大国磋商，都是对价值的权威性分配，所不同的只是彼此探讨的社会不同罢了。

"政策是一种行为准则或行为规范"。② 公共政策的主要功能是规范社会行为。任何政策都有具体的对象，规定政策客体可以做什么和不可以做什么。公共政策还明确规定了什么样的行为可以得到奖励，什么样的行为必须被禁止和惩罚。所以说，公共政策有着明确的行为规定，也有着对政策客体的行为期望。这种认识与学者们对国际规范的界定有着颇多吻合之处。罗伯特·阿克塞尔罗德（Robert Axelrod）提出，特定情境下的规范，意味着行为体按照某种确定的方式行为；如果行为体不按照这种方式行为，将会因此受到惩罚。③ 公共政策通过规范行为体行为的具体规定，为行为体之间的互动搭建了共同的行为预期。这种预期是行为体之间共享的信念。这和芬尼莫尔将规范界定为共享信念的认识是一致的。无论从表现行为还是共享信念来看，政策都是行为规范。

倡议联盟框架的分析对象是政策过程，阐释政策是如何变迁的。倡议联盟框架的突出优势在于能够清晰展示政策变迁的动态过程。倡议联盟框架不仅考虑了政策变迁的外部宏观条件，帮助我们发现哪些条件使得系统内行为体的相对力量对比发生变化，而且解释了政策行为体如何通过政策学习使得自己的主张成为正式政策。与此同时，倡议联盟框架站在政策循环的基础之

① 戴维·伊斯顿：《政治体系——政治学状况研究》，马清槐译，商务印书馆，1992，第122页。

② 陈振明：《政策科学——公共政策分析导论》，中国人民大学出版社，2004，第50页。

③ Robert Axelrod, "An Evolutionary Approach to Norms," *American Political Science Review*, Vol. 80, No. 4, 1986, pp. 1096-1097.

上，对政策实施之后的效果进行考察，并将之纳入政策变迁过程中。

三 "保护的责任"规范变迁

"保护的责任"从政治概念①、新兴规范②到稳固规范，整个变迁过程可以分为两个阶段：第一阶段是 2001 年到 2005 年成为国际共识，第二阶段是 2005 年之后。按照倡议联盟框架对规范变迁的分类，第一阶段是 R2P 规范的主要变迁，第二阶段是 R2P 规范的次要变迁。

（一）外部因素是 R2P 规范变迁的主要路径之一

外部因素是政策变迁的宏观背景，为政策子系统中的行动者提供资源或者施加约束，包括长期相对稳定因素和外部事件。外部因素打开了政策变迁的"机会之窗"。

1. 相对稳定因素

在倡议联盟框架看来，相对稳定因素不会直接影响政策子系统中的行动者，但客观上决定了行动者所受到的限制和所能获得的资源。

对 R2P 来说，相对稳定因素主要包括四个。①问题领域的基本属性。就人权来说，国际社会承认人权是所有人与生俱来的权利，不分国籍、住所、性别、民族或种族、肤色、宗教、语言或其他身份地位。我们平等地享有人权。在国家层面，国家承担国际法规定的责任和义务，尊重和保护人权。在个人层面上，我们在享有人权的同时，也应该尊重他人的人权。③②基本的社会文化价值。和平与发展是世界的主流。维护和平是全世界人民的期盼，可持续发展是正确处理人与自然关系的最佳路径。③社会结构。国际社会的结构主要是由国家力量来决定的。冷战结束以来，国际社

---

① ICISS 报告《保护的责任》第一次提出该概念。报告内容参见：www. dfait-maeci. gc. ca/iciss-ciise/report2-en. asp。该报告中文版见：www. iciss. ca/pdf/chinese-report. pdf。

② 威胁、挑战和改革问题高级别名人小组：《一个更安全的世界：我们的共同责任》，联合国文件 A/59/565，第 203 段，http：//www. un. org/zh/documents/view_ doc. asp? symbol = A%2F59%2F565&Submit = %E6%90%9C%E7%B4%A2&Lang = C。

③ 参见 http：//www. ohchr. org/ch/Issues/Pages/WhatareHumanRights. aspx。

会进入多极格局，但美国在经济、军事、科技等硬实力方面依然强大，在国际话语权、文化输出、知识创新等软实力方面优势地位明显。④宪政结构。二战结束之后，以《联合国宪章》为核心的国际规范体系确立了战后的基本秩序，是国际社会稳定与和平的基石。

上述相对稳定变量通过机会结构对政策子系统行为者施加影响。决策规则方面，安理会决策规则一直居主导地位。倡议联盟的提议必须获得安理会的支持，至少是不反对。决策开放度方面，国际社会多元格局使得政策场地（policy venue）的可接近度较高，倡议联盟发表观点影响决策系统的机会较大。不过，无论是 R2P 倡议联盟还是其他倡议联盟，所面对的机会结构都是相同的，关键的是外部事件。

2. 外部事件是规范变迁的关键

动态的外部因素是引发规范变迁的主要因素。这些因素在几年或十几年之内可能发生很大变化，这些变化一方面给政策子系统内的行动者提出了挑战，另一方面给予政策子系统内行动者不同的机会或资源，为某些行动者的政策倡议提供了生发的土壤和上升的空间。

社会经济条件方面，20 世纪末频发的严重人道主义危机深刻拷问国际社会的良知，创新人道主义保护规范的迫切性更加凸显，这为新规范的诞生提供了契机。公共舆论方面，国家对国际社会的整体义务、安全观念的人本化、主权责任化解释为 R2P 的诞生提供了生长的土壤和充分的养料。系统内统治联盟的变化、联合国秘书长对 R2P 的接纳和支持，安理会常任理事国不再设置障碍，使得 R2P 最终写入 2005 年成果文件。

（1）社会经济条件的变化

社会经济条件的变化主要指的是经济危机（崩溃）、社会运动、政治冲突等。冷战结束之后，原本为美苏争霸所掩盖的地区冲突、种族冲突不断爆发。据统计，冷战结束之后国际冲突平均每年高达 12 起。特别是 1990~1992 年三年间的冲突总数达到 55 起，平均每年 18 起。①不断爆发的冲突导致大量平民流离失所。特别是冲突爆发数量多的年份，难民数量也相应地大幅增加。不断爆发的冲突造成严重的人道主义危机，这一方面

---

① 邢爱芬：《冷战结束十年来国际冲突回顾》，《世界经济与政治》1999 年第 5 期，第 25 页。

要求国际社会及时回应，另一方面国际社会回应的速度和方式也引起了广泛的讨论和反思。其产生的影响促使国际社会更集中关注人道主义危机，讨论如何回应和化解。原先的人道主义干预方式已经不适合形势发展需要，国际社会必须另辟路径，创新人道主义危机治理规范。

（2）公共舆论的变化

公共舆论的变化主要表现为以下三个方面。

一是国际法层面的，国家对国际社会的整体义务。国家对国际社会整体的义务就是：各国公认的、为维护人类基本道德价值、国际社会共同利益及整个国际社会需要，可为或不可为的绝对性的国际义务。① 对国际社会整体的义务所要维护的是人类社会的基本价值和国际社会的共同利益，包括和平与安全、人格尊严和权力、环境安全等。对国际社会整体的义务是绝对的，任何国家都必须全面、充分地履行，不能有任何例外或抵触。正是因为义务的绝对性，该义务不以国家同意为前提，也不容许国家变更。对国际社会整体的义务更多是禁止性的消极义务，包括禁止侵略、种族灭绝、种族歧视、种族隔离等。1970 年，国际法院在巴塞罗那公司案中提出国家对国际社会整体的义务。这一判决在随后的国际法院判决②中得到了维护和发展。

国际法院的一系列判决对联合国国际法委员会编纂国家责任法案产生了重要影响。国际法委员会认为，如果一个国家的行为违反国际社会的根本利益和共同价值，那么这种不法行为就构成了国际罪行。针对国际罪行，任何国家都有权通过司法途径或者其他方式追究不法行为国的国际责任，任何国家也都有义务对这类不法行为造成的结果不予承认。国际法学界针对国家对国际社会整体的义务进行了持续的讨论。1989 年，国际法学会在圣地亚哥会议上通过了"保护人权和不干涉原则"的决议，将保护基本人权纳入国家对国际社会整体的义务，每一个国家在保护基本人权方面

---

① 王秀梅：《国家对国际社会整体的义务》，中国政法大学博士学位论文，2007，第 52 页。
② 1971 年关于纳米比亚的法律咨询意见、1974 年核试验案、1979 年德黑兰人质案、1984 年尼加拉瓜案、1995 年东帝汶案、1994~1997 年加布奇科沃—大毛罗斯项目案、1996 年防止及惩治灭绝种族公约适用案、2004 年巴勒斯坦被占领土建隔离墙的法律后果的咨询意见。

享有法律上的权益。2005 年，国际法学会做出了关于国际社会整体的义务的决议，提出某些国际义务对于维系国际社会基本价值具有重要意义，将禁止侵略、种族灭绝、保护基本人权、保护环境归为广泛同意的反映国际社会基本价值的事项。该决议指出国家必须遵守基于普遍价值的义务，若有违反，国际社会其他国家可以依照《联合国宪章》对其采取行动。

二是安全观念的人本化转向。冷战结束之后，安全的结构性形势发生变化，国家间冲突减少，国内冲突上升，非传统安全问题突出，这使得国际社会对安全的思考开始纳入人的安全，不再单纯将国家作为唯一的安全主体。1994 年，联合国开发计划署在《人类发展报告》中首次提出"人的安全"概念。该报告提出人也是安全的主体，关注人的生命和尊严，一是免受饥荒、疾病、压迫等长期性威胁，二是免于家庭、工作和社区等日常生活场所中的危害性和突发性干扰。①

"人的安全"提出之后，得到了联合国和主权国家的支持。联合国是推动"人的安全"理念接受和扩散的最重要施动者。1994 年以来，联合国安理会逐渐将安全议题从国家扩展到个人，关注的主题开始包括难民、武装冲突中的儿童和妇女，战争罪行、武器扩散等。联合国的维和行动从1988 年以来开始不断容纳人道主义保护的内容。联合国还设立了"人的安全信托基金"，帮助遭受人道主义危机的平民。联合国教科文组织设立了"人的安全"论坛，专门讨论与"人的安全"相关的议题。不少国家将"人的安全"正式纳入外交政策，列为外交政策的重要任务。各国也相继投入相当多的人力、物力和财力推动"人的安全"。1999 年，挪威、加拿大等十国在挪威莱索恩召开了"人的安全"首次部长级会议，强调保护妇女和儿童、防止轻武器扩散、加强国际人道法等。"人的安全"已经被国际社会所接受和认可。

三是主权内涵认识上的责任转向。20 世纪下半叶以来，主权内涵发生了从"权利"到"责任"的演变，"作为责任的主权"成为主权内涵的主要趋势。威斯特伐利亚体系下的传统主权观念强调的是对外主权（external

---

① UNDP, *Human Development Report: New Dimensions of Human Security*, Oxford University Press, 1994, pp. 22–24.

sovereignty）。民族国家在对外行为中履行互相尊重主权平等的义务，才享有主权赋予的绝对权利。传统主权观念对对内主权（internal sovereignty）的忽视在 20 世纪下半叶开始被重新突出，首先表现在大量国际人权法的制定上，如 1963 年的《消除一切形式种族歧视国际公约》、1979 年的《消除对妇女一切形式歧视公约》、1984 年的《禁止酷刑公约》、1989 年的《儿童权利公约》、1950 年的《欧洲人权公约》、1969 年的《美洲人权公约》、1981 年的《非洲人权和民族权宪章》等。这些公约以人权保障为核心，注重以人为中心的集体保护。人权保护的国际性公约和地区性公约突出了主权国家的对内责任，唤起了人们对主权责任内涵的重视。

1993 年，弗朗西斯·邓（Francis Deng）鉴于传统主权原则对人道主义危机治理的影响，提出了"调和主权和责任"（Reconciling Sovereignty with Responsibility）。[①] 在此观点基础上，弗朗西斯·邓进一步提出"作为责任的主权"，为人道主义危机治理寻找出路，化解主权和人权之间的绝对对立。"作为责任的主权"要求主权国家必须对国内社会和国际社会负责。如果主权国家不能以"国际社会公认的标准"来管理国内事务，其他国家有权利也有责任进行干涉。[②] 这种主权内涵认识的转变，使得国际社会对人道主义危机的认识发生了变化，认为如果主权国家不能及时有效地处理人道主义危机，国际社会可以帮助主权国家处理。主权内涵认识上的变化拓展了人道主义危机的外延，使之成为一个关于国家是否对国际社会负责任的问题。

1995 年全球治理委员会的报告明确指出，主权来自人民，主权国家的权力属于人民，由国家代人民执行。[③] 1996 年默文·弗罗斯特（Mervyn Frost）在阐述国际规范理论时强调，主权国家的首要义务是保护公民基本

---

① Francis Deng, *Protecting the Dispossessed：A Challenge for the International Community*, Washington：The Brookings Institution, 1993, p. 14.

② Francis Deng, Sadikiel Kimaro, Terrence Lyons, Donald Rothchild, and I. William Zartman, *Sovereignty as Responsibility：Conflict Management in Africa*, Washington：Brookings Institution, 1996, p. 211.

③ 全球治理委员会报告, *Our Global Neighborhood：Report of the Commission on Global Governance*, http：//www. gdrc. org/u-gov/global-neighbourhood/chap2. htm。

权利的责任。① 1999 年科菲·安南 (Kofi Annan) 撰文提出 "两种主权" ——国家主权和人民主权。主权依然是国际社会的基本原则，但它是人民的主权而非国家的主权。安南认为，传统主权观念已无法应对科索沃危机、东帝汶危机和卢旺达危机。全球化和国际合作正在重新定义国家主权，国家的首要目的是服务人民。国际社会重新兴起的是人权权利与个人主权，这都包含在《联合国宪章》和国际人权法的规定中。② 2001 年 ICISS 在《保护的责任》报告中指出，该委员会在与世界各国学者磋商时发现，主权意味着责任已成为国际社会的共识。这种责任表现为对外尊重他国主权，对内尊重公民尊严和基本权利。而且该委员会还提出，"作为责任的主权"不仅体现在联合国的实践中，而且还体现在民族国家自身的实践中。③ 可见，后威斯特伐利亚时代国家主权的行使是以服务人民的责任为前提条件的。主权进入了以责任为条件的时代。

（3）系统内统治联盟的变化

倡议联盟框架认为，通过政治选举产生新领导人，或者占据议会多数席位的政党被其他政党取代，都有可能导致系统内统治联盟的变化。简单来说，所谓系统内统治联盟的变化就是执政党（领导人）发生变化：政党党纲和选举政策以及领导人的施政纲领不同，就会导致新一届政府倾向或偏好某些政策主张，排斥其他政策主张。与国内政治不同的是，国际社会是没有中央权威的无政府社会。但考虑到联合国在战后国际秩序中的特殊地位和作用，联合国秘书长在国际社会发挥着不容忽视的影响力。

1997 年曾经负责联合国人道主义工作的安南当选联合国第 7 任秘书长，无疑为联合国接纳乃至认可 R2P 发挥了重要的作用。安南 1962 年进入联合国工作，长期负责维和与人道主义事务。1990 年伊拉克入侵科威特，安南担负特殊使命，协助撤离伊拉克境内的 900 多名国际工作人员和西方国家的公民；随后，同伊拉克政府谈判人道主义援助物品问题；1993 年 3 月至 1994 年 2 月担任维和行动助理秘书长；1994 年 2 月到 1995 年 10

---

① Mervyn Frost, *Ethics in International Relations: A Constitutive Theory*, Cambridge University Press, 1996, pp. 104-107.

② Kofi Annan, "Two Concept of Sovereignty," *The Economist*, 1999, September 18.

③ 《保护的责任》报告，中文版，第 6 页，http://www.iciss.ca/pdf/chinese-report.pdf.

月担任维和行动副秘书长。卢旺达危机正好发生在其任内。如此悲惨的种族屠杀使得安南在担任联合国秘书长之后极为重视人道主义危机治理。

安南在国际安全观念上非常重视人的安全。在千年报告中，安南认为20世纪90年代以来的战争都是国内战争。这要求今天的安全不仅仅包括捍卫领土、抵御外来攻击，还要包括保护群体和个人免受内部暴力的侵害。安南明确提出，我们必须按照以人为中心的态度对待安全问题。① 不仅在安全观念上强调人的安全，安南在千年报告中也积极呼吁创新人道主义保护，他说："主权和不干涉内政的原则为弱小国家提供了至关重要的保护。但是我要反问批评者：如果人道主义干预确实是一种无法接受的对主权的攻击，那么我们应该如何对另一个卢旺达、另一个斯雷布雷尼察做出反应？"安南还补充道："人道主义干预是一个敏感问题，在政治上困难重重，没有简单的答案。但是没有任何一项法律原则即使是主权原则可以掩护危害人类罪……武装干预永远只能是最后的手段，但是面对大规模屠杀，这一手段不能放弃。"② 尽管安南认识到军事干预的争议性，但还是倾向于在优先保护平民的前提下，不排除使用武力。安南还敦促所有国家签署和批准《国际刑事法院罗马规约》（《罗马规约》），③ 支持国际刑事法院，主张打击有罪不罚。

安南对人的安全的重视，强调优先保护平民，要求签署和批准《罗马规约》，承认武力干预的必要性，强调人权的重要性，这些态度和立场比较偏向于 R2P。所以 2005 年安南在呈给世界首脑会议的报告中明确提出，"没有发展，我们就无法享有安全；没有安全，我们就无法享有发展；不尊重人权，我们既不能享有安全，也不能享有发展"。④ 可见安南将人权置于更优先的位置，认为人权是安全和发展的基础。R2P 提出之后，尽管安

① 联合国秘书长千年报告第 194、第 195 段，参见：http：//www.un.org/chinese/aboutun/prinorgs/ga/millennium/sg/report/sg.htm。

② 联合国秘书长千年报告第 217、第 219 段，参见：http：//www.un.org/chinese/aboutun/prinorgs/ga/millennium/sg/report/sg.htm。

③ 联合国秘书长千年报告第 330 段，参见：http：//www.un.org/chinese/aboutun/prinorgs/ga/millennium/sg/report/sg.htm。

④ 《大自由：实现人人共享的发展、安全和人权》，联合国文件 A/59/2005，第 17 段，http：//dac-cess-dds-ny.un.org/doc/UNDOC/GEN/N05/270/77/PDF/N0527077.pdf? OpenElement。

南认识到武装干预的敏感性，但仍然"坚决赞同这种做法。我们必须承担起保护的责任，并且在必要时采取行动"。① 可以设想，如果安南不在2005年呈给联大的报告中提及 R2P，并旗帜鲜明地表达支持态度，R2P 就很难在提出4年后就被纳入2005年世界首脑会议议程，更不会如此快地被写入成果文件。

相比安南，前任秘书长布特罗斯·布特罗斯-加利（Boutros Boutros-Chali）在人道主义事务上更倾向于尊重国家主权。加利担任秘书长期间，正值冷战结束。加利意欲推进联合国改革，发挥联合国在建立和推进世界秩序方面的关键性作用。② 加利在上任伊始提交的《和平纲领》③ 中指出，建设和平的基石是国家，而且始终是国家。尊重国家主权和领土完整是任何国际进步的关键。加利始终强调人道主义危机的处理须按照《联合国宪章》第六章所规定的和平方式进行，联合国援助和国际社会的救助必须征得当事方的同意。虽然在联合国索马里行动中，加利向安理会建议采取强制性措施，干预索马里内战，但在1995年的《发展纲领》中，加利又回归"哈马舍尔德"原则——人道、中立和公正。加利尽管提出过激进的措施，但并没有真正提出过武装干预。加利和安南都重视人的安全，强调人道主义危机预警的重要性，但后者更强调人权的优先性，更突出人道主义危机的介入式治理，甚至包括军事干预。这种变化有助于 R2P 相关倡议被国际组织的重要领导人接受和认可，也创造了机会使得 R2P 能够进入2005年世界首脑大会的议程。

不仅联合国秘书长对 R2P 的规范变迁发挥了重要作用，联合国系统内的主要大国对 R2P 的发展也具有重大影响。法国作为人权概念的诞生地，一直倡导"普遍人权"。自20世纪80年代以来，法国积极推进人权规范，多次以人道主义为目的实施军事干预。虽然干预和国家主权国际委员会因

---

① 《大自由：实现人人共享的发展、安全和人权》，联合国文件 A/59/2005，第 135 段，http：//dac-cess-dds-ny.un.org/doc/UNDOC/GEN/N05/270/77/PDF/N0527077. pdf？OpenElement。

② 《秘书长关于联合国工作的报告》，联合国文件 A/48/1，1993，http：//www.un.org/zh/documents/view_ doc.asp？symbol＝A/48/1。

③ 《和平纲领》，联合国文件 A/47/277－S/24111，http：//www.un.org/chinese/aboutun/sg/report/hpgl. htm。

法国支持"干涉的权利"而拒绝法国参与其具体工作，但法国在 R2P 提出之后还是持支持态度。法国不满意的是 R2P 适用范围过小，并且未对安理会成员国的否决权进行限制。① R2P 提出之后，英国朝野两大党均表示支持。英国政府称这是联合国的"开创性"成就（ground-breaking achievement），将 R2P 提升为所有国家遵从的"统治性准则"（governing principal）。英国政府除了口头支持之外，还对联合国内部 R2P 专门机构和 R2P 非政府组织提供资金援助，将 R2P 和英国"海外稳定建设战略"（Building Stability Overseas Strategy）结合起来。② 美国政府在 R2P 提出之后并不积极，但也不反对。不积极是因为美国担心 R2P 会限制其自主决定使用武力，不反对是因为 R2P 为其军事干预提供了合法性依据。③ 美国政府依循一贯的霸权逻辑，要求始终占据 R2P 变迁的主导地位。④ 中国政府在 R2P 酝酿萌芽阶段，参与了新概念的讨论。2005 年中国政府表示谨慎支持，强调主权国家是履行 R2P 的首要主体，主张明确 R2P 使用范围、坚持依据《联合国宪章》采取行动。⑤ 俄罗斯并不反对 R2P，强调保护平民的首要主体是国家，必要情况下国际社会可以援助。俄罗斯是较早实际运用 R2P 的国家。⑥ 总体来看，上述主要大国都没有明确地表示反对，这为 R2P 的酝酿萌芽提供了比较宽松的外部环境。主要大国对 R2P 有保留的支持为 R2P 最终成为国际共识发挥了重要作用。

---

① Eglantine Staunton, *France and the Responsibility to Protect*, http：//www. r2pasiapacific. org/docs/R2P% 20Ideas% 20in% 20Brief/AP% 20R2P% 20Policy% 20Brief% 205. 4% 20France% 20and%20the%20Responsibility%to%20Protect. pdf。

② Jason Ralph, *The UK and the Responsibility to Protect*, http：//www. r2pasiapacific. org/docs/R2P%20Ideas%20in%20Brief/53UKandR2P. pdf。

③ Theresa Reinold, "The United States and the Responsibility to Protect：Impediment, Bystander, or Norm Leader?" *Global Responsibility to Protect*, Vol. 3, No. 1, 2011, pp. 61-87.

④ Jocelyn Vaughn, *The United States' Record on Atrocity Prevention：A Model in the Making*?, http：//www. r2pasiapacific. org/docs/R2P% 20Ideas% 20in% 20Brief/apr2p-brief-US-vaughn-2014. pdf。

⑤ 罗艳华：《"保护的责任"发展历程与中国历程》，《国际政治研究》2014 年第 4 期，第 19~25 页。

⑥ 顾炜：《"保护的责任"：俄罗斯的立场》，《国际政治研究》2014 年第 3 期，第 50~60 页。

（二） 政策子系统内的倡议联盟

倡议联盟主要指的是具有共同的信念，并且能够长期协调合作的行为体组成的政策共同体。所以对倡议联盟的确认必须有两个条件：一是共同的信念；二是较长的协作。根据这两个条件，我们认为只存在 R2P 倡议联盟。该联盟的深层核心观念是强调人的安全，主张负责任的主权。在政策核心观念上，认为国家是 R2P 的首要主体，国际社会应该帮助主权国家履行"保护的责任"。人道主义危机主要源于国内政体失败、国家治理不善和法治不健全等。在次要方面信念上，提出运用多种方式拯救处于人道主义危机中的平民，认为必要时可以采取军事干预。

R2P 倡议联盟的成员不断增多。最初的成员主要是加拿大、澳大利亚等国以及加拿大政府支持的 ICISS。之后该联盟的成员不断增加，49 个国家组成了"保护的责任之友"（Group of Friends of R2P），50 个国家和欧盟组成了"聚焦保护的责任全球网络"（the Global Network of R2P Focal Points）。① R2P 聚焦网络负责协调政府部门间和政府间关系以预防和阻止种族暴行，具体来说，在国家层面促进 R2P 的履行，在国际层面通过 R2P 全球网络促进国际合作，处理和应对种族暴行。R2P 全球网络的核心任务就是创造一个"承诺共同体"，从而提高主权国家履行 R2P 的能力。该全球网络的功能主要包括：培养和强化合作关系；有效行动动员；分析危险地区的信息，讨论处理方案；推进 R2P 专职主管和联合国的关系，包括与R2P 特别顾问和防止种族灭绝特别顾问之间的关系；借助自身相互联系的网络特性，动员全球力量应对人道主义危机。聚焦 R2P 全球网络每年召开一次会议（见表 1）。

表 1　聚焦 R2P 全球网络年会

时间	主办方	参会国家数量	主　题
2011 年 5 月	斯洛文尼亚	31	R2P 网络的地位和责任

---

① R2P 专职主管专门负责协调政府部门间和政府间关系以预防和阻止种族暴行。该全球网络至今举办了五场会议。参见 http：//www.globalr2p.org/our_ work/r2p_ focal_ points。

续表

时间	主办方	参会国家数量	主　题
2012 年 12 月	澳大利亚、哥斯达黎加、丹麦、加纳	36	R2P 网络各自的经验，地区组织的作用，以及该网络更需要哪些国家能力和全球能力
2013 年 6 月	加纳、丹麦	35	国家、地区与全球在预防种族暴行和落实"保护的责任"方面的作用
2014 年 6 月	博茨瓦纳、荷兰	30	国家能力建设，法治、安全部门改革、种族暴行的影响
2015 年 6 月	智利、西班牙	50	聚焦"保护的责任"十年历程，面临的新挑战和新威胁

除了主权国家之外，非政府组织也发挥了重要作用，其中，R2P 国际联盟（the International Coalition for the Responsibility to Protect）①、R2P 全球中心（the Global Centre for the Responsibility to Protect）②、R2P 亚太中心（the Asia Pacific Centre for the Responsibility to Protect）③、世界联邦主义运动（World Federalist Movement）、斯坦利基金会（The Stanley Foundation）④是最活跃的非政府组织，后四个非政府组织均是 R2P 国际联盟的成员。R2P 国际联盟成立于 2009 年，旨在聚合全球各地的非政府组织加强 R2P 规范性共识，推进对 R2P 规范的理解，提高预防和制止大规模暴行的能力，动员非政府组织积极采取行动拯救遭受暴行侵犯的平民。该联盟成员共 89 个。R2P 全球中心成立于 2008 年，该组织旨在促进 R2P 规范在全球范围内的接受和有效落实，致力于成为 R2P 的资源库和讨论平台，从而服务于各国政府、国际组织和非政府组织。R2P 亚太中心成立于 2008 年，旨在深化亚太地区对 R2P 的理解，推进 R2P 在亚太地区的落实，促进亚太地区对大规模暴行的回应。世界联邦主义运动始于 1947 年。与 R2P 直接

---

① R2P 国际联盟官方网址：http：//responsibilitytoprotect. org。
② R2P 全球中心官方网址：http：//www. globalr2p. org/about_ us。
③ R2P 亚太中心官方网址：http：//www. r2pasiapacific. org/index. html。
④ 斯坦利基金会官方网址：http：//www. stanleyfoundation. org/index. cfm。

相关的是其全球政策研究院（The Institute of Global Policy），① 该研究院的主要工作项目就是运行 R2P 国际联盟。R2P 国际联盟最初源于全球研究院推出的"R2P—市民社会参与"（R2P-Engaging Civil Society）项目。2009年该项目演变为 R2P 国际联盟，不仅扩大了成员，而且将原先内部松散的关系紧密化。R2P 国际联盟由指导委员会领导，该委员会成员共有 12 个，其中 R2P 亚太中心、斯坦利基金会、全球政策研究院均是指导委员会成员。斯坦利基金会三大主要任务之一就是保护人权，预防种族灭绝。斯坦利基金会是 R2P 全球中心的捐助者之一。

R2P 非政府组织已经形成相互联系、彼此合作的紧密网络。该网络的主要目标可以概括为：加深全球对 R2P 的理解和促进 R2P 在全球的落实。该网络的活动包括：①经常举办 R2P 相关会议，讨论 R2P 的进展和目前存在的问题；②积极参与联合国 R2P 非正式互动对话会（见表2）；③发表种族暴行方面的报告，发布预警信息；④发表大量 R2P 文章和专著，主办 R2P 专门杂志（Global Responsibility to Protect），引导和设置 R2P 研究的议题；⑤与主权国家共同举办 R2P 部长级会议，讨论如何预防大规模暴行和保护处于人道主义危机中的平民。

表 2　联合国 R2P 非正式互动对话会参加的非政府组织

	参与的非政府组织
2010	R2P 国际联盟
2011	R2P 全球中心
2012	R2P 全球中心、R2P 国际联盟
2013	R2P 全球中心、R2P 国际联盟
2014	R2P 全球中心、R2P 国际联盟、R2P 亚太中心、世界联邦主义运动
2015	R2P 全球中心、R2P 国际联盟、R2P 亚太中心、加拿大 R2P 研究中心

R2P 倡议联盟运用多种策略使自己的倡议转化为公共政策。首先，倡议联盟成员通过担任各种国际机构的顾问方式发挥影响。如 ICISS 联合主席埃文斯是联合国前秘书长安南牵头的威胁、挑战和改革高级别小组成员。该小组报告明确指出 R2P 是"新兴规范"，并赞同该规范。该报告被

---

① 　世界联邦主义运动—全球政策研究院官方网址：http：//www.wfm-igp.org/。

安南采用后推荐给了联合国成员国。2008 年弗朗西斯·邓担任秘书长防止种族灭绝特别顾问，[①] 帮助国际社会加强预防种族暴行，落实 R2P。另外，倡议联盟也会聘任前特别顾问，借助他们的影响推进 R2P，秘书长 R2P 前特别顾问爱德华·勒克（Edward Luck）就被斯坦利基金会聘为顾问。其次，积极参加联合国系统内 R2P 讨论，倡议联盟成员无论是主权国家还是非政府组织，都积极参与了 2010 年以来联合国举行的 R2P 非正式互动对话会。再次，倡议联盟 2008 年起每年举行的 R2P 部长级会议都会邀请联合国秘书长和秘书长特别顾问参加，巩固国际社会对 R2P 的理解，引导 R2P 发展和落实。最后，倡议联盟激励主要大国任命 R2P 专职主管。由 R2P 全球中心和丹麦、加纳联合发起的 R2P 专职主管倡议，已经被 50 个国家和欧盟接受，英、法、美都已任命了 R2P 专职主管。

（三） 政策子系统的内部震荡是 R2P 规范变迁的另一路径

外部事件是政策变迁的主要因素。除此之外，政策子系统内部震荡，尤其是执行过程中的政策失败，也会导致政策变迁。[②] 政策失败会直接促使政策子系统内行为体重新设计或完善方案，应对人道主义治理失败。20 世纪 90 年代末期人道主义保护政策失败引发重构人道主义治理方式，R2P 倡议联盟也顺势提出此概念。

人道主义领域的政策失败主要体现在 20 世纪 90 年代的三场危机中。一是 1994 年的卢旺达大屠杀，约 100 万人死亡，300 多万人流离失所，200 多万人逃亡邻国。"这成为近来最骇人听闻的事件之一。"[③] "这是 20 世纪一件最令人痛恨的事件"。[④] 二是斯雷布雷尼察大屠杀。1995 年波黑塞族军队突袭攻占斯雷布雷尼察，杀害了 7000 多人。与卢旺达大屠杀不同的是，斯雷布

---

① 防止种族灭绝特别顾问办公室，http：//www.un.org/zh/preventgenocide/adviser/francisdeng.shtml.

② 朱春奎、严敏、曲洁：《倡议联盟框架理论研究进展与展望》，《复旦公共行政评论》2012 年第 1 期，第 190~191 页。

③ 《秘书长关于卢旺达局势的报告》，联合国文件 S/1994/924，http：//www.un.org/zh/documents/view_ doc.asp？symbol=S/1994/924。

④ 《联合国卢旺达事件独立调查委员会报告》，联合国文件 S/1999/1257，http：//www.un.org/zh/documents/view_ doc.asp？symbol=S/1999/1257。

雷尼察大屠杀发生地是被联合国指定的"安全区"。三是科索沃战争。西方高擎"人道主义"大旗,以维护科索沃阿族人的"人权"为借口,悍然对南斯拉夫联盟发动了长达78天的侵略战争。卢旺达大屠杀和斯雷布雷尼察大屠杀充分暴露了国际社会在人道主义保护方面的缺位,科索沃战争则充分显示了传统人道主义保护规范容易被利用作为武力干涉的"合法"借口。

国际社会在处理人道主义危机中的领导作用集体缺位和被篡夺滥用引起了国际社会的深刻反思。美国因索马里维和行动失败及自身战略利益考虑,对此后发生的人道主义危机采取了"不作为"政策,同时给维和行动增兵设置了重重障碍。由于历史因素和地缘政治因素,1994年6月底,法国针对卢旺达大屠杀组织了"绿松石行动",在卢旺达西部划设了"人道主义和平区",但它并没有深入到危机更严重的东部地区。1999年,卢旺达大屠杀独立调查委员会报告指出,"国际社会没有防止这一种族灭绝事件,也没有在这一事件开始后制止杀戮。这一失败给卢旺达社会、给卢旺达同国际社会之间的关系,特别是同联合国的关系留下了深刻的伤痕","联合国未能预防,未能制止在卢旺达的种族灭绝事件,是联合国整个系统的失败"。①

1999年,安南向联合国大会提交了题为《斯雷布雷尼察的陷落》的报告。报告明确指出,斯雷布雷尼察大屠杀是联合国执行人道主义任务的失败,甚至认为是"人类历史上最黑暗的一页"。安南在报告最后总结教训时提出:"当审查我们面对斯雷布雷尼察的攻击所采取的行动的决定时,我们感到极为遗憾和悔恨不已。由于错误、判断失误和没有认识到所面对恶魔的邪恶本性,我们未能尽力帮助使斯雷布雷尼察人民免受塞族大规模的屠杀。对失去实现和平和正义的机会,我们感到无比的遗憾。对国际社会未能采取决定性的行动终止灾难和结束一场造成众多受害者的战争,我们感到无比的懊悔……斯雷布雷尼察的历史悲剧将永远萦绕在我们的心中。"② 斯雷布雷尼察大屠杀发生在联合国维和部队划定的"安全区"内。

---

① 《联合国卢旺达事件独立调查委员会报告》,联合国文件 S/1999/1257,http://www.un.org/zh/documents/view_doc.asp?symbol=S/1999/1257。

② 《秘书长报告:斯雷布雷尼察的陷落》,联合国文件 A/54/549,第90页,http://www.un.org/zh/documents/view_doc.asp?symbol=A%2F54%2F549&Submit=%E6%90%9C%E7%B4%A2&Lang=C。

美、英、法因战略利益需要策略性地牺牲了斯雷布雷尼察。① 惨案发生后，北约空中力量加强了打击，美国主导了之后的和平谈判。斯雷布雷尼察大屠杀直接刺激了西方大国对科索沃的直接干预，为其绕过联合国审议程序擅自轰炸南联盟提供了口实。

联合国在卢旺达大屠杀和斯雷布雷尼察大屠杀中缺位，在科索沃危机中被悬置，充分暴露出人道主义保护在政策执行过程中的失败，既没有保护平民免遭种族屠杀，又受到西方强权政治的凌辱，成为军事干预的工具。这种赤裸裸的失败迫切要求创新人道主义保护，重新设计方案。"保护的责任"概念应运而生。

R2P 成为国际社会共识之后，R2P 在利比亚危机和叙利亚危机执行上的不一致也是政策变迁的动力。利比亚危机被认为是 R2P 的第一次真正实践，叙利亚危机却被认为是 R2P 的失败。这种政策执行上的巨大反差，促使 R2P 倡议联盟在肯定自身成绩的同时，也实实在在地感受到 R2P 规范需要重新规划，尤其是授权机制和问责机制。这为之后的政策学习提供了动力。阿米塔夫·阿查亚（Amitav Acharya）论及 R2P 规范扩散时，也同样提醒我们要关注规范落实中的反馈（feedback）因素，尤其是 R2P 运用到利比亚危机时带来的批判性反馈。在阿查亚看来，这种批判性反馈是规范扩散的动力。② 由此看来，政策执行的失败或者政策执行上的前后不一致作为政策结果会反馈给倡议联盟，倡议联盟可根据执行情况进行微调。这种微调是通过政策学习来完成的。当然这种微调不会触及深层核心信念，调整的只是政策执行的方式。

（四）政策学习是 R2P 规范变迁的第三条路径

前文已阐述有效果的政策学习必须具备三个条件（见图 2）。就 R2P 来说，各方承认国家保护平民的首要责任，国际社会可以帮助国家履行保护平民的责任。各方分歧最突出的是军事干预。这表明政策子系统内虽然

---

① David Rohed, "The Fall of Srebrenica," in Brad Biltz, ed., *War and Change in the Balkans: Nationalism, Conflict and Cooperation*, Cambridge University Press, 2006, p. 140.

② Amitav Acharya, "The R2P and Norm Diffusion: Towards a Framework of Norm Circulation," *Global Responsibility to Protect*, Vol. 5, No. 4, 2013, pp. 466–479.

存在分歧，但也存在相当大的共识，冲突程度为中等。当冲突程度为中等时，政策学习最有可能发生。

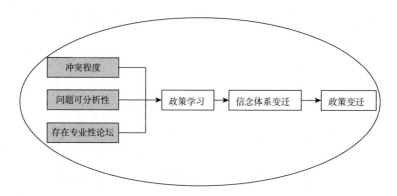

图 2　政策论坛推动政策变迁过程

资料来源：田华文、魏淑艳：《政策论坛：未来我国政策变迁的重要动力》，《公共管理学报》2015 年第 1 期，第 26 页。有删减和调整。

人道主义保护涉及人权和主权的关系，缺少大家都认可的比较各种人道主义保护政策的价值标准和目标，这大大降低了问题的可分析性。但人道主义危机的伤亡数据一定程度上弥补了可分析性的欠缺。

2009 年之后，联合国秘书长每年都会发布一份报告讨论如何落实 R2P（见表 3）。根据这些报告，联合国大会专门举办会议讨论现阶段如何履行 R2P。2009 年联合国大会专门就 R2P 开展了三天的讨论，94 个成员国出席，代表了联合国 180 个国家和 2 个观察员国。2010 年联合国大会组织了非正式互动对话会，42 个国家和 2 个地区组织参加。2011 年举办的非正式互动对话会，43 个国家和 3 个地区组织参加；2012 年，58 个国家和 1 个地区组织参加；2013 年，69 个国家和 1 个地区组织参加；2014 年，67 个国家和 1 个地区组织参加；2015 年，69 个国家和 1 个地区组织参加（见图 3）。

表 3　联合国秘书长落实 R2P 报告

时间	报告	主要内容
2009 年 1 月	《履行保护的责任》	落实"保护的责任"三大支柱战略

续表

时间	报告	主要内容
2010 年 7 月	《预警、评估及保护的责任》	联合国系统如何加强早期预警
2011 年 6 月	《区域和次区域安排对履行保护的责任的作用》	联合国和区域组织在履行保护责任中如何协作
2012 年 7 月	《保护的责任：及时果断反应》	各类回应措施以及加强干涉过程监督
2013 年 7 月	《保护的责任问题：国家责任与预防》	阐述各国有责任保护本国公民，评估暴行罪的起因和发展
2014 年 7 月	《履行我们的集体责任：国际援助和保护的责任》	讨论国际援助面临的挑战和应对之策
2015 年 7 月	《一个重要和持久的承诺：履行保护的责任》	总结过去十年国际社会的努力，提出未来十年 6 个核心优先事项

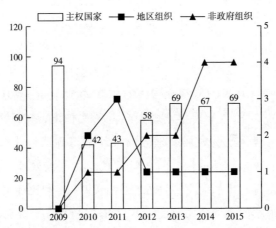

图 3 参加 R2P 专门讨论的国家、地区组织和非政府组织的数量
资料来源：根据联合国 R2P 讨论大会和 R2P 互动对话会资料整理而成，http://www.globalr2p.org/resources/897。

　　政策子系统内中等程度的冲突，人道主义保护问题均具有一定的可分析性，通过专业性论坛，可使政策子系统内有效果的政策学习得以进行。政策学习的成果表现为窄化了 R2P 的适用范围，明确集体行动的安理会授权，考虑加强 R2P 实施过程中的监督和事后问责。

　　2001 年 ICISS 报告内容和 2005 年成果文件对 R2P 的规定是不同的。主权国家对军事干预存在质疑。R2P 倡议联盟在这个政策学习过程中进行了妥协。与最初《保护的责任》报告不同的是，成果文件明确了以下几点：R2P 的适用犯罪行为为种族灭绝、种族屠杀、战争罪、反人类罪四种，采取集体行动的合法依据为《联合国宪章》，集体行动的授权者为联合国安理会。尽管 R2P 倡议联盟进行了妥协，但其深层核心信念没有发生变化，R2P 倡议联盟妥协的只是次要信念（处理人道主义危机的方式）。倡议联盟在《保护的责任》报告中提出，如果安理会未能及时处理人道主义危机，或者拒绝军事干预提案，可以寻求联合国大会的支持，或者由区域组织来处理。这些建议都没有被成果文件采纳，集体行动的授权仍归联合国安理会。

2005 年之后，国际社会讨论的重点转向如何落实 R2P。这时政策学习的过程主要依托联合国大会非正式互动对话会。利比亚危机中西方国家超越安理会授权受到国际社会批判。R2P 倡议联盟听取和接受这些批判意见，尤其是巴西提出"保护中的责任"（Responsibility While Protecting, RWP）。① 埃文斯在谈及 R2P 未来发展时提出，可以以 RWP 为基础，加强授权监管和问责。② R2P 亚太中心主任贝拉米也指出，未来 R2P 的发展必须解决问责问题，RWP 值得考虑。③ R2P 全球中心主任西蒙·亚当（Simon Adams）在 R2P 十周年纪念大会上撰文指出，RWP 值得认真对待和建设性讨论，确保任何时候安理会的决议都得到严格执行。④ 通过联合国大会组织的非正式互动论坛，R2P 倡议联盟在危机处理方式方面，开始认真考虑授权监督和事后问责。这种转变在 2011 年利比亚危机之后尤为明显。可见其他国家的批评确实改变了 R2P 倡议联盟次要层面的信念。

---

① 2011 年 11 月 9 日巴西常驻联合国代表给秘书长的信《保护中的责任：制定和推广一个概念的各项要素》，联合国文件 A./66/551－S/2011/701，http://www.un.org/zh/documents/view_doc.asp? symbol＝A/66/551。

② Gareth Evans, "R2P: The Next Ten Years," in Alexander Bellamy and Tim Dunne, eds., *The Oxford Handbook on The Responsibility to Protect*, Oxford University Press, p. 16.

③ Alex Bellamy, "The Responsibility to Protect Turns Ten," *Ethics & International Affairs*, Vol. 29, No. 2, 2015, p. 180.

④ Simon Adams, *R2P's Next Decade*, http://www.globalr2p.org/media/files/2015-february-future-of-r2p.pdf.

四　结论

整个 R2P 的发展历程由两个阶段组成：第一个阶段是"保护的责任"成为国际共识之前，第二个阶段是其成为国际共识之后。运用倡议联盟框架，本文认为，R2P 从概念到共识是外部事件、内部政策执行失败以及政策学习共同作用的结果。R2P 在成为共识之后的变迁过程是由内部政策执行的巨大反差和政策学习共同推动的（见图 4）。目前 R2P 倡议联盟着力推动的是重建共识，即如何落实 R2P。

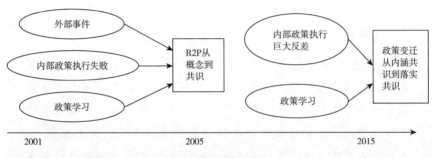

图 4　R2P 规范变迁

本文运用倡议联盟框架，一方面充分考虑了国际社会的宏观背景。外部因素给予政策子系统行为体不同的资源或限制，打开了规范变迁的大门。人道主义惨剧呼吁国际社会重建人道主义规范，是政策行动者创新规范的直接动力。国际社会舆论要求重视人的安全和强调负责任主权，为倡议联盟提供了可以利用的舆论资源，同时也为 R2P 概念的提出和生长提供了土壤和营养。秘书长的支持以及主要大国的不反对，使得 R2P 最终进入联大议程，经各国表决后成为国际共识。另一方面也考察了行为体之间的互动——政策学习，从微观视角描述了政策变迁的具体过程。倡议联盟框架不仅综合了宏观因素和微观行动过程，而且从政策循环本身来讨论规范变迁的动力。旧政策执行失败引起政策子系统内部的巨大震动，从而为新政策、新规范的产生或修改提供了内源性动力。因此，倡议联盟框架对规范变迁的考察综合了宏观、中观、微观三个层次，较清楚地展示了规范变迁的动力和过程。

俄罗斯人权观念的变迁对其介入
危机方式的影响

顾　炜 *

摘　要： 人权在冷战后的发展历程中，出现了人道主义干涉、"保护的责任"等新概念。参与人权与主权关系争论的俄罗斯的人权观念也不断发生变化。在主权范围内保护本国公民和外国公民的基本权利，已成为俄罗斯的重要人权观念，并在实践中不断落实。而保护在境外的本国公民以及他国公民的人权观念，在被俄罗斯逐步接受的同时也成为俄罗斯武力介入地区危机的正当理由之一。因此，人权观念的变迁影响了俄罗斯介入危机的方式，也影响了俄罗斯的对外政策和外交行为。

关键词： 人权　人道主义干涉　保护的责任　危机介入　俄罗斯外交

人权概念进入国际关系领域后，引发了国际社会的诸多争论，其中的一个焦点议题是人权与主权的关系问题。特别是在冷战后，各种观点和理论不断出现，改变着各国的人权观念，也影响了各国在人权与主权关系问题上的认识。与此同时，越来越多的地区危机中含有人权问题，使得是否介入危机以及如何介入危机的问题成为国际社会争论的焦点，且争论的核

---

* 顾炜，上海社会科学院国际问题研究所助理研究员。

心仍然是主权与人权的关系。本文以俄罗斯为例，讨论人权观念的变化对其介入地区危机方式的影响，从而从一个独特视角观察和解释俄罗斯在地区危机上的政策和行为。

一 人权的发展和围绕人权与主权关系的争论

诞生于西方的人权概念，最早是作为国内法的原则存在的，它与国家主权的概念存在矛盾，因为"人权是对国家对内主权的限制"，即"原始意义上的人权主要是为了保护个人免受国家权力的侵害"。从 19 世纪末 20 世纪初开始，人权原则开始逐渐突破国内法的范畴进入国际法领域。第二次世界大战后，《联合国宪章》及《世界人权宣言》等文件对人权原则的规定标志着人权进入国际社会并成为国际法原则之一。此后，"现代意义上的国际人权保护对国家主权造成了很大冲击"，特别是严重侵蚀了国家的对外主权。① 由此，人权与国家的对内主权和对外主权都存在矛盾关系。主权与人权的关系问题也成为国际政治中争论的焦点之一，并且在整个冷战时期，东西方和南北方之间有关该问题的立场分歧和争论一直持续。②

冷战后，国际形势发生了巨大变化。1991 年 10 月，在联合国总部召开的主题为"确立新的主权概念"的研讨会上，与会者主要讨论了"民主、人权、人道主义干涉与尊重国家主权的关系"，并认为"传统的主权概念已过时"。③ 由此，围绕人权的国际保护、国家主权、不干涉内政原则、人道主义干预等概念而展开的有关主权与人权关系的争论

---

① 罗艳华：《国际关系中的主权与人权——对两者关系的多维透视》，北京大学出版社，2005，第 15~16、36~37、40~41 页。有关人权进入国际关系、国际人权保护及其对主权的侵蚀等问题，也可参见以下著作的相关部分：刘杰：《人权与国家主权》，上海人民出版社，2004，第 54~85、105~107 页；朱锋：《人权与国际关系》，北京大学出版社，2000，第 24~60 页。

② 参见罗艳华《国际关系中的主权与人权——对两者关系的多维透视》，北京大学出版社，2005，第 92~147 页。

③ 富学哲：《从国际法看人权》，新华出版社，1998，第 175 页。

愈加激烈，[①] 并在索马里、卢旺达和波黑等国家和地区出现了人道主义干预实例。世纪之交，围绕科索沃问题，主权与人权何者占优的争论达到了顶点。

为了弥合分歧，2001 年 12 月，"干预与国家主权国际委员会"发布了一份题为《保护的责任》的报告，[②] 第一次系统阐述了"保护的责任"概念，为讨论人权与主权关系问题提供了新的维度。2004 年，联合国秘书长安南任命的"威胁、挑战和改革问题高级别小组"发布了题为《一个更安全的世界：我们的共同责任》的报告，其中首次采纳了"保护的责任"这一概念，使概念本身的发展进入新阶段。2005 年，联合国秘书长安南在联合国大会上作了题为《大自由：实现人人共享的发展、安全与人权》的报告，[③] 再次提出"主权国家有责任保护公民的权利，保护公民免受犯罪、暴力和侵略的危害"及"集体负有提供保护的责任"。《2005 年世界首脑会议成果》再次确认了该概念，表明国际社会在该问题上达成了一定程度的共识。这一共识意味着，当一个国家不愿意或者无能力提供保护时，国际社会应当担负起提供保护的相应责任，帮助国家保护公民免遭种族灭绝、种族清洗、战争和反人道暴行的侵害。在和平方式不能实现保护目的时，国际社会将按照《联合国宪章》采取强制性集体行动，实施干预。[④] 由此可见，"保护的责任"概念实际上为干预行动的实施设定了一种合理情境。围绕人权与主权关系的上述争论影响了各国的人权观念。

二　俄罗斯人权观念的变化及其对危机的介入

冷战后，当数次地区危机鲜明地暴露出人权与主权之间的矛盾时，是

---

① 以下著作及其相关部分展示了有关主权与人权关系的争论：杨成绪主编《新挑战——国际关系中的"人道主义干预"》，中国青年出版社，2001；杨泽伟：《主权论——国际法上的主权问题及其发展趋势研究》，北京大学出版社，2006，第 147～160 页；刘明：《国际干预与国家主权》，四川人民出版社，2000，第 387～405 页。

② ICISS, *The Responsibility to Protect*, Ottawa: International Development Research Center, 2001, pp. 11–18.

③ Kofi Annan, "In Larger Freedom: Decision Time at the UN," *Foreign Affairs*, May/June 2005.

④ UN General Assembly, *World Summit Outcome 2005*, Resolution A/RES/60/1, October 24, 2005.

否介入危机以及如何介入危机的不同选择，反映了各国人权观念的差别，而人权观念也反过来在一定程度上影响了各国的政策和行动。作为联合国安理会常任理事国，俄罗斯不仅直接参与了有关人权与主权关系的争论，也参与到有关危机处理的讨论和行动中，其政策和行动反映了人权观念的影响。而人权保护实际上始终绕不开国家主权，因此相关讨论也始终绕不开所处地域问题。以受保护的对象及其所在的地域为分析框架，可以窥见俄罗斯人权观念的变化，并在其对危机的介入方式中看到人权观念变化的影响。

（一）保护"境内—本国公民"与防止外部干涉

通常而言，在一国国境之内，最主要的人口是本国公民。此时，不仅距离最近、享有便捷之利，而且处于主权范围内，国家有能力进行保护。因此，保护"境内—本国公民"的人权是国家的重要职责，且此时是国家最易于实施保护的情境。当国家有效地保护了本国公民的各项权利时，从内部看，将有利于国家获得民众的支持，提升政府的合法性和威望；从外部看，也将有利于国家获得国际社会的承认，继而在国际上获得相应的成员身份。[①] 从主权自身的发展看，也有利于增加其主权的建构性要素，[②] 换句话说，就是人权保护促进了国家主权的巩固。因此，相当多的国家认可"人权保护"概念的这一基本意义，愿意做出努力保护"境内—本国公民"的各项基本权利。

在这一问题上，独立后的俄罗斯接受并认可了上述基本观点并在法律和实践等多个层面开展了保护人权的相关工作。1991 年 11 月，俄罗斯通过《俄罗斯公民权利和自由宣言》，宣告了俄罗斯法律对有关人权的自然权利学说的忠实拥护。从独立之初到 1993 年《俄罗斯联邦宪法》通过的近两年间，俄罗斯颁行了一系列法律，赋予公民更多的权利，如《俄联邦

---

① Mahmood Mamdan，"Resposibility to Protect or Right to Punish?" *Journal of Intervention and State building*，Vol. 4，No. 1，2010，p. 54.

② 国内有关主权的建构性要素的分析，参见卢凌宇《论冷战后挑战主权的理论思潮——重新思考国家主权》，外交学院博士学位论文，2002，第 104~115 页。

国籍法》《难民法》《被迫移民法》《破坏公民权利与自由的申诉法》等。[①]
俄罗斯宪法和 1996 年通过的《俄罗斯联邦人权全权代表法》是保障俄罗
斯公民权利和自由的重要法律。俄罗斯还通过设立人权全权代表、建立人
权行政救济制度和完善总统人权委员会等方式开展保护人权的工作。[②]即
便是对于"飞地"上的居民,俄罗斯也采取措施保护当地民众的基本权
利。普京曾在讲话中明确强调"他们(指生活在加里宁格勒州的人)的民
主权利和自由不仅受到俄罗斯宪法,也受到全部国际法文件的保护",俄
罗斯"将竭尽全力保证他们与其他俄罗斯公民一起充分享受适用于统一的
人权标准的权利",[③]显示出俄罗斯政府保护"飞地"居民权利的坚定立
场。在与"飞地"有关的过境问题上,俄罗斯通过多次协商和谈判,促使
欧盟于 2003 年 7 月 1 日起建立"便捷过境手续机制",为加里宁格勒和俄
罗斯本土居民通过陆路进行互访实施免费或低收费过境手续。这些法律和
实践反映了俄罗斯对保护"境内—本国公民"权利的重视。

　　然而,保护不仅是国家日常工作的一部分,也在危机时刻能够成为防
止外部干涉的重要途径。冷战后出现的车臣问题,其起因复杂而深刻,但
当其在 20 世纪末鲜明地表现为分裂势力挑起事端与极端主义者发动恐怖袭
击时,车臣问题就从一个侧面聚焦到主权与人权问题上。一方面,分裂势
力等通过破坏国家统一,削弱俄罗斯的国家主权;另一方面,普通民众对

---

① ГлушковаС. И. Права человека в России: Теория, история, практика, М.: Права
человека, 2004г., С. 283.

② 国内的有关研究:尤晓红:《俄罗斯宪法法院与人权保障》,《俄罗斯中亚东欧研究》2007
年第 1 期, 第 22~26 页;哈书菊:《试评俄罗斯人权全权代表制度》,《俄罗斯中亚东欧
研究》2009 年第 4 期, 第 7~13 页;赵晓毅:《俄罗斯联邦宪法的人权保障机制研究》,
郑州大学博士学位论文, 2015。外文文献中的概况性研究可参见:Рыбаков
О. Ю. Российская правовая политика в сфере защиты прав и свобод личности, СПб.:
Издательство Р. Асланова《Юридический центр Пресс》, 2004г.; Глушкова С. И. Права
человека в России: Теория, история, практика, М.: Права человека, 2004г.;
МархгеймМ. В. ЗащитаправисвободчеловекаигражданинавРоссии: опытсистемногоконстит
уционногоосмысления, РостИздат, 2003г.; F. M. Rudinsky, Civil Human Rights in Russia:
Modern Problems of Theory and Practice, Transaction Publishers, 2008.

③ 普京:《在第四届波罗的海国家理事会成员国政府首脑会议开幕式上的讲话》(2002 年 6
月 10 日, 圣彼得堡),《普京文集——文章和讲话选集》, 中国社会科学出版社, 2002,
第 683 页。

此感到恐慌，联邦政府保护人民的能力受到质疑，平民伤亡和大批难民的出现，使车臣甚至可能变成第二个"科索沃"。科索沃危机已经引发了西方的人道主义干涉，被武力打击的南联盟陷入巨大困境。而秉持"保护所有人的人权，无论其生活在哪个国家"①的西方国家，有可能如法炮制地干涉俄罗斯，即车臣问题可能为西方指责俄罗斯人权问题和干涉俄罗斯内政提供口实。因此，俄罗斯发动第二次车臣战争，不仅是维护国家主权和领土完整的必要措施，②也是保护人权、防止危机恶化和树立国家威严的重要措施。战争开始后，俄军的每次重大军事行动都顶着来自西方的巨大压力，西方指责俄军在军事行动中造成平民伤亡和人道主义危机的言论不绝于耳，③这也从一个侧面表明俄罗斯对外部干涉的担心不无理由。普京也曾明确表示，俄罗斯会"认真负责地在车臣确保人权，确保恢复居民的社会地位，解决经济问题"。④最终，这场战争的胜利和车臣局势恢复平静，不仅为俄罗斯开启了普京时代，更成为一个杠杆，开始扭转整个俄罗斯的形势。⑤从这个意义上说，科索沃危机和车臣战争使俄罗斯更加深刻地认识到保护"境内—本国公民"的重要性。

（二）保护"境内—外国公民"与维护本国主权

随着国际交往的增多，任何一个国家内部都会有外国公民居住。从人权的基本理念出发，国家应该尊重进入本国的外国公民的相应权利，保护"境内—外国公民"的人权。这主要基于两点原因：第一，国境以内的地

---

① David Chandler, "Rhetoric without Responsibility: The Attracts of Ethic Foreign Policy," *British Journal of Politics and International Relations*, Vol. 5, No. 3, 2003, pp. 295-316.

② 许志新主编《重新崛起之路：俄罗斯发展的机遇与挑战》，世界知识出版社，2005，第101页。

③ 维勒的书关注了俄罗斯人权的负面问题，其中的第五章重点讨论和比较了两次车臣战争中的人权问题：Jonathan Weiler, *Human Rights in Russia: A Darker Side of Reform*, Lynne Rienner Publishers, 2004；有关第二次车臣战争中西方国家的反应，可参见杨恕《世界分裂主义论》，时事出版社，2008，第127~137页。

④ 普京：《向俄罗斯联邦会议提交的2001年国情咨文》，《普京文集——文章和讲话选集》，中国社会科学出版社，2002，第275页。

⑤ 罗伊·麦德维杰夫：《普京——克里姆林宫四年时光》，王晓玉、韩显阳译，社会科学文献出版社，2005，第90页。

域都是国家的主权范围，国家具备保护这些外国人的基本能力，也因距离较近而比这些外国人的国籍国更易于实施保护；第二，保护"境内—外国公民"的人权，不仅有助于维护和促进本国与相关国家的关系，不致引起负面纠纷，而且有助于树立本国的良好形象，增强国家的软实力。通常来说，"境内—外国公民"包含两类人。一类是难民。难民的出现意味着其国籍国已经无法提供有效的人权保护，此时，难民进入的国家执行联合国难民公约，保护难民的基本权利，能够体现本国对人权的尊重和对国际法的遵守。另一类是自愿迁徙者。既然这些人选择在其他国家生活，就意味着他们自愿成为别国国内的少数族群，做出这种选择的理由尽管多种多样，但从成本收益的角度考虑，距离更近的所在国比他们的国籍国更易于为其提供生命和安全保护。此时，所在国政府既要防止自身实施侵害少数族群权利的行为，也要防止本国民众出现暴力性的排外行动，因为此种罪行的出现将为外部势力的干涉提供借口。在这个意义上说，为了避免外部势力以人权遭到侵害为由实施干涉行动，主权国家有必要在保护本国公民的基础上，同样保护在本国境内的外国公民。因此，保护"境内—外国公民"的人权，不仅是一种道义担当，更是一种为维护本国主权做出的选择。

冷战结束后大量出现的地区冲突，特别是在原苏联地区爆发的热点冲突，引发了不同规模的难民潮。这些难民中的许多人进入了俄罗斯。为了加强对难民的保护和管理，1993 年 2 月，俄罗斯成为 1951 年《难民地位公约》和 1967 年《难民地位议定书》的缔约国，并在同年颁布本国的《难民法》和《被迫移民法》，为难民的管理和保护工作搭建了法律框架。同时，独立后的俄罗斯也加强了对移民的管理。1994 年将包括哈巴罗夫斯克边疆区和阿穆尔州在内的 13 个地区确定为接纳外来移民的主要地区。1996 年通过的《出入俄罗斯国境秩序法》以及 2002 年通过的《国籍法》和《俄罗斯联邦境内外国人法律地位法》，都为开展保护境内外国人的工作提供了依据。2003 年通过的《调整俄罗斯联邦移民进程构想》指出，俄罗斯将在遵守法律和国际人权标准的基础上保护人权和人身自由，有针对性地采取不同方法解决不同类型的移民问题，提供条件使被迫移民尽快融入当地社会等。① 而随着 21 世纪初国家实力的恢复，俄罗斯对境内外国公民提供的生活条件也得到了改善，开始探索将外来劳动移民逐步纳入俄罗斯的养老体系。② 2012 年，俄罗斯颁布了新的移民政策文件《2025 年前俄罗斯联邦国家移民政策构想》，提出要创造条件吸引国外的高技术人才，支持教育移民，为移民的适应和融合、权利和自由的保护以及社会保障的享有创造条件。③ 利好因素的出现和积极措施的实施使俄罗斯成为对移民者颇具吸引力的选择。2013 年 9 月联合国发布的数据显示，俄罗斯吸引外来移民数量以 1100 万居世界第二位，④ 这从另一个侧面反映出人们对俄罗斯保护"境内—外国公民"的能力持较为肯定的态度。

无论保护对象的国籍为何，一个国家在国境内采取的保护措施和行动，不仅可以显示和实现国家主权，也有利于防止危机产生和升级，减少被外部干涉的可能。而俄罗斯的政策与实践反映其接受了人权保护的基本概念。

（三） 保护"境外—本国公民"与介入危机

从理论上看，主权国家保护本国公民的人权，应该涉及其所有公民，不仅是在其主权范围内，也包括在境外的本国公民。由于各国对外国劳工和移民数量的控制，大多数国家的"境外—本国公民"在所在国的数量都不多，即未能呈现大规模、群体性的特点，所以，保护"境外—本国公民"一般可以通过领事保护等相关规定和制度进行。但一些特殊情况，如面临战争风险、可能或已经出现排外冲突，即本国公民在外国面临基本人权已经或即将遭到大规模侵害的情形时，各国通常采取发出预警、撤出驻外机构和人员、撤出侨民、关闭使领馆等方式发挥保护作用。

---

① 强晓云、马春海：《当代俄罗斯移民政策透析》，《俄罗斯研究》2005 年第 2 期，第29 页。

② 高际香：《俄罗斯外来移民与移民政策选择》，《俄罗斯中亚东欧市场》2012 年第 5 期，第 19 页。

③ Президент утвердил Концепцию государственной миграционной политики Российской Федерации на период до 2025 года, 13 июня 2012 года, http://www.kremlin.ru/events/president/news/15635.

④ 《联合国发布世界移民报告，移民数美第一俄第二》，http://www.chinanews.com/gj/2013/09-12/5277133.shtml。

俄罗斯因其历史遗留的特殊性，在此问题上积累了相当多的经验。苏联解体后，有大约 2500 万俄罗斯人留在了原苏联加盟共和国境内，且在不同国家，俄罗斯人占的比例不同。① 由于苏联时期"俄罗斯化"政策的强制推行，人数不占优势的俄罗斯族却在大多数原苏联加盟共和国中占据优势地位，这引发了相关国家主体民族的嫉妒和不满，也为日后的人权保护问题埋下了伏笔。苏联解体后，俄罗斯族瞬间变成了所在国家的少数民族，这一变化使侵犯俄罗斯族人权的事件时有发生。对此，俄罗斯把"歧视驻外的俄罗斯人，并对其人权、自由以及合法利益进行压迫"的行为视为俄罗斯国家利益的外部威胁之一，② 并且从国家政策层面，将"境外同胞工作列为内政外交工作的一个重要方向"。③

俄罗斯主要采取如下措施保护"境外—本国公民"。第一，与相关国家展开谈判，解决无国籍或双重国籍问题，进一步明确保护对象。《国籍法》的颁布为这一工作的开展奠定了法律基础。俄政府尊重海外公民的自主选择权，并为他们回到俄罗斯提供便利条件。第二，从制度、法律、经济和文化等诸多方面加大保护海外公民的力度。2002 年，俄罗斯将境外同胞工作划归外交部主管，并通过了《2002~2005 年支持境外俄罗斯同胞基本方向》的文件，2006 年通过了《2006 年至 2008 年海外同胞工作纲要》和《关于向生活在海外的同胞回迁俄罗斯提供帮助的国家计划》，并在 2007 年将这一工作确定为"对外政策的优先方向"。④ 此外，俄罗斯还采取多种措施对外推广俄语，防止本国公民在海外被边缘化。第三，利用双边关系和多边平台向有关国家和组织施压，要求保护在外国的俄罗斯公民。普京强调，要继续"对保护俄罗斯旅居国外侨民的人权给予国际支

① 尽管在原苏联国家的俄罗斯族人在苏联解体后的 20 余年间显著减少，但他们仍然是所在国中最重要的少数民族群体，有关各国民族构成的统计数据参见 Арефьев А. Л. Русский язык на рубеже XX - XXI веков. ［Электронный ресурс］，М.：Центр социального прогнозирования и маркетинга, 2012。

② 安年科夫等：《国际关系中的军事力量：俄罗斯专家独特视角解读和预测新世纪全球军事力量形势与国际关系走向》，于宝林等译，金城出版社，2013，第 95 页。

③ Путин В. В. Выступление на открытии Конгресса соотечественников, 11 октября 2001 года, http：//www. kremlin. ru/text/appears/2001/10/28660. shtml.

④ 《俄罗斯联邦对外政策概论》，http：//www. russia. org. cn/extra/obzor. doc.

持"，并明确提出，"我们希望北约和欧盟的新成员国，在后苏联地区以实际行动来体现其对人权，包括少数民族权利的尊重"。[①] 以上这些措施，都体现了俄罗斯对保护"境外—本国公民"的重视。

就地域看，那些驻扎着俄罗斯军队或生活着相当数量俄罗斯人的原苏联加盟共和国，是俄罗斯重点关注的地区。例如，俄罗斯与格鲁吉亚关系紧张时，俄罗斯曾进行过撤离俄罗斯侨胞行动。2006 年 9 月，俄罗斯曾用两架伊尔-76 客机从格鲁吉亚撤离俄罗斯工作人员和家属。[②] 而作为大国的俄罗斯，显然有能力采取介入行动，防止危机的扩大与恶化，以保护俄罗斯人的权利。因此，在人权概念不断发展、俄罗斯人权观念变化的影响下，保护人权有可能成为俄罗斯介入相关危机的一个理由。

（四）保护"境外—外国公民"与深度介入危机

通常而言，对"境外—外国公民"的保护是国籍国政府的职责，不需要其他国家参与。但在紧急情况下，特别是"保护的责任"概念中所提到的大规模严重侵害人权的暴行出现时，如果国籍国不愿意或者无能力保护本国公民时，国际社会应当肩负起"保护的责任"。此时，作为国际社会一员的其他国家，如果参与联合国授权的保护行动，那么其所保护的对象就是"境外—外国公民"。

但通常来说，主权国家在保护"境外—外国公民"的问题上特别慎重。首先，无论对象人群为何国籍，对其人权状况的关注体现了国家对基本人权的尊重，但由于这些被侵害的人处在外国，不仅存在一定的距离成本，而且海外保护行动也可能导致与对象国发生摩擦和冲突，所以不采取直接的干预性行动可能是更为明智的选择。其次，如何进行保护以及保护到何种程度是重要问题。当国家选择某种方式采取保护行动时，方式的不同会带来迥异的效果，单边行动往往容易遭到质疑：介入过深则可能招致干涉对象国内政的非议，甚至陷入长期的纷争中；介入过浅则影响本国的

---

① 普京：《2005 年致联邦会议的国情咨文》，《普京文集（2002～2008）》，中国社会科学出版社，2008，第 190 页。

② 《俄罗斯大事记（2006 年 7～9 月）》，《俄罗斯研究》2006 年第 4 期，第 95 页。

国际信誉。再次，由于保护的对象是"境外—外国公民"，其他国家不具有实施保护责任的当然义务或天然理由，也就不可避免地需要进行成本收益的计算。即便是如美国这样的超级大国，利益的权衡也是必需的，不仅包括物质性的投入和回报，也包括国际形象等软性要素的得失比较。因此，无论是针对"境外—外国公民"的普通和日常性保护，还是在紧急情况下参与集体行动履行"保护的责任"，相关国家都会非常慎重。这种两难的困境，也是人道主义干预遭到诟病的重要原因之一，而进入21世纪以来，"保护的责任"概念之所以取得一定程度的共识，也同该概念有效解决了国家的上述顾虑有关。

在这个问题上，俄罗斯的立场非常谨慎，不仅坚决反对人道主义干预，也反对扩大"保护的责任"概念的使用范围。在20世纪末的科索沃危机中，以美国为首的北约试图以保护阿尔巴尼亚族人为由对南斯拉夫联盟采取军事行动，特别是1999年1月发生了拉察克村事件后。俄罗斯则坚持政治解决的立场，强调尊重南斯拉夫联盟的主权与领土完整，"反对绕过联合国安理会对主权国家动武"，认为"只有在完全尊重前南斯拉夫的主权和领土完整的情况下，通过政治对话才能找到摆脱危机的办法"。[①] 1999年3月，北约对南联盟实施空袭当天，叶利钦总统发表了措辞严厉的声明，表示"北约对主权国家南斯拉夫发动的军事行动只能被认为是一种侵略行为，俄罗斯国内对此深感愤怒"。[②] 随后，叶利钦下令采取停止访问行程、召回代表、暂停参与伙伴关系计划、推迟谈判等一系列应对行动。2003年伊拉克战争前后，俄罗斯与德国和法国一起组成反战阵营，也反映了俄罗斯的鲜明立场。在"保护的责任"概念引发激烈争论时，俄罗斯的立场相当明确，反对试图扩大"保护的责任"概念的解释范围，反对将人权作为国际关系中施压的工具。然而在2008年以后，俄罗斯的人权观念出现了新变化，并反映在其对相关危机的处置中。

---

① 李大光等编《散不尽的硝烟——科索沃战争回顾与评析》，国防大学出版社，1999，第112页；另见《人民日报》1999年2月13日、《参考消息》1999年2月14日。

② 《参考消息》1999年3月26日；声明全文可参见高秋福主编《硝烟未散——科索沃战争与世界格局》，新华出版社，1999，附录，第381~382页。

1. 俄格冲突与捍卫"保护的责任"的"第一个国家"

俄罗斯与格鲁吉亚关系的渐行渐远是从格鲁吉亚 2003 年发生"玫瑰革命"后开始的。颜色革命后上台的格鲁吉亚总统萨卡什维利明确改行亲欧美政策，使格鲁吉亚与俄罗斯的关系不断下滑。俄格争执的焦点是位于格鲁吉亚境内的阿布哈兹和南奥塞梯共和国。2008 年 4 月，围绕俄罗斯与阿布哈兹和南奥塞梯正式建立经济联系的问题，格鲁吉亚反应强烈，先是中断了关于俄罗斯加入世贸组织的双边谈判，随后又正式要求俄罗斯立即撤回在阿布哈兹冲突区留驻的维和部队。5 月 8 日，俄罗斯和格鲁吉亚互相指责对方在阿布哈兹进行军事部署，萨卡什维利总统宣布格鲁吉亚将不承认先前有关科索沃独立的认定，[①] 表明反对俄罗斯承认南奥塞梯和阿布哈兹独立的立场。7 月 10 日，萨卡什维利表示俄罗斯对格鲁吉亚领土完整的侵犯是冷战结束后欧洲面临的最大挑战。8 月 5 日，俄罗斯特使尤里·波波夫（Yuri Popov）表示，如果格鲁吉亚的南奥塞梯地区出现武装冲突，俄罗斯不会坐视不理。[②] 8 月 8 日，格鲁吉亚政府军进攻南奥塞梯共和国，一场武装冲突就此爆发。俄罗斯维和部队营地被炸，导致人员伤亡，俄罗斯总统梅德韦杰夫在安全理事会的紧急电视发言中，誓言保护在南奥塞梯的俄罗斯公民。[③] 随后，没有"坐视不理"的俄罗斯采取强力反击，仅仅 5 天时间就结束了军事行动。

从俄罗斯最初的反应来看，正如梅德韦杰夫讲话所表明的，尽管格鲁吉亚是在其境内采取军事行动，但遭到人员伤亡的是俄罗斯维和部队和居住在当地的俄罗斯人。因此，出兵的理由之一显然是保护"境外—本国公民"，这似乎是"合情合理"的正当理由。然而，为数不多的伤亡显然无法成为支持俄罗斯发动强力攻势的理由。战争进行期间，作为总理的普京到达北奥塞梯首府弗拉季高加索，讨论援助问题，并亲自接见南奥塞梯难民，显示俄罗斯出兵也是为了保护那些遭受侵害的阿布哈兹人和南奥塞梯人，而准确地说，这些人仍然是格鲁吉亚公民。于是，

---

① 《俄罗斯大事记（2008 年 5~6 月）》，《俄罗斯研究》2008 年第 4 期，第 95 页。
② 《俄罗斯大事记（2008 年 7~8 月）》，《俄罗斯研究》2008 年第 5 期，第 95~96 页。
③ 《俄罗斯大事记（2008 年 7~8 月）》，《俄罗斯研究》2008 年第 5 期，第 95~96 页。

军事行动的原因便顺理成章地转变为保护"境外—外国公民"。俄外长拉夫罗夫指出，"所有迹象表明，我们站在了国际体系转型的最重要阶段"，"俄罗斯在国际关系领域中的意识形态，是在理性思维和国际法的至高地位这两个基本立场上形成的"。因此，俄罗斯出兵意在"帮助弱者"，是建立在国际法基础上不得不采取的战争行动。俄罗斯也因此成为捍卫"人的安全和保护的责任"等新原则的"第一个国家"。① 换句话说，俄罗斯出兵南奥塞梯，是为了保护当地居民的人权，不仅是当地俄罗斯公民，也包括格鲁吉亚公民。

由此可以看到，俄罗斯试图使用"保护的责任"概念为本国介入地区危机的行为进行辩护。而俄罗斯的逻辑是，格鲁吉亚的军事行动引发了阿布哈兹和南奥塞梯的人员伤亡，当地居民面临人权遭到大规模侵害的危机，格鲁吉亚政府以及南奥塞梯和阿布哈兹的地方政府不愿或不能履行"保护的责任"，为保护人权，俄罗斯必须肩负起职责，采取军事行动强力介入，制止危机的蔓延与恶化。尽管俄罗斯的介入行动并未得到国际社会的广泛认可，且其行为并不符合"保护的责任"概念以及国际社会形成的共识，② 但这并不妨碍俄罗斯在此后的地区危机中以同样的理由解释本国的行动。也就是说，当俄罗斯把本国在俄格冲突中的出兵原因解释为"保护人权"时，实际上是为俄罗斯介入地区危机开创了一个先例。

2. 乌克兰危机与俄罗斯的全力介入

俄罗斯将俄格冲突作为践行"保护的责任"概念的首个实践，并未得到大多数国家的认同。但之后发生的利比亚危机则成为"保护的责任"从概念走向实践的重要节点。在参与处理利比亚危机的过程中，俄罗斯秉持了务实态度和实用主义立场。③ 显然，利比亚不是俄罗斯国家利益的汇聚

---

① Статья Министра иностранных дел России С. В. Лаврова 《Лицом к лицу с Америкой: между неконфронтацией и конвергенцией》, опубликованная в журнале 《Профиль》 №38, октябрь 2008 года, http://www.mid.ru/BDOMP/Brp_4.nsf/arh/B3C8684DEA14 B242C32574E1002FD07B? OpenDocument.

② 有关俄罗斯立场和行为的变化，可参见顾炜《"保护的责任"：俄罗斯的立场》，《国际政治研究》2014年第3期，第50~60页。

③ 姜毅：《务实之举拓展外交空间》，《人民日报》2011年6月8日；顾炜：《"保护的责任"：俄罗斯的立场》，《国际政治研究》2014年第3期，第57~58页。

点，因此不直接介入的实用主义立场是理性选择和明智之举。然而 2013 年年底爆发的乌克兰危机，俄罗斯却必须全力介入。

2013 年 11 月，在乌克兰总统亚努科维奇做出暂时中止与欧盟签署联系国协定的决定后，乌克兰亲欧派组织民众在基辅展开反政府示威。乌克兰国内局势出现动荡，乌克兰危机就此爆发。2014 年 1 月，面对严峻的国内局势，亚努科维奇向反对派让步，内阁全体辞职。但抗议并没有就此平息，并在随后演变成街头流血冲突。2 月 22 日，在亚努科维奇与反对派签署和解协议的第二天，亚努科维奇本人被议会免去总统职务，乌克兰政权发生更迭。此后，乌克兰南部的克里米亚地区成为斗争和矛盾冲突的新焦点。2014 年 3 月 1 日，俄罗斯议会批准了普京总统提出的在克里米亚地区使用俄罗斯军队的请求。克里米亚议会于 2014 年 3 月 11 日通过了克里米亚独立宣言。3 月 16 日，克里米亚和塞瓦斯托波尔举行全民公决，宣布独立并要求加入俄罗斯联邦。俄罗斯趁势于 3 月 18 日收回了克里米亚共和国和塞瓦斯托波尔市，从而改变了乌克兰危机的性质，不仅恶化了俄罗斯与乌克兰的关系，更让俄罗斯与西方国家的关系跌入冷战结束以来的低谷。① 此后，围绕乌克兰东部局势、马来西亚航空公司 MH17 航班的坠毁、美欧与俄罗斯之间的制裁与反制裁、两份《明斯克停火协议》等事件，乌克兰危机演变成久拖未决的乌克兰问题，至今仍在影响欧洲局势和大国关系。

乌克兰危机产生原因错综复杂，受到了历史、文化、民族认同、大国

---

① 美国部分学者在讨论乌克兰危机后的局势时使用了"新冷战"的提法，参见 Robert Legvold, "Managing the New Cold War: What Moscow and Washington Can Learn from the Last One," *Foreign Affairs*, July/August, 2014; Stephen F. Cohen, *The New Cold War and the Necessity of Patriotic Heresy: US Fallaciesmay be Leading to War with Russia*, August 12, 2014, http://www.thenation.com/article/180942/new-cold-war-and-necessity-patriotic-heresy#。俄罗斯的相关讨论也使用了"新冷战"词语，参见 Вячеслав Даши-чев, Украинская трагедия и новая холодная война США против России, 8.07.2014, http://www.km.ru/world/2014/07/08/protivostoyanie-na-ukraine-2013-14/744384-ukrainskaya-tragediya-i-novaya-kholodnaya.; Лео-нид Доброхотов, Итак, новая холодная война?, 07/04/2014, http://www.geopolitica.ru/node/4509#.VDVtPHExiAE。

博弈等多种因素的影响。① 然而，同俄格冲突一样，这个原本反映乌克兰国内中央政府与地方政府之间矛盾的事件，因为俄罗斯的出兵演变成了规模更大的地区危机。如果说俄格冲突中俄罗斯还有意采取"收"的态度和方式的话，那么介入乌克兰危机可谓俄罗斯的一种"全力"介入，其所产生的影响也较俄格冲突更加巨大，并因为领土变更的出现，影响了整个地区和国际形势。

但是在解释自己的出兵理由时，俄罗斯却采用了与俄格冲突相类似的方式。2014 年 3 月 3 日，即在俄罗斯议会批准普京使用军队的请求后两天，俄罗斯外长拉夫罗夫在联合国人权理事会就此事进行了解释。他指出，俄罗斯的行动是应克里米亚民选合法政府的请求而采取的，该政府请求俄罗斯帮助恢复该自治共和国的和平。因为当地所面临的局势会对俄罗斯公民和同胞的生命安全构成威胁，俄罗斯的行动是为了保卫俄罗斯的公民和同胞，以确保其人权，尤其是生命权不受侵犯。② 因此，俄罗斯动用军队介入危机是为了保护当地居民，这其中既有俄罗斯公民，也有属于外国公民的俄罗斯族同胞。2014 年 3 月 18 日，普京就克里米亚加入俄罗斯发表演讲。他再次表示，克里米亚和塞瓦斯托波尔的居民向俄罗斯提出请求，希望俄罗斯保护他们的权利和生命安全，俄罗斯不能忽视这些请求。而在乌克兰生活着数百万俄罗斯人和讲俄语的居民，俄罗斯将始终采用政治、外交和法律手段保护这些人的利益。③ 普京的这一讲话再次强调了俄

---

① 赵鸣文：《乌克兰政局突变原因及影响》，《国际问题研究》2014 年第 2 期，第 68 ~ 78 页；冯玉军：《乌克兰危机：多维视野下的深层透视》，《国际问题研究》2014 年第 3 期，第 48 ~ 63 页；张昕、冯绍雷：《乌克兰危机的理论透视》，《世界经济与政治》2014 年第 6 期，第 145 ~ 155 页；刘显忠：《乌克兰危机的历史文化因素》，《当代世界社会主义问题》2015 年第 1 期，第 54 ~ 68 页；刘祖明：《乌克兰危机的一般政治系统理论分析》，《太平洋学报》2015 年第 5 期，第 86 ~ 95 页。俄文的相关评论可参见 Спиридонов В. В. Экономический подход к анализу причин политического конфликта на Украине, Международные от-ношения. 2014. №2. С. 254 – 261.；Циткилов П. Я. Политический кризис в украине конца 2013 – 2014гг.：Истоки и предварительные уроки. Социально-гуманитарные знания. 2014. №4. С. 17-35。

② Глава МИД РФ Сергей Лавров объяснил в ООН смысл действий России, 03 марта 2014, http：//www. 1tv. ru/news/polit/253370.

③ Обращение Президента Российской Федерации, 18 марта 2014 года, http：//kremlin. ru/events/president/news/20603.

罗斯介入乌克兰危机的原因是保护人权,不仅是针对境外的俄罗斯公民,也包括那些权利遭受威胁的"境外—外国公民"。由此,相比俄格冲突时缺乏当地居民和政府明确请求的情况,俄罗斯此时更进一步,获得了更加具有说服力的理由,即应当地政府请求采取保护人权的行动。

不仅具有出兵的外部"合理"理由,俄罗斯还在国内履行了"合法"手续,获得了本国议会的授权。而介入的初期成果——克里米亚的回归也得到了大多数俄罗斯国民的拥护,这从普京支持率的飙升可见一斑。此后,俄罗斯受到美国等西方国家的制裁,但它也并未就此采取"收"势,反而针对性地采取反制裁措施。在与美欧关系陷入僵局的同时,受油价下跌等多种因素的影响,卢布大幅贬值,物价上涨,俄罗斯经济陷入了2008年金融危机以来的低谷。因强力介入而损失的软实力与国家形象,更加难以衡量。

乌克兰危机的久拖未决以及甚至可能成为欧洲的"中东"的前景,[①]也与俄罗斯的持续介入密切相关。2014年11月末,来自乌克兰全国各地区的近100名代表参加了在基辅召开的"全乌俄罗斯同胞组织会议",讨论了保护俄罗斯同胞权利和在乌克兰恢复"同胞运动"的相关问题。俄罗斯外长拉夫罗夫明确表示要对这些活动和相关机制给予关注、支持和帮助。同时,拉夫罗夫也指出,在过去一年里,在乌克兰的俄罗斯同胞遇到了"严重的问题","基辅当局执行的政策在俄罗斯人中散布了犹豫、冷漠甚至是恐惧,很多人被迫离开了国家"。2015年俄罗斯将使用"一切可能的方式"保护在乌克兰的俄罗斯人,捍卫他们的权利。[②] 由此可以看到,无论背后的真实原因多么复杂,但在介入乌克兰危机问题上,俄罗斯坚持了保护人权的理由和立场。

3. 叙利亚危机与俄罗斯的深度介入

从2011年下半年以来,叙利亚问题成为国际社会关注和争论的焦点之

---

① Russian speaker, "Kiev's actions may lead to Ukraine's 'disintegration'," RIA Novosti, May 9, 2014, http://russialist.org/ria-novosti-kievs-actions-may-lead-to-ukraines-disintegration-russian-speaker/.

② "Лавров: Россия будет защищать права соотечественников в Украине 'всеми средствами'," 24 декабря 2014, http://obozrevatel.com/politics/98560-lavrov-rossiya-budet-zaschischat-prava-sootechestvennikov-rossiyan-v-ukraine-vsemi-sredstvami.htm.

一。叙利亚对俄罗斯的重要性被历史和现实的发展反复证明：由于俄罗斯在中东地区的唯一军事存在位于叙利亚，所以俄罗斯必须保障叙利亚的稳定并在相关问题上支持叙政府。立场的明确也使俄罗斯采取了许多主动性行动。一方面，俄罗斯在联合国安理会有关叙利亚问题决议草案的表决中多次否决有利西方的相关草案；另一方面，俄罗斯也提出了包括"销毁叙利亚化学武器"等建议，寻求叙利亚危机的缓和与解决。在解释投否决票的理由时称这是为了捍卫《联合国宪章》。[①] 在其他场合，各国有关叙利亚问题的争论时常涉及"保护的责任"概念。俄罗斯对此阐述本国的立场，强调"保护的责任"不能被用来作为武力干涉他国内政或更迭不受欢迎的政权的借口，[②] 也反复声明联合国在其中的重要作用。[③]

当叙利亚危机于 2014 年再起波澜并呈现出愈演愈烈之势时，"伊斯兰国"极端组织趁伊拉克和叙利亚的乱局快速崛起，并针对平民实施了大量暴恐行动。2014 年 8 月，美国宣布对"伊斯兰国"在伊拉克的目标展开空袭。9 月，美国组建了一个包括多个国家和欧盟、北约及阿盟等地区组织的国际联盟，共同对"伊斯兰国"等极端组织采取军事行动，并将空袭扩大至叙利亚。但基于多种复杂因素，美国主导的打击行动合作范围有限、打击目标也具有选择性和片面性，从而陷入了"既推翻不了巴沙尔掌权，也剿灭不了'伊斯兰国'"的窘境。[④] 叙利亚局势的持续动荡也导致 2015 年出现了规模空前的难民潮。数十万难民经地中海、土耳其、希腊、塞尔维亚和匈牙利等国涌入德国、法国，甚至越过英吉利海峡到达英国，给欧洲特别是西欧各国带来了极大的安置困难和各种社会问题。难民的出现再次使人权保护的问题成为国际社会争论的焦点。普京在 2015 年 9 月 4 日指

---

① Интервью Министра иностранных дел России С. В. Лаврова журналу 《Международная жизнь》"Российская дипломатия и вызовы XXI века," 13 сентября 2012 года, http：// www. mid. ru/BDOMP/Brp_ 4. nsf/arh/B372318C7259396F44257A7800478F33？OpenDocument.

② Позиция Российской Федерации на 67-й сессии ГА ООН，http：//www. mid. ru/BDOMP/ Ns-dmo. nsf/arh/5AAA09D2D879B94D44257A84003B8DFD？OpenDocument.

③ 有关俄罗斯在叙利亚问题上的早期立场，可参见顾炜《"保护的责任"：俄罗斯的立场》，《国际政治研究》2014 年第 3 期，第 50~60 页。

④ 董漫远：《"伊斯兰国"崛起的影响及前景》，《国际问题研究》2014 年第 5 期，第 51~ 62 页。

出，难民潮是欧洲国家在外交政策上盲目跟随美国的结果。①

但令世人颇感意外的是，2015 年 9 月 30 日，俄罗斯开始对叙利亚境内的极端组织"伊斯兰国"目标实施空袭，从而开始了对叙利亚危机的深度介入。然而，俄罗斯的深度介入真的如其表面上看起来那样突然吗？且不说叙利亚对俄罗斯究竟有多重要，也不说俄罗斯背后复杂的地缘政治和国家利益计算，单从俄罗斯的反恐立场来说，俄罗斯的深度介入也有迹可寻。正如前文所谈到的，车臣分裂势力制造的恐怖袭击是俄罗斯发动车臣战争的重要原因之一。俄罗斯作为重要成员的上海合作组织的宗旨之一也是打击恐怖主义，俄罗斯与美国在"9·11"事件后的亲密关系也得益于双方的反恐合作。因此，"反对恐怖主义"一直不仅是俄罗斯的重要原则，也是其参与和开展国际合作的重要领域。"伊斯兰国"与车臣极端势力存在联系，并对俄罗斯发出恐怖威胁，俄罗斯对此立场明确。2014 年 12 月 29 日，俄罗斯最高法院将"伊斯兰国"认定为恐怖组织。② 2015 年 9 月 28 日，普京在第 70 届联合国大会的发言中表示，俄罗斯一直坚定并持续地反对任何形式的恐怖主义，呼吁在国际法基础上建立真正的、广泛的国际反恐联盟，而首先需要做的重要工作，是对叙利亚合法政府提供全方位的帮助。③ 由此，俄罗斯率先采取军事行动直接打击"伊斯兰国"，给巴沙尔政府提供支持，也深度介入了叙利亚危机。

不仅是反恐，在保护人权方面，俄罗斯的立场同样有迹可循，即俄罗斯深度介入叙利亚危机与其对乌克兰危机的介入具有相似性。2015 年 9 月 30 日，俄罗斯联邦会议同意普京在叙利亚使用俄罗斯武装力量，俄罗斯政府履行了国内的合法程序。而俄罗斯使用武力是应叙利亚合法政府的正式请求，叙利亚总统巴沙尔·阿萨德致信普京要求莫斯科提供军事支持。④

① Путин: политика США привела к кризису с мигрантами в Европе, 4 сентября 2015, http://ruposters.ru/news/04-09-2015/putin-politika-ssha-privela.

② Верховный суд РФ признал ИГИЛ террористической организацией, 29 декабря 2014, http://pravo.ru/news/view/114235/.

③ 70-я сессия Генеральной Ассамблеи ООН, 28 сентября 2015, http://kremlin.ru/events/president/news/50385.

④ Асад в письме попросил Путина о военной поддержке, 30.09.2015, http://www.gazeta.ru/politics/news/2015/09/30/n_7651301.shtml.

因此，曾作为律师参与过前南国际法庭审判南斯拉夫联盟前总统米洛舍维奇的法学教授亚历山大·梅泽亚耶夫（Александр Мезяев）认为，俄罗斯的军事行动不仅符合俄罗斯国内法律的相关规定，也符合国际法原则，如《日内瓦公约》关于保护战争受害者的相关内容和其他国际人道主义法。①这或许也反映了俄罗斯政府的看法。谢尔盖·伊万诺夫（Sergei Ivanov）指出，包括美国在内的一些国家在叙利亚领土上进行轰炸打击的行动并不符合国际法，合法的方式应是获得联合国安理会决议的支持或者是由发生袭击的国家提出请求。因此，俄罗斯的行动是合法的。②而与在乌克兰危机后接收难民的做法相类似，在叙利亚危机导致大批难民出现时，俄罗斯也表示愿意接收所有符合条件的难民，履行国际公约下的所有义务。③在俄罗斯的逻辑中，打击"伊斯兰国"等极端组织有助于彻底解决难民问题，④也有助于保护当地居民的人权。此前，俄罗斯已经开始向叙利亚运送人道主义物资，并把在叙的俄罗斯公民和其他国家的公民撤出叙利亚，保护当地居民主要是在保护"境外—外国公民"。

由此看来，在武力介入叙利亚危机时，俄罗斯并没有使用"保护的责任"概念，而仅仅是依据现有国际法原则进行人权保护。这有利于防止其他国家指责俄罗斯滥用该概念。总之，在深度介入叙利亚危机时，俄罗斯使用了"打击恐怖主义"和"保护人权"两大理由，不仅让美欧等西方国家难以非议，也从另一个侧面树立了俄罗斯遵守国际法的正面形象。

三 结语

人权的发展始终伴随着其与主权的关系的争论，不断出现的人权概念

---

① Александр Мезяев, Российская операция в Сирии и международное право, http://ruspravda.info/Rossiyskaya-operatsiya-v-Sirii-i-mezhdunarodnoe-pravo-15536.html

② Shaun Walker, Russian Parliament Grants Vladimir Putin Right to Deploy Military in Syria, 2015.9.29, http://www.theguardian.com/world/2015/sep/30/russian-parliament-grants-vladimir-putin-right-to-deploy-military-in-syria.

③ 《俄外长：俄罗斯将接收所有符合条件的难民》，人民网，2015年9月13日，http://world.people.com.cn/n/2015/0913/c1002-27577663.html。

④ 万成才：《俄罗斯用兵叙利亚的五大战略考量》，http://media.china.com.cn/cmjujiao/2015-10-18/526688_ 2.html。

也改变着各国的人权观念。冷战后的二十余年间，俄罗斯一方面采取各种措施保护人权，遵守国际社会普遍认可的人权规范；另一方面在人权新概念不断出现并引发国际争论的同时，不仅积极参与讨论，鲜明地表达本国的观点，也利用人权相关概念为自己的政策和行动进行实用主义的辩护。

国家主权的存在，使保护境内本国公民和外国公民人权的各项措施能够得到切实执行，但在主权范围之外，也即一国的国境之外，保护人权就可能遇到各种各样的问题。当位于境外的本国公民的人权面临威胁和损害时，俄罗斯积极采取措施加以保护，甚至不惜以武力介入危机，就像在俄格冲突中，为保卫受到空袭的俄罗斯驻军，俄罗斯以武力行动直接回应格鲁吉亚。当"保护的责任"概念出现并被不断讨论和接受时，俄罗斯也开始以"保护的责任"为由介入地区危机，正如其对俄格冲突中出兵原因的解释。当"保护的责任"概念存在被滥用的风险，俄罗斯的解释又未能获得国际社会认可时，俄罗斯选择回归"保护人权"的基本理念，以保护当地居民（包括境外外国公民和境外本国公民）的人权为由介入地区危机，正如其在乌克兰危机和叙利亚危机中的表现。

从俄格冲突开始，到仍然持续的乌克兰危机和现在仍是焦点的叙利亚危机，俄罗斯每次都采取武力方式介入其中。尽管其背后有复杂的利益追求和深刻的根源，但在解释本国介入危机的政策选择时，俄罗斯都使用了保护人权或履行"保护的责任"等符合国际规范或西方国家倡导的人权理念作为重要理由。而在介入乌克兰危机和叙利亚危机过程中，俄罗斯更是不仅履行了国内法律授权的程序，也获得了当地政府的正式请求，从而似乎也符合了国际法的规范（叙利亚危机时是当事国政府提出请求，显然比乌克兰危机时地方政府提出请求更具合法性）。而为了提升合法性，俄罗斯也为本国的介入增加了反恐等新理由。因此，一个看上去完全正当的理由以及武力直接介入的方式组成了俄罗斯在近几次地区危机中的介入选择。

回溯冷战后人权问题的发展历程和俄罗斯的表现可以看到，人权概念的发展和俄罗斯人权观念的变化在一定程度上为俄罗斯解释其对外政策和对外行动提供了"合理合法"的理由，即俄罗斯对人权问题的认识影响了其对地区危机的介入方式。

美俄《中导条约》履约争议与
欧洲地区安全:影响与管控

蒋翊民 *

摘　要: 2014 年 7 月，美俄围绕《中导条约》履约问题产生争议。在官方层面，两国政府相互指责对方违约，外交对抗不断升级;在民间层面，美俄两国国内均有意见要求政府退出《中导条约》，导致条约未来存续出现不确定性。《中导条约》尽管是美苏双边军控条约，但其实质是欧洲安全问题。俄罗斯陆基中程导弹若重现欧洲，将对欧洲国家安全乃至欧洲战略稳定构成严重威胁。而欧洲国家缺乏应对陆基中程导弹的反制手段，且美国对欧洲遇到的延伸威胁也存在防御可信性不足的问题。为防止此次履约争议继续升级，各方在短期内应着力避免采取升级措施并利用现有渠道寻求解决履约争议。而从长期来看，鉴于《中导条约》争议背后存在各方复杂的安全关切，各方应着力解决相互安全关切，寻求确保欧洲的地区安全与战略稳定。

关键词: 中导条约　美俄关系　陆基中程导弹　战略稳定

　　2014 年夏，乌克兰危机愈演愈烈、乌克兰东部战事逐步升级之际，本已跌入低谷的美俄关系再度陷入新的对抗。2014 年 7 月，美国国务院发布

---

　　*　蒋翊民，中国工程物理研究院战略研究中心副研究员。

年度军控条约履约报告，公开指责俄罗斯违反了美苏两国于 1987 年签署的《美苏关于消除两国中程导弹和中短程导弹条约》（以下简称《中导条约》）的规定。① 俄罗斯对此矢口否认，反而指责美国才是违反《中导条约》的罪魁祸首。《中导条约》履约争议引发美俄两国新一轮外交对抗，导致美俄双边关系进一步跌入冰点。

从表面上看，中导问题主要是美俄两国双边军备控制问题，但其实质却事关欧洲的地区安全与战略稳定。美俄围绕《中导条约》发生履约争议，不仅导致这一具有里程碑意义的核军备控制条约前景堪忧，更对欧洲的地区安全构成严重挑战。

一 美俄《中导条约》履约争议概况

《中导条约》是美苏在冷战时期达成的专门针对陆基中程导弹的核军备控制条约，在美苏核军备控制历史上具有重要地位。该条约是美苏两国在冷战时期达成的第一个针对某一类型导弹进行整体消除的核军备控制条约，也是第一个实现美苏核武器数量下降的条约。该条约规定，美国与苏联在 1991 年 6 月 1 日前应销毁所有射程在 500 公里至 5500 公里之间的陆基导弹及其发射装置。根据条约，美国应销毁潘兴-Ⅱ型陆基弹道导弹、BGM-109 型（又称战斧式）陆基巡航导弹、潘兴-1A、潘兴-1B 型陆基弹道导弹及其附属装置。苏联应销毁 SS-20、SS-4、SS-5、SS-12 以及 SS-23 型导弹和发射装置。② 《中导条约》的签署对于降低美苏军事对抗水平、维持欧洲战略稳定具有积极意义。

2014 年 7 月，美国国务院发布年度军控履约报告，公开指责俄罗斯违反《中导条约》。该报告指出，美国已经确定俄罗斯联邦违反《中导条约》

---

① U. S State Department, *Adherence to and Compliance with Arms Control*, *Nonproliferation*, *and Disarmament Agreements and Commitments*, July 2014, pp. 8 - 10, http: //www. state. gov/documents/organization/230108. pdf.

② Treaty between the United States of America and the Union of Soviet Socialist Republics on the Elimination of Their Intermediate-range and Shorter-range Missiles, *United Nation Treaty Series*, Vol. 1657, NY: United Nations, 2001, pp. 5-19.

中关于不拥有、不制造以及不试射射程在 500 公里至 5500 公里之间的陆基巡航导弹及其发射装置的规定。该报告还宣称,奥巴马政府自 2013 年起就针对这一问题对俄罗斯提出交涉,而且将持续寻求同俄罗斯解决违约问题。① 2017 年起,美国军方就多次公开指责俄罗斯秘密部署的 SSC-8 陆基巡航导弹("伊斯坎德尔"-K)违反了该条约。对此,俄罗斯官员回应称,SSC-8 巡航导弹射程未超过 500 公里,没有违反条约。然而,美国认为,该型导弹的射程超过 1000 公里,命中精度 10 米。

针对美国的指责,俄罗斯指责美国才是长期违反《中导条约》的罪魁祸首。俄罗斯方面提出,美国装备的武装无人机等同于《中导条约》明令禁止的陆基巡航导弹;美国即将在罗马尼亚部署的 MK-41 型垂直发射装置能够发射《中导条约》禁止的陆基中程巡航导弹;此外,美国在反导试验中使用由陆基中程导弹改装的靶弹也违反《中导条约》。② 俄罗斯的指责使得美俄履约争议越发扑朔迷离。而由于缺乏公开信息,第三方对于此次履约争议难以做出客观评估。

更为重要的是,美俄两国履约争议甚至开始影响到条约的存续。在美俄相互指责对方违反条约的背景下,美俄两国国内均出现要求两国政府退出条约的意见。在俄罗斯国内,围绕《中导条约》的质疑与争议事实上长期存在。早在 2000 年,俄罗斯战略火箭军司令弗拉基米尔·雅科夫列夫(Vladimir Yakovlev)就曾威胁退出《中导条约》,以报复美国可能退出《反导条约》。③ 而在美国方面,同样有学者建议美国政府退出《中导条约》。2014 年 7 月,美国战略与预算评估中心副主席吉姆·托马斯(Jim Thomas)在国会听证会上表示,如果俄罗斯拒绝重回履约轨道,那么美国将考虑退出《中导条约》,以防止俄罗斯暗中发展陆基中程导弹威胁美国

---

① U. S State Department, *Adherence to and Compliance with Arms Control, Nonproliferation, and Disarmament Agreements and Commitments*, July 2014, pp. 8 - 10, http: //www. state. gov/ documents/organization/230108. pdf.

② "Comment by the Russian Ministry of Foreign Affairs Regarding the American Accusations that Russia Violates the INF Treaty," Russian Ministry of Foreign Affairs, http: //archive. mid. ru/ brp_ 4. nsf/0/A46210AFCF9BBF3D44257D27005C8FC5.

③ Stewart Patrick, Shepard Forman, eds, *Multilateralism and U. S. Foreign Policy: Ambivalent Engagement*, Lynne Rienner Pub. , 2002, p. 239.

及盟友的安全。①

由此可见，美俄围绕《中导条约》履约的争议，不仅涉及某一类型涉嫌违约的陆基中程导弹，更涉及《中导条约》这一在全球核军备控制历史上具有里程碑意义的条约的存续问题，从而引起了国际社会的广泛关注，更引起了欧洲国家的高度关切。

二 美俄《中导条约》履约争议对
欧洲地区安全的影响

美俄《中导条约》履约争议受到欧洲国家的高度关注，首先是因为《中导条约》对于欧洲地区安全意义重大。《中导条约》所明令禁止的射程在 500 公里至 5500 公里的陆基中程导弹在一定程度上可以被视为苏联专门用于打击欧洲的武器系统。俄罗斯陆基中程导弹若重现欧洲，势必对欧洲地区安全构成严重威胁。

具体而言，《中导条约》禁止美苏（俄）两国生产、拥有以及试验射程在 500 公里至 5500 公里之间的陆基导弹。在美苏核军备谈判中，两国将5500 公里界定为洲际弹道导弹与中程导弹的分水岭，原因在于这一距离是美国东北部至苏联西北部的最近距离。美苏通过射程在 5500 公里以上的导弹，均可以对对方人口密集、经济发达的核心区域构成有效威胁。而凭借射程在 5500 公里以下的导弹，美国无法从本土对苏联构成有效威胁。但对于苏联而言，苏联虽同样无法通过这一射程的导弹打击除阿拉斯加之外的美国本土，但可以凭借该型导弹覆盖西欧几乎所有大城市，对西欧国家构成有效威胁。在冷战东西方对峙的大背景下，该型武器是苏联威胁欧洲国家的主要工具。

首先，从历史上看，《中导条约》的缘起就是以美苏在欧洲对峙为大背景，苏联在欧洲部署新型 SS-20 型陆基中程导弹是导火索。20 世纪 70

---

① Jim Thomas, "Statement before the House Armed Services Subcommittee on Strategic Forces on the Future of the INF Treaty," July 17, 2014, http：//docs. house. gov/meetings/AS/AS29/20140717/102474/HHRG-113-AS29-Wstate-ThomasJ-20140717-U1. pdf.

年代中后期，美苏在欧洲乃至全球基本形成战略均势。鉴于《限制战略进攻性武器条约》对美苏洲际核力量进行了限制，苏联企图通过强化中程核力量，增强己方对欧洲的核威胁。为实现这一目标，苏联决定于 1977 年在欧洲启动部署 SS-20 型陆基中程弹道导弹。[①] 该型导弹采用当时先进的固体燃料驱动，可搭载 3 枚 55 万吨当量的核弹头，具有精度高、反应快、载荷大和机动性强的特点，具备较强的进攻能力，对西欧地区的安全与整个欧洲的战略稳定构成严重威胁。[②] SS-20 型导弹的出现曾引起欧洲国家恐慌，迫使其一方面要求美国在欧洲相应部署陆基中程导弹，另一方面立即同苏联启动关于陆基中程导弹的军备控制谈判，由此开启了长达七年的美苏中导问题谈判。[③]

除射程因素外，欧洲国家对陆基中程导弹尤其感到敏感的原因还在于该型武器的性能特点尤其不利于战略稳定。战略稳定概念是冷战时期美苏两国进行核军备控制的核心概念。这一概念的内涵为，如果两个核国家中的任意一方首先打击对方，均无法消除对方的报复能力，从而使得双方均没有进行先发制人的打击的动机，那么，这种状态就是战略稳定。[④]

核武器的性能是衡量战略稳定性的重要维度。美国战略学家托马斯·谢林在其奠基性著作《军备与影响》中以战略稳定为标准划分了核武器的类型。总体而言，有利于战略稳定性的武器应具有如下特征：①打击精度有限，因此难以作为先发制人的打击武器；②生存能力较强，不会被敌方先发制人的打击摧毁，因此可用于对敌方的打击报复。由于此类武器具有较强的生存能力，因此在危机时也不必因担心被摧毁而迅速发射，从而有避免误判并防止冲突意外升级的时间。

不利于战略稳定的武器性能特征则是：①打击精度高，可以被用于在

① 米·谢·戈尔巴乔夫：《戈尔巴乔夫回忆录》，述弢等译，社会科学文献出版社，2003，第 782 页。

② 托马斯·科克伦、威廉·阿金等：《核武器手册（苏联卷）》，王连奎等译，国防科工委情报研究所，1991，第 344 页。

③ Maynard W. Glitman, *The Last Battle of the Cold War: An Inside Account of Negotiating the Intermediate Range Nuclear Force Treaty*, Palgrave Macmillan, 2006, p. 67.

④ 孙向丽：《中美核关系与战略稳定性》，陈凯主编《2015 国际军备控制与裁军》，世界知识出版社，2015，第 5 页。

第一次打击中攻击敌方战略核力量；②生存能力较差，极有可能被敌方来袭导弹摧毁，因此必须在接到预警后的最短时间内进行发射。[①] 这一类型武器不仅只适用于发动首次打击，而且在危机时刻因容易遭到摧毁而面临"不使用即被摧毁"的困境，因此十分不稳定。

具体到陆基中程导弹，从进攻能力看，由于陆基中程导弹普遍具有高精度、高载荷、反应速度快、打击距离短等技术特点，因此适用于打击包括加固硬目标在内的重要军事目标，尤其适合作为进攻武器使用。以历史上的 SS-20 型陆基中程导弹为例，美国以及欧洲国家在该型导弹部署后立即采取激烈反制措施，主要是因为 SS-20 型导弹适用于先发制人打击。在载荷方面，SS-20 型陆基中程导弹可搭载 3 枚 55 万吨当量的核弹头，满载荷射程高达 5000 公里，超过其前代的 SS-4 搭载的 50 万吨当量单弹头及 2200 公里的满载荷射程。打击范围覆盖整个西欧。在射击精度方面，SS-20 型陆基中程弹道导弹圆概率误差（Circular Error Probable，CEP）[②] 达到 285 米，远超其前代产品 SS-4 具有的 2000 米 CEP，因而具备了打击军事硬目标的能力。[③]

从生存能力来看，陆基中导系统的生存能力有限，在冲突中有可能首先被摧毁，因此，决策者在"不发射即损失"的压力下，在危急时刻有强烈的动机首先发射这一类型的导弹。尽管当前俄罗斯等国已经实现了陆基导弹的机动化，在一定程度上增加了导弹的生存能力，但在卫星技术等远程高精度侦察技术持续提升的情况下，陆基机动导弹的生存能力依旧面临严峻挑战。美国国家自然资源委员会推断，面对陆基机动导弹，美国可以通过模拟机动陆基导弹在演练期间疏散的优选路线、加油点以及备用基地，并通过高精度卫星等监测系统，监听陆基中程导弹发射车与指挥中心

---

① Thomas Schelling, *Arms and Influence*, Yale University Press, 1966, pp. 221-260.

② 圆形公算误差，是弹道学中的一种测量武器系统精确度的项目。其定义是以目标为圆心画一个圆圈，如果武器命中此圆圈的概率最少有一半，则此圆圈的半径就是圆形公算误差。

③ 托马斯·科克伦、威廉·阿金等：《核武器手册（苏联卷）》，王连奎等译，国防科工委情报研究所，1991，第 344 页。

的通信来确定导弹发射车的位置。① 同时，由于公路机动的速度与范围有限，如果采取多枚大当量核武器对疑似陆基中程导弹系统部署区域进行覆盖打击，也有较高概率摧毁陆基中程导弹系统。

其次，从欧洲国家的核态势来看，欧洲国家均不具备发展陆基中程导弹能力，因而《中导条约》一旦失效，欧洲国家将陷入缺乏相应武器系统应对俄罗斯陆基中程导弹威胁的困境。

历史上，英国在冷战时期曾经试图发展代号为"蓝光"的陆基中程弹道导弹。该型导弹因液态助推而反应较慢，且固定发射架导致该型导弹生存能力较差，这种落后的设计理念使其难以同苏联同期装备的导弹对抗。1960 年，英国政府宣布放弃"蓝光"导弹研发计划。② "蓝光"计划也成为英国历史上唯一一次陆基中程导弹系统研发尝试。此次履约争议爆发时，陆基中导系统已经全部退出英国核武库。

法国于 1963 年启动陆基中程弹道导弹研发，先后研发和部署了三代陆基中程弹道导弹。由于财政问题，法国政府先后取消了 SSBS-S4 型陆基中程导弹以及在经济上更为低廉的 SSBS-S45 型陆基中程导弹研发项目。③

作为欧洲国家中仅有的两个拥有核武器的国家，英国仅维持海基核力量，保持了五个核国家中规模最小的核武库，维持了最低的核威慑。法国方面，根据法国时任总统奥朗德的披露，法国仍维持海空两基战略核力量。④ 但在法国的核武库中，一半以上核弹是由生存能力较差的战略轰炸机投送的。由此可见，一旦《中导条约》失效，如果俄罗斯陆基中程导弹重现欧洲，欧洲国家将不具备反制俄罗斯陆基中程导弹的手段。

更为重要的是，欧洲国家在短期内也难以独立研发陆基中程导弹以应对俄罗斯的陆基中程导弹对其构成的威胁。众所周知，一款可以实战运用

---

① 美国国家自然资源保护委员会：《一场虚拟的核大战——变革美国的核大战计划》，中国核战略与空间战略研究中心译，世界知识出版社，2003，第 97~98 页。

② Robert S. Norris, Andrew S. Burrows, *Nuclear Data Books: British, French, and Chinese Nuclear Weapons*, Westview Press, 1994, p. 97.

③ Robert S. Norris, Andrew S. Burrows, *Nuclear Data Books: British, French, and Chinese Nuclear Weapons*, Westview Press, 1994, p. 242.

④ 《法国总统首次公开核武器数量：不到三百枚核弹》，新华网，2015 年 2 月 23 日，http://news.xinhuanet.com/2015-02/23/c_ 127512794.htm。

的导弹从论证、设计、试验到定型和批量生产耗时漫长、耗资巨大。特别是在欧盟内部动荡不堪、欧洲各国普遍面临国内经济困难的情况下，欧洲国家是否具有较强的意愿与足够的资源来重启陆基中程导弹项目存在很大的疑问。即便欧洲部分国家决定重启陆基中程导弹项目，也难以在短期内装备可实战部署的陆基中程导弹。

最后，美国对欧洲提供的延伸威慑始终存在可信性问题。自北约成立以来，美国的核保护伞问题始终是存在于联盟内部不信任的症结之一，而这一症结至今仍然存在，其本质在于联盟内部美国与欧洲北约国家所面临的不同地缘政治形势及其国家安全诉求的差异。欧洲国家在地理上同俄罗斯接近，一旦同俄罗斯爆发冲突，势必将成为战场、遭受重大损失。而美国则有可能因远隔重洋而免于受到毁灭性打击。欧洲国家最大的梦魇在于，一场在西欧进行的大规模战争将导致西欧国家安全丧失独立性，或是葬身于东方的敌对国家，或是从此完全依赖美国。因此，对于欧洲国家而言，最大的利益就是要通过威慑防止以西欧为战场的战事爆发，而实现这一目标则必须依赖可靠的核威慑。

正是基于这一考虑，欧洲国家内部始终对美国核保护伞的可信性存在疑问，而这种质疑几乎贯穿整个冷战时期。英国战略学家弗里德曼曾指出，从历史的经验来看，欧洲国家始终担心美国撤回其核承诺。美国承诺中潜在的不可信性有可能导致潜在的侵略国认为美国不会轻易做出核反应。[①] 冷战结束后，欧洲面临的安全威胁总体上有所降低，并在常规领域扭转了自冷战以来形成的对俄罗斯的劣势地位，但是在核领域，由于在常规军力方面丧失优势的俄罗斯转而提升核武器在国家安全中的地位和作用，并放弃不首先使用承诺，欧洲面临的核威胁事实上有所增大。特别是在俄罗斯若进一步恢复部署专门打击西欧的陆基中程导弹，而美方提供核保护伞可信性有限的情况下，欧洲北约国家将进一步面临核威胁的严峻挑战。

而从当前美国在欧洲的核态势来看，美国同样缺乏应对俄罗斯陆基中

---

① 关于冷战时期欧洲与美国在核领域的战略关系，参见劳伦斯·弗里德曼《核战略的演变》，黄钟青译，中国社会科学出版社，1989，第352~385页。

程导弹的武器方案。第一，在陆基核力量方面，根据《中导条约》，美国在欧洲撤出并销毁了自身拥有的 800 余枚潘兴-Ⅱ型以及 BGM-109 型陆基中程导弹，因此不具备依靠陆基中程导弹制衡俄罗斯的能力。第二，在海空基中程核力量方面，美国为了消除误判风险，已经于 2013 年全部退役海基 BGM-109 式核巡航导弹。① 这就意味着美国已丧失了依靠海基中程核力量制衡俄罗斯的手段。第三，在其他核力量方面，美国自冷战结束以来一直降低在欧洲核力量的部署规模。1991 年 9 月美国总统布什宣布全部消除在欧洲的陆基短程导弹，并从欧洲撤回所有核炮弹以及所有在攻击潜艇和水面舰艇上部署的非战略核武器。② 奥巴马政府上台后，美国不断强调降低核武器在国家安全中的作用。在 2010 年《核态势审议报告》中，奥巴马政府明确指出美国不再升级其战略核力量，不再启动新的战略核力量武器项目。③ 美国在欧洲仅维持以空基搭载的 B61-12 核炸弹为主的核打击力量。④

　　值得注意的是，美国缺乏应对战略对手的灵活核选项已经引起了部分美国学者的担忧。2015 年 5 月，美国智库战略与国际研究中心《原子项目——2025~2050 年美国核战略与核态势》研究项目报告出台。该报告认为，美国当前核武库缺乏低威力核武器以及灵活的核武器投送工具，这导致美国在遭遇战略对手首先使用低威力核武器的情况下，只能使用威力巨大的战略核武器进行回应。鉴于这种武器可能导致超乎寻常的人道主义后果，因此很可能会动摇美国使用核武器进行报复的决心，使美国处于"自我威慑"的尴尬境地。对此，该报告建议美国重新发展低威力且能够灵活使用的核武器，并且特别提出发展射程在 3000 公里左右的空基中程远程防

---

① Hans M. Kristensen，"US Navy Instruction Confirms Retirement of Nuclear Tomahawk Cruise Missile," FAS, March 18, 2013, http：//fas. org/blogs/security/2013/03/tomahawk/.

② Copies of the PNI speeches are available in Larsen, Jeffrey A. and Kurt J. Klingenberger, eds.，*Controlling Non-Strategic Nuclear Weapons：Obstacles and Opportunities*，USAF/INSS Publications，July 2001.

③ The U. S. Department of Defense, *Nuclear Posture Review* 2010, April 2010, p. 13. http：//www. defense. gov/npr/docs/2010%20Nuclear%20Posture%20Review%20Report. pdf.

④ Amy Wolf，"U. S. Strategic Nuclear Forces：Background, Developments, and Issues," *Congressional Research Service*，RL33640, p. 28.

区外巡航导弹。①

综上所述，陆基中程导弹因美俄履约争议而可能重现欧洲，不仅对欧洲地区安全构成严重威胁，而且欧洲国家自身缺乏相应的反制手段，美国对欧洲提供的核保护伞也存在可信性问题。美俄围绕《中导条约》的履约争议持续发酵，导致该争议对欧洲地区安全产生了更为深远的影响，从而使得管控争议具有必要性和紧迫性。

三 《中导条约》履约争议管控

美俄《中导条约》履约争议导致条约未来出现不确定性，对欧洲地区安全构成严重威胁。目前，美俄双方在履约问题上仍相持不下，一旦争议持续发酵乃至最终失控，进而危及《中导条约》的存续，对于包括美国、俄罗斯以及欧洲国家在内的各方均不利，甚至对全球战略稳定也将造成负面影响。特别是在欧洲局势因乌克兰危机而越发微妙的情况下，有效管控履约争议尤其具有必要性和紧迫性。

首先，从短期来看，履约争议的相关各方应保持克制，避免采取可能导致局势进一步升级的举措。鉴于陆基中程导弹的技术特点不利于战略稳定，在美俄双方履约问题仍未有明确结论的情况下，作为《中导条约》签约国的美国与俄罗斯均应着力防止采取破坏条约的举措，应以维持条约继续存在为不可突破的底线。欧洲国家虽然不受《中导条约》限制，但也应基于战略稳定性考虑，在陆基中程导弹的研发问题上保持克制，继续维持陆基中程导弹在欧洲的零点状态。

争议过程中，美俄两国国内均有意见要求本国政府采取强硬措施，履约争议不断升级乃至失控的风险客观存在。时任美国国防部副部长麦基恩在2014年12月出席美国国会关于中导问题的听证会时表示，美国正在考

---

① Clark Murdock, "Atom Project: A Competitive Strategies Approach to Defining U. S. Nuclear Strategy and Posture for 2025 – 2050," Center for Strategic Studies, http://csis.org/files/publication/150601_ Murdock_ ProjectAtom_ Web. pdf.

虑采取军事措施，寻求增强欧洲北约国家的导弹防御能力。① 2014 年，有媒体报道，美国国防部官员正在考虑战术核导弹重返欧洲。② 在俄罗斯方面，俄罗斯国内战略学界早在 2013 年就曾围绕《中导条约》的存续问题产生过争议。俄罗斯国内有军事专家指出，美国并不需要中程导弹，而俄罗斯周边遍布具有陆基中程导弹的国家，且北约国家在巡航导弹方面对俄罗斯占有压倒性优势。③ 而在欧洲国家方面，由于欧洲国家并非《中导条约》的缔约国，因此无须接受条约的限制，可以研发陆基中程导弹。尽管目前欧洲各国官方乃至民间对于重新研发陆基中程导弹尚无公开讨论，但对于欧洲国家而言，自行研发陆基中程导弹仍是可以选择的应对方案。

但是，美俄与欧洲国家均应当认识到，采取军事应对方式会在不同程度上导致欧洲紧张局势升级，进一步削弱欧洲的战略稳定性。美国若加强在欧洲部署反导系统，势必进一步加剧俄罗斯的战略担忧，促使俄罗斯进一步提升其战略进攻力量的数量与质量，从而有可能引发新一轮美俄军备竞赛，甚至将欧洲国家卷入其中。而美俄以及欧洲国家各方通过重新研发或部署陆基中程导弹，固然能够通过威胁对方形成一定程度上的制衡，但鉴于陆基中程导弹的不稳定特性，此举客观上必然导致地区紧张局势升级和擦枪走火等意外风险上升，最终也将不利于各方安全。

其次，美俄应利用现有渠道，着力解决两国在履约问题上的相互关切。《中导条约》作为国家间达成的正式法律文件，对于缔约双方可能出现的违约情况以及处理方法事实上已经做出了明确规定。《中导条约》规定，美苏（俄）建立特别核查委员会（Special Verification Commission），其职能一方面是专事处理缔约方出现的履约相关问题；另一方面是研究如

---

① Brian P. McKeon, "Prepared Statement before Joint Hearing on Russian Arms Control Cheating and the Administration's Responses," U. S. Congress, House Committee on Foreign Affairs, Subcommittee on Terrorism, Nonproliferation and Trade, and House Committee on Armed Services, Subcommittee on Strategic Forces, 113th Cong. , 2nd sess. , December 10, 2014, p. 8.

② 《俄呼吁美不要在欧洲部署中短程导弹》，中国国防部网站，http://www.mod.gov.cn/opinion/2015-06/13/content_ 4590072. htm。

③ 亚历山大·西罗克拉特：《俄罗斯需要中程导弹吗？》，葛振英译，《独立军事观察》2013 年 7 月 12 日。

何通过改进技术手段来提升条约规制的有效性。① 特别核查委员会由缔约双方派员组成，一旦任一缔约方针对对方的履约问题产生疑问，则有权召集特别核查委员会会议处理存在争议的履约事宜。该会议由美俄两国高级代表轮流主持，分为若干工作小组专门处理各个方面的履约问题。

自《中导条约》生效以来，美俄虽未出现严重履约争议事件，但为了提升条约规范的有效性，美俄两国也曾经在莫斯科、华盛顿以及维也纳召开多次特别核查委员会会议，主要内容是通过持续改进核查监测技术手段来保证履约。而针对此次履约争议事件，美国国务院时任主管军控履约事务的副国务卿罗斯·戈特穆勒表示，美国当务之急就是将俄罗斯重新纳入履约轨道。② 而特别核查委员会显然是双方沟通关切的理想平台。特别是特别核查委员会属于条约规定的机制，对双方均具有法律约束力，且美俄双方均未明确表示退出条约，仍表示尊重条约的有效性，因此，重新召集特别核查委员会预计会得到双方响应。在这个意义上，通过特别核查委员会作为双方沟通履约争议的适当平台，有利于防止美俄双边紧张局势进一步升级。迅速召集特别核查委员会开展履约调查工作既有可行性，也有必要性。

从长期来看，美俄以及欧洲国家也应顾及相互安全关切，从而寻求消除《中导条约》履约争议的根源。自冷战结束以来，俄罗斯曾多次寻求调整《中导条约》，主要原因是俄罗斯认为苏联在中导问题谈判中让步过大，《中导条约》已经不符合后冷战时代俄罗斯的安全利益。此外，冷战后俄罗斯在欧洲对北约国家在常规军力方面丧失优势，因此也有动机通过重新研发和部署陆基中程导弹，寻求制衡北约国家。③

有鉴于此，美国与欧洲国家若要维持《中导条约》继续存在，必须采

---

① "The Process of Special Verification Commission in INF Treaty," Federal of American Scientists, http://fas.org/nuke/control/inf/infbook/ch3c.html.

② "Arms Control in the Near Term: An Interview with Undersecretary of State Rose Gottemoeller," November 2014, Arms Control Association, http://www.armscontrol.org/ACT/2014_11/Features/Interviews/Arms-Control-in-the-Near-Term-An-Interview-With-Undersecretary-Of-State-Rose-Gottemoeller.

③ 蒋翊民：《美俄〈中导条约〉履约争议及其未来走向》，《现代国际关系》2015 年第 2 期，第 28 页。

取切实措施缓解俄罗斯在安全方面的合理关切。在战略核力量方面，美国应放缓在欧洲部署战略导弹防御系统，缓解俄罗斯对自身战略威慑有效性的担忧。

在常规力量方面，北约欧洲国家也应充分顾及俄罗斯对北约东扩以及常规军事力量失衡的关切。具体而言，北约欧洲国家应改变此前在欧洲常规武装力量限制问题上的消极立场，尽快推动批准《欧洲常规武装力量条约》，因为条约旨在消除对欧洲战略稳定影响最大的欧洲常规军力失衡状况。自冷战结束以来，该条约根据欧洲不断变化的安全形势已经进行了多次修改。俄罗斯对此态度积极，而北约欧洲国家则态度相对冷淡。在2004年俄罗斯议会批准《欧洲常规武装力量条约修改协议》后，北约欧洲国家在批约问题上仍动作迟缓，引起了俄罗斯的严重不满。俄罗斯于2007年和2015年先后暂停了条约活动并暂时退出《欧洲常规武装力量条约》协商小组会议。显而易见，在欧洲国家拒绝在常规军事力量限制方面采取积极措施的情况下，常规军力陷入劣势的俄罗斯试图通过重新部署陆基中程导弹来制衡欧洲。因此，欧洲国家若要维持《中导条约》，显然应适当顾及俄罗斯在常规军力方面的关切。

而俄罗斯也应认识到，《中导条约》对维持欧洲战略稳定具有积极作用。若此次美俄围绕《中导条约》履约争议持续发酵，进而推动各方采取螺旋式升级措施，最终甚至导致《中导条约》不复存在，必然促使美国和欧洲国家重新部署陆基中程导弹，并且可能加强在欧洲的导弹防御系统部署规模和力度，最终也将对俄罗斯的国家安全构成严重威胁。因此，维持《中导条约》继续存在，从长远来看也符合俄罗斯的战略利益。

四　结论

此次美俄《中导条约》履约争议实质是欧洲的安全问题。《中导条约》履约争议持续发酵，不仅不利于欧洲国家安全，对美俄战略稳定乃至全球安全也有负面影响。因此，在短期内各方均应保持克制，避免采取导致局势升级的对抗性举动，并在条约框架下，通过现有履约争议解决机制寻求解决问题。从长期看，鉴于《中导条约》争议背后存在条约相关各方复杂的安全关切和利益诉求，为确保条约长期稳定，条约各相关方也应相互顾及安全关切和利益诉求，从根本上确保条约存续。

和平还是冲突：中日之间的战略博弈[*]

卜振兴[**]

摘　要：中日关系是东北亚地区最重要的双边关系之一，中日关系的发展对东北亚地区的局势有重要影响。如何看待和解读当前的中日关系、构建未来的中日关系，不仅关系中日两国的国家利益，而且影响东亚地区的稳定。本文运用鹰鸽博弈模型分析了中日关系，研究表明自身实力、战略眼光、利益争夺、惩罚程度和博弈机制等都是制约博弈战略的重要因素。

关键词：中日关系　鹰鸽博弈　无限次重复博弈

近年来，中日之间围绕领土争端、历史问题等展开了激烈角逐，日本为什么一再采取激进的策略？大国之间相互制约的机制是什么？哪些因素决定了国家的战略选择？这是本文尝试回答的问题。本文以中日战略博弈为基础，利用无限次鹰鸽博弈模型，来分析大国之间进行外交博弈的战略选择问题。

---

[*]　本文受到教育部委托项目"日本核泄漏对中国经济的影响及对策研究"（批准号：12JF016）和南开大学博士研究生科研创新基金项目的资助。

[**]　卜振兴，南开大学经济学院/国家经济战略研究院博士生。

一 文献综述

本文主要运用博弈模型对中日关系进行分析，因此相关文献的回顾主要从基于博弈论的国际关系研究展开。国外学界较早将博弈论运用于分析国际关系，例如杰维斯（R. Jervis）将微观基础分析引入国际关系研究，认为在国际关系中决策者一般来说会过高地估计自己作为影响者和被影响者的重要性，从而导致错误知觉。[①] 但是，杰维斯对其所提出的问题并未给出解决方案。谢林（T. Schelling）分析了威胁的可信性及其在国际关系冲突中的重要作用，指出如果威胁是可信的，会增强其谈判地位。[②] 多尔蒂（J. Dougherty）等以囚徒困境理论为基础分析了各国之间的军备扩充问题，认为由于囚徒困境是纳什均衡，是博弈方的最优博弈策略，因此进行军备竞赛是博弈参与者的最优策略，但是在这个过程中个体理性并没有形成集体理性。[③] 基德（A. Kydd）运用两阶段博弈模型、空间博弈模型和案例分析等方法开展国际关系研究，并将博弈论扩展到国际环境、国际经济和国际安全等研究领域。[④]

国内学界将博弈论运用于国际关系尤其是中日关系的研究较晚一些，但是近年来也积累了丰富的研究成果。李兴从博弈论的角度审视了美俄关系，指出美俄之间的博弈已经从冷战时期的非合作性的、一次性的零和博弈转变为合作性的、多次重复性的非零和博弈。[⑤] 虽然文章涉及了博弈论的相关内容，但是并未运用具体的博弈模型进行实证分析。韩彩珍以合作博弈理论为基础，探讨了东北亚地区实现合作博弈的条件，认为博弈的重

---

① R. Jervis, *Perception and Misperception in International Politics*, Princeton University Press, 1976, pp. 328-416.

② T. C. Schelling, *The Strategy of Conflict*, Harvard University Press, 1980, pp. 53-81.

③ James E. Dougherty and Robert L. Pfaltzgraff, Jr., *Contending Theories of International Relations: A Comprehensive Survey*, Harper Row, 1981, pp. 480-521.

④ A. Kydd, *The Art of Shaker Modeling: Game Theory and Security Studies, Models, Numbers, and Cases: Methods for Studying International Relations*, 2004, p. 344.

⑤ 李兴：《从博弈论视角看欧亚大陆与俄美关系》，《俄罗斯中亚东欧研究》2004 年第 5 期，第 57~62 页。

复性和以牙还牙报复机制的制约使建立稳固的国际关系成为可能。① 齐志新利用基本的博弈分析模型，在考虑了国内外两种因素的情况下，分析了中日进行战略博弈的均衡解，认为采取强硬立场虽然是目前状态下博弈的最优解，但是双方可以通过改变历史认知、转变外交思维、加强相互交流等措施改变博弈收益，从而打破对抗僵局。② 刘志云论述了现实主义与新自由制度主义在国际关系分析中对博弈论的运用，及博弈论对国际经济法发展的影响，认为博弈论基于理性主义认识论的观点和简单抽象的研究方法，限制了其对国际经济法发展的影响力。③ 任李明和范国平以"胆小鬼"博弈分析了中日之间的战略博弈，同时以囚徒困境博弈分析了国际关系中存在的安全困境，并对中日关系的发展提出了建议。④ 胡宗山主要回顾了博弈论在国际关系研究中的发展历程，同时指出，博弈论在促进国际关系学科的科学化方面起到了重要作用，但是博弈论在国际关系中也存在简单化、理想化和形式主义的问题，限制了博弈论在国际关系分析中的作用。⑤ 张永胜介绍了国际关系中博弈的四种类型——保证型博弈、协调型博弈、劝说型博弈和协作型博弈（囚徒困境博弈），并且指出在"一报还一报"的机制下，无限重复的囚徒困境博弈存在互利共赢策略的可能性。⑥ 何芳芳以协作博弈模型为框架分析了中美之间的能源博弈，认为为了避免博弈双方选择非合作的均衡点，中美在博弈前进行廉价商谈可以降低博弈结果的不确定性，并将两国的博弈收益固定在战略合作收益的最优解上。⑦ 娄亚萍利用囚徒困境模型分析了中美两国在南海问题上的相互博弈，认为利

① 韩彩珍：《东北亚合作机制的微观解释——从博弈论的角度》，《东北亚论坛》2004 年第 1 期，第 14～18 页。

② 齐志新：《历史认知与中日政经关系：影响测度与博弈分析》，《世界经济与政治》2005 年第 9 期，第 41～46 页。

③ 刘志云：《国际关系理论中的博弈论与国际经济法的发展》，《外交学院学报》2005 年第 1 期，第 50～55 页。

④ 任李明、范国平：《中日关系：相互依赖与博弈》，《东北亚论坛》2006 年第 1 期，第 18～21 页。

⑤ 胡宗山：《博弈论与国际关系研究：历程、成就与限度》，《世界经济与政治》2006 年第 6 期，第 67～74 页。

⑥ 张永胜：《互利共赢的博弈论分析》，《兰州学刊》2008 年第 11 期，第 77～80 页。

⑦ 何芳芳：《基于博弈论视角的中美能源利益关系》，外交学院博士学位论文，2010，第 23～28 页。

益冲突、缺乏互信以及联盟因素等制约了中美战略博弈中合作机制的实现，而建立外交互信和利益协调机制是避免出现非合作博弈的有效路径。[①] 关权以简单的囚徒困境博弈模型为基础，分析了中日加入跨太平洋伙伴关系协议组织的可能性。[②] 林宏宇以制度合作博弈理论为基础，提出在 G20 制度框架内构建起中美之间的新型大国关系，但是文章主要提出了博弈论研究的框架，并未进行相关的博弈分析。[③]

通过总结国内外的研究我们发现，国内外学界将博弈论应用于国际关系研究大多是基于囚徒困境博弈模型，并且多采用静态博弈的分析方法，虽然有些文献提到了重复博弈分析，但是并没有进行完整的模型分析，因此论证缺乏依据。与以往研究相比，本文的不同之处主要表现在三个方面：第一，运用"鹰鸽博弈"模型分析国际关系中的攻击型战略与和平型战略，拓展了博弈论模型在国际关系研究中的应用；第二，运用无限次重复模型，并考虑了折现因子的因素，使分析具有动态特征，并更加符合实际情况；第三，针对分析结果提出了相应的政策建议，使文章的论述具有现实意义。

二　理论概述

在进行本文的分析之前，有必要对文中所运用到的理论模型进行简要介绍。本文运用的理论模型是基于无限次重复鹰鸽博弈模型。

（一）重复博弈

令 G 表示一个基本博弈，如果在相同博弈方、相同的规则和基本相似的环境下，该博弈重复了 N 次"记为 $G(N)$"，就形成了重复博弈，其

① 娄亚萍：《中美在南海问题上的外交博弈及其路径选择》，《太平洋学报》2012 年第 4 期，第 31~38 页。
② 关权：《东亚经济一体化和 TPP——中日之间的博弈》，《东北亚论坛》2012 年第 2 期，第 3~10 页。
③ 林宏宇：《G20 与 C2：博弈论视角下的中美战略关系构建》，《现代国际关系》2012 年第 12 期，第 61~64 页。

中每次博弈可以视为 $G(N)$ 的一个阶段。[1] 按照博弈次数是否有终点可以将重复博弈划分为"有限次重复博弈"和"无限次重复博弈"。有限次重复博弈是指博弈次数有限的重复博弈（"狭义有限次重复博弈"）或人们认为确定有限的重复博弈（"广义有限次重复博弈"）。无限次重复博弈是指博弈次数无限的博弈（"狭义无限次重复博弈"）或博弈方主观认定或预期次数无限的重复博弈（"广义无限次重复博弈"）。例如，处于国际关系中的两个国家之间的博弈由于没有确定的结束时间，可以将它们之间的博弈视为无限次重复博弈。

（二）鹰鸽博弈

鹰鸽博弈并不是指老鹰和鸽子这两种动物的博弈，而是指博弈中的两种策略选择。"鹰"指的是攻击型策略，即鹰派战略；"鸽"指的是和平型战略，即鸽派战略。鹰鸽博弈模型可用来分析国际关系中广泛存在的合作与冲突、强硬与缓和、威胁与妥协的关系。[2]

令 B 表示双方争夺的利益，L 表示争夺中失败一方的损失，B、L 取值均大于 0。简化起见，我们假设甲乙双方在博弈中实力对等，因此如果双方都采取鹰派战略，那么双方获胜和失败的概率均为 0.5，各自的期望利益都是 $(B-L)/2$；如果双方都采用鸽派战略，那么双方能够分享目标利益，各得 $B/2$ 单位利益；如果鸽派策略遇到鹰派策略，那么采用鹰派策略的一方获得全部利益为 B，采用鸽派策略的一方得不到任何利益，但也没有损失。因此进行一次博弈的收益矩阵如表 1 所示。

表 1　鹰鸽博弈收益矩阵

甲方 ＼ 乙方	鹰	鸽
鹰	$\dfrac{B-L}{2}, \dfrac{B-L}{2}$	$B, 0$

[1] R. J. Aumann, M. Maschler and R. E. Stearns, *Repeated Games with Incomplete Information*, MIT Press, 1995, pp. 66–70.

[2] M. Pilisuk, P. Potter, A. Rapoport, et al., "War Hawks and Peace Doves: Alternate Resolutions of Experimental Conflicts," *Journal of Conflict Resolution*, 9 (4), 1965, pp. 491–508.

续表

甲方＼乙方	鹰	鸽
鸽	0，B	$\dfrac{B}{2}$，$\dfrac{B}{2}$

由纳什均衡分析可知，（鹰，鹰）战略是双方的纯策略纳什均衡战略，也就意味着在一次博弈中双方采取鹰派战略是博弈的最佳战略选择，但这种策略并不是双方的利益最大化的决策，因为如果双方能采取（鸽，鸽）战略组合，那么对于双方都是更加有益的。

（三）报复机制

报复机制也称违约惩罚机制，是指对违反合作策略的博弈方采取惩罚性策略，增加其违约成本，提高合作的可能性。重复博弈不同于一次博弈，不仅仅因为博弈次数的差异，更为重要的是在重复博弈中存在报复机制。报复机制又分为"冷酷触发策略"和"胡萝卜加大棒策略"。"冷酷触发策略"是指博弈方首先试探合作，一旦发现对方采取不合作的策略，则另一方在随后的各期一直采取不合作的策略。[1] 但是冷酷触发策略较为严厉，只要有一方采取不合作的战略，接下来的报复行为就会一直持续下去，并且这种报复行为对于双方都是有害的，显然不符合利益最大化决策的标准。于是阿布勒（D. Abreu）提出了一种带有谅解机制的简单报复机制，即"胡萝卜加大棒策略"[2]：一旦发现对方在某一期采取不合作战略时，另一方将会在下一期紧接着采取不合作战略，但是这种带有报复性的策略是在一个阶段中一次性完成的，一旦在这一期完成了这种报复性的策略，在下一期又会回到合作战略上来。

---

[1] 谢识予：《经济博弈论》，复旦大学出版社，2002，第189~225页。

[2] D. Abreu, "External Equilibria of Oligopolistic Supergames," *Journal of Economic Theory*, 39 (1), 1986, pp. 191-225.

三 博弈分析

由于中日之间的战略博弈没有可以预期的结束时间，因此可以视为广义无限次重复博弈。本文将运用无限次鹰鸽博弈模型来分析中日之间的战略博弈。

（一）收益矩阵

在进行无限次重复分析之前，我们首先需要确定中日双方在一次博弈中的收益矩阵。为了确定中日博弈的收益，我们需要首先确定中日的政治、经济和军事实力，这决定了双方在（鹰，鹰）对抗博弈和（鸽，鸽）合作博弈中获胜的概率和分享利益的比例。根据世界知名的军事实力排名网站"Global Firepower"（世界军力 GFP）的排名，① 中国军力位居第三位，日本为第九位。这份排名主要是根据每个国家的常规军事实力，并参考一国的财政、资源和地理状况等因素确定的，不包括核武器等因素。另据世界权威防务期刊——英国《简氏防务周刊》公布的 2014 年世界军事实力排名，中国排名为第四，远超日本。这份排名同样综合考虑了一个国家的经济基础、军费开支、军事科技和军事自主研发等一系列关键因素。② 通过这两份排名，我们可以明确的是，在综合军事实力方面，中国具有绝对优势。但是同时不可否认的是在海军实力方面，日本的海军实力长期以来位居亚洲首位，日本在海军装备、海军科技等领域均具有明显的优势。加之中日的战略同盟关系和中国与周边很多国家存在领土、领海纠纷，一旦由于钓鱼岛问题发生激烈对抗，中国能否取得绝对优势仍然存在很多变数。因此，我们设定中日之间发生冲突后，中国一方获胜的概率为 P_1，日方获胜的概率为 P_2，且满足 $P_1 + P_2 = 1$。

另外设中日争夺的利益为 B，发生争夺时付出的代价为 L，中日之间发生冲突后，任何一方获胜的概率为 P_i。如果双方均采用鹰派战略，则获

---

① 以下数据引自其官方网站，http：//www.globalfirepower.com/。
② 《简氏防务周刊》，http：//www.janes.com/。

胜一方获得 $B-L$ 的收益，而失败一方获得 $-L$ 的收益，采用（鹰，鹰）策略组合的中方期望收益为：

$$\pi_i^C = P_i \times (B - L) + (1 - P_i) \times (-L) = P_i B - L (i = 1,2) \quad (1)$$

我们假设期望收益 $\pi_i^C > 0$；如果双方均采用鸽派战略，即以和平对话方式解决争端，考虑到采用沟通对话方式解决争端所付出的成本较小，为了使分析更加方便，我们将其忽略。另外由于双方获得的收益同样应该是以经济军事实力为基础的，因此我们设定中日双方在（鸽，鸽）策略组合下的收益分别为：

$$\pi_i^* = P_i \times B = P_i B \quad (2)$$

当一方采用鹰派战略，一方采用鸽派战略时，采用鹰派战略的一方没有为争夺利益遭受损失，同时获得 $\pi_i^R = B$ 的利益。而采用鸽派战略的一方没有任何收益，也没有任何损失，收益为 0。中日双方一次博弈的收益矩阵见表 2。

表 2　中日双方鹰鸽博弈收益矩阵

中方＼日方	鹰	鸽
鹰	$P_1B - L$，$P_2B - L$	B，0
鸽	0，B	P_1B，P_2B

（二）博弈分析

通过对模型的分析我们知道，在一次性的鹰鸽博弈模型中，（鹰，鹰）组合是中日双方唯一的纯策略纳什均衡，但是并不是双方收益最高的策略组合，显然采取（鸽，鸽）策略双方能获得更大的收益。我们知道（鸽，鸽）这种双赢的战略组合在一次博弈中是无法实现的，那么在无限次重复博弈中，有没有实现（鸽，鸽）战略组合的可能呢？本文认为是可能的，当双方采取鸽派策略的无限次重复收益大于采用鹰派策略的收益时，双方必然会主动维持（鸽，鸽）的策略组合。下面我们来分析一下这种可能性及其政策含义。

当双方均采取鸽派策略时，每个国家无限次重复博弈情况下收益的现值为：

$$\pi_i{}^* \times \delta + \pi_i{}^* \times \delta^2 + \cdots + \pi_i{}^* \times \delta^\infty = \pi_i{}^* \times \sum_{t=0}^{\infty} \delta^t = \frac{\pi_i{}^*}{1-\delta} \qquad (3)$$

其中 $\pi_i{}^*$ 表示双方均采用（鸽，鸽）策略时，双方在一次博弈中的收益，δ 是折现因子。

如果博弈的一方采取和平型战略，而另一方选择鹰派战略，那么选择和平型战略的一方在下一期势必会采用报复机制惩罚对方的背离行为，这种报复惩罚机制按照持续性分为"冷酷触发策略"（即以后一直采取不合作的策略）和"胡萝卜加大棒策略"（针对博弈方的策略进行调整）。

1. "冷酷触发策略"

当中日双方一方采取鸽派战略，而对方采取鹰派战略时，采用鹰派一方的当期收益为 $\pi_i{}^R$。但是这种背离（鸽，鸽）策略的行为会在下一期招致对方的惩罚，并且在"冷酷触发策略"下，在以后各期对方会一直采取不合作的鹰派战略，该国从第一次违约后各期收益为 $\pi_i{}^C$。因此，违背和平战略的国家无限期博弈后收益的现值为：

$$\pi_i{}^R + \pi_i{}^C \times \delta + \pi_i{}^C \times \delta^2 \cdots \pi_i{}^C \times \delta^\infty = \pi_i{}^R + \pi_i{}^C \times \sum_{t=1}^{\infty} \delta^t = \pi_i{}^R + \frac{\delta\pi_i{}^C}{1-\delta} \qquad (4)$$

在"冷酷触发策略"下，双方维持和平型战略的条件是采取和平型战略的收益大于采取攻击型战略的收益，即

$$\frac{\pi_i{}^*}{1-\delta} \geq \pi_i{}^R + \frac{\delta\pi_i{}^C}{1-\delta}, \text{即} \delta \geq \frac{\pi_i{}^R - \pi_i{}^*}{\pi_i{}^R - \pi_i{}^C}, \text{也即} \delta_1 \geq \frac{B(1-P_i)}{B(1-P_i) + L} \qquad (5)$$

2. "胡萝卜加大棒策略"

胡萝卜加大棒策略与冷酷触发策略的报复机制是不同的。在胡萝卜加大棒策略中，报复行为在紧接着背离和平策略发生的那个阶段一次性完成。如果在前 $T-1$ 期双方均采取和平型战略，那么博弈双方在第 T 期，仍

然采取和平型战略；但是一旦发现对手在 T 期采取背离战略，则双方会在 $T+1$ 期均采取不合作的攻击型战略，但是到了 $T+2$ 期，双方又会回到合作的战略上来。

假设 $T-1$ 期双方均选择和平型战略，则双方的收益均为 π_i^*；T 期，有一方采取了攻击型战略，那么它的收益为 π_i^R；$T+1$ 期，对方将会采取报复性行为，这一点背离和平型战略的一方是清楚的，因此其最佳决策也是选择攻击型战略，收益为 π_i^C；$T+2$ 期背离行为得到了原谅，按照纳什均衡分析，双方会回到（鸽，鸽）战略集上来。如果一方觉得背离有利可图的话，那么下一期它仍会选择背离和平型战略的方法。因此，一个背离和平型策略的博弈方选择的路径必然是：$T=0$，（鹰，鸽）获利 π_i^R；$T=1$，（鹰，鹰）获利 π_i^C；$T=2$，（鹰，鸽）获利 π_i^R；$T=3$，（鹰，鹰）获利 π_i^C……在"胡萝卜加大棒策略"下采取背离和平策略的一方的收益现值为：

$$\pi_i^R + \pi_i^C \times \delta + \pi_i^R \times \delta^2 + \pi_i^C \times \delta^3 \cdots \pi_i^R \times \delta^{2t} + \pi_i^C \times \delta^{(2t+1)}$$

$$= \sum_{t=0}^{\infty} \pi_i^R \times \delta^{2t} + \sum_{t=0}^{\infty} \pi_i^C \times \delta^{(2t+1)} = \frac{\pi_i^R + \delta \times \pi_i^C}{1-\delta^2} \qquad (6)$$

因此如果在"胡萝卜加大棒策略"下博弈双方能够维持和平战略必需的条件同上，即一直采取鸽派策略的收益大于采取鹰派策略的收益，用公式表示为：

$$\frac{\pi_i^*}{1-\delta} \geqslant \frac{\pi_i^R + \delta \times \pi_i^C}{1-\delta^2}, \ 即 \ \delta \geqslant \frac{\pi_i^R - \pi_i^*}{\pi_i^* - \pi_i^C}, \ 也即 \ \delta_2 \geqslant \frac{B(1-P_i)}{L} \qquad (7)$$

（三）结果分析

通过以上分析我们发现，在"冷酷触发策略"下，维持（鸽，鸽）战略组合的条件为 $\delta_1 \geqslant \dfrac{B(1-P_i)}{B(1-P_i)+L}$，在"胡萝卜加大棒"的惩罚机制下，维持和平的（鸽，鸽）战略组合的条件为 $\delta_2 \geqslant \dfrac{B(1-P_i)}{L}$，由于 $\dfrac{B(1-P_i)}{L} > \dfrac{B(1-P_i)}{B(1-P_i)+L}$，$\delta_2 > \delta_1$，"胡萝卜加大棒策略"比"冷酷触

发策略"更严厉，并且更具有一般可信的威胁，采取"胡萝卜加大棒策略"比"冷酷触发策略"能维持和平策略。同时在不同的策略下维持和平策略组合的条件也表明，和平型战略的维持与双方获胜概率、折现因子、争夺的利益和博弈的损失等因素也密切相关。

四 结论及建议

研究表明获胜概率、博弈机制、折现因子、争夺利益和博弈损失都是影响博弈战略的关键因素。由此，本文得出以下结论。

（一）发展自身实力是保障正当权益的物质基础

我们的研究发现，当对方在利益争夺中获胜的概率 P 越大，则双方实现（鸽，鸽）合作博弈的可能性就越高。而获胜概率是由一国的政治、经济和军事实力决定的。因此，为了更好地保障自身的正当权益不受损害，也为了更好地对违反和平策略的一方做出威慑，最重要的就是加强自身能力建设。习近平总书记在党的十八届一次全会接见中外记者时讲"打铁还需自身硬"，本意是要求从严治党，只有建立一个坚强的政党才能更好地担负起领导人民群众实现共产主义的重任；将这句话运用到国际关系中仍然具有重要意义。只有加强自身能力建设才能在国际交往中处于主动地位、更好地维护自身权益。改革开放总设计师邓小平同志也说过，"发展才是硬道理"，"发展是解决一切问题的关键"，深刻地揭示了发展自身实力的重要性。

（二）具备战略眼光是维护地区安全的关键因素

研究表明，折现因子 δ 越大，维持和平型战略的机制也就越稳定。折现因子是经济学的概念，在利息理论中表示将未来收入折算成等价现值的比率。在博弈论中，折现表示的是收益的时间价值，也即未来的利益对于参与人的重要程度。[1] 折现因子 $\delta \in [0, 1]$，越大说明参与人的耐心越

---

① 张维迎：《博弈论与信息经济学》，上海人民出版社，1996，第 213~228 页。

好，越看重未来长远收益，反之耐心越差，也越短视。一个更耐心、更富有长远战略眼光的博弈方，折现因子也就越大。在中日两国关系中，如果中日双方从战略眼光审视中日关系，重视双方的长期交往和利益，那么中日之间维持和平型战略的可能性也就越高。中日老一辈政治家为维护中日关系的长远和平做出过很多努力。世代友好，永不再战，是老一辈政治家为两国关系确定的基本准则。但是当前的日本领导人为了迎合日本右翼势力，一再做出有损中国人民感情、有损地区和平的事情，导致中日关系紧张，这实质是违背了中日和平共处的基本原则，是缺乏长远考虑、缺乏战略考量的短视做法。我们希望日本领导人能从中日两国的切身利益考虑，不要一再做出挑衅性举动，切实为维护地区稳定做出努力。

（三）求同存异是实现地区长治久安的基础理念

研究表明，双方争夺的利益 B 越大，则参与方违背和平型战略、选择攻击型战略的可能性就越大。因此，减少共同利益的争夺，是维持和平战略的有效途径。那么如何减少共同利益的争夺呢？这就需要中日双方一是遵守原有的国际秩序和国际格局，不要制造新的分歧和矛盾；二是对于现存的矛盾和分歧采取和平协商的办法进行解决，本着相互谅解、平等互利的原则，坚持求同存异的外交方针，妥善处理双方的矛盾和分歧。中日目前在历史、领土等方面存在争端，因此中日之间应尊重和照顾彼此的核心关切，不激化矛盾、不制造冲突。日本在 2012 年对钓鱼岛坚持所谓"国有化"举动，实质就是刻意制造矛盾和摩擦，日本政府如果真的如其领导人所宣称的那样重视中日关系，就应该少做这种激化矛盾的事情，切切实实改正错误立场，重新回到友好协商的轨道上来。

（四）提高违约成本是维持和平共处的必要条件

研究表明争夺中失败一方的损失 L 越大，双方维持和平型战略的概率也就越大。因此，为了维持和平机制的稳定性，必须加大违反和平策略的惩罚力度，让违反和平策略的一方承担更大的代价。运用在中日关系中就是，中国应该对日本购买钓鱼岛、参拜靖国神社等挑衅行为给予强有力的还击。祈求和平是不能自动实现和平的，只有有效地反击才是维持和平的最好策略。因此，面对日本的挑衅行为，应该采取多种措施予以回击，如减少中日之间的高层交往，向国际社会说明日本的挑衅行为，加强军事震慑力，划定防空识别区和实现钓鱼岛巡航的常态化等都是加大惩罚力度的做法。通过这一系列行动，让日本明白中国维护核心利益的决心和勇气，明白违反和平策略是要付出代价的。当然加大违约成本的方式有很多种，应该选择能尽量减少自身损失的方式和方法，在回击对方的同时，降低对自身的损害和冲击。

（五）设置谅解机制是保持睦邻友好的必然选择

我们在研究中发现，"胡萝卜加大棒策略"比"冷酷触发策略"更严厉，并且威胁更具可信性；而惩罚越严厉，合作机制就越稳定。由于这种严厉的威胁，某些在"冷酷触发策略"中无法维持的和平型战略在"胡萝卜加大棒策略"下是能够维持的。"胡萝卜加大棒策略"增加了维持和平型战略的可能性。因此，在国家交往中设置谅解机制有利于维持和平稳定策略。另外，正如国际关系中的名言——"国家之间没有永恒的朋友，只有永恒的利益"，从国家利益的角度，设置谅解机制也是非常理智的做法。只要日本愿意正视历史，真诚地向中国人民道歉，在领土边界、历史遗留等问题上做出正确的选择，中国仍应该选择与日本保持对话。

总之，中日之间要想实现和平共处、避免冲突，必须坚持原则，即坚持以战略眼光审视中日关系，坚持以求同存异原则解决双方的分歧和矛盾，对于违背和平型战略的参与方设置惩罚机制。最后，如果违背和平型战略的一方能醒悟，并从错误的道路或立场中走出来，另一方应该启动谅解机制，通过和平谈判、友好协商等办法，重新为实现地区和平而努力。

东亚地区安全治理的"外溢困境"探析

金　新[*]

摘　要： 东亚地区安全治理体系存在传统安全和非传统安全治理结构二元化发展的态势，这为通过非传统安全治理的扩展和深化来推动传统安全治理的发展提供了理论上的可能性。但当前东亚地区存在一种"外溢困境"，即这种安全治理的功能性外溢在现阶段尚不具可能性。其原因在于安全治理的"外溢"效应所需要的一些前提条件，东亚安全领域并不具备。在"外溢困境"存在的背景下，中国应明确传统安全战略和非传统安全战略的区分，软硬兼备，各有侧重，以更好地维护和实现自身的安全利益，同时综合运用多种政策手段促使传统安全治理在困境下得到更好的发展。

关键词： 东亚安全　地区安全治理　外溢困境

随着后冷战时代安全概念的延伸和安全议程的扩展，治理理论于 21 世纪初被引入安全研究之中，形成了"安全治理"这一新的研究范式。[①] 安全治理的理论范式为地区安全研究提供了新的分析方法，引出了"地区安

---

[*]　金新，西安交通大学马克思主义学院、国际问题研究中心，副教授。

①　See Elke Krahmann, "Conceptualizing Security Governance," *Cooperation and Conflict*, Vol. 38, No. 1, 2003.

全治理"这一新的研究课题。当前的地区安全治理研究，以欧盟安全治理研究居多，另外还有对北美、拉美、东亚以及非洲等地区治理实践的考察。[①] 其中对东亚地区安全治理的研究，目前仍处于起步阶段，尚有许多治理实践中的具体问题有待解析。

在东亚地区安全治理体系中，传统安全和非传统安全两大问题领域分别形成了不同的治理机制。这两大领域的安全治理，既相互联结、彼此嵌套，又长期并行、不易整合。本文的核心问题是：东亚地区安全治理进程中，由非传统安全治理向传统安全治理的功能性外溢是否可能？针对这一问题，本文的基本观点是：东亚地区安全治理存在"外溢困境"，在当前条件下很难通过非传统安全治理的扩展和深化来推动传统安全治理的发展。按照递进式研究思路，这一研究问题可细化为三个子问题：①"是什么"的问题：东亚地区安全治理中存在何种"外溢困境"？②"为什么"的问题：这一困境何以形成？③"怎么办"的问题：针对这一困境，中国应采取何种对策？这里将分别对这三个问题展开探讨。

一 外溢的困境

（一）东亚地区安全治理的二元化发展

当前的东亚地区安全治理体系，存在传统安全领域和非传统安全领域治理结构二元化发展的态势。这种治理体系内在的二元并立，是由治理议题本身的二元性决定的。传统安全与非传统安全虽存在联系，但在当前的国际关系研究中仍系差异显著的两个问题领域，因此，包括东亚在内的各地区安全治理实践中，都存在传统安全治理与非传统安全治理的分野。这

---

① 相关研究可参见：Mark Webber, et al. , "The Governance of European Security," *Review of International Studies*, Vol. 30, No. 1, 2004, pp. 3 – 26; Emil Kirchner, "The Challenge of European Union Security Governance," *Journal of Common Market Studies*, Vol. 44, No. 5, 2006, pp. 947–968; Andrea Oelsner, "Consensus and Governance in Mercosur: The Evolution of the South American Security Agenda," *Security Dialogue*, Vol. 40, No. 2, 2009, pp. 191–212; Gavin Cawthra, ed. , *African Security Governance*, Wits University Press, 2009; 等等。

也为地区安全治理进程中一个治理领域向另一治理领域的功能性外溢提供了可能性。

在传统安全领域，东亚国家尚未建立起完备有效的地区治理体系，但相关治理实践已经初步展开，各类治理机制相继涌现。当前东亚地区安全治理架构既包含政府间机制，又包含非政府层面的第二轨道机制。就政府间层面而言，东亚国家建构的以传统安全为主要治理领域的协调与合作机制，既有多边机制，如朝核问题六方会谈（SPT）、东盟"10+8"防长会等，又有双边机制，如中美海上军事安全磋商机制等。① 东盟地区论坛（ARF）、东亚峰会（EAS）和亚洲合作对话（ACD）等综合性区域机制，也为东亚国家的安全治理实践提供了对话与协商渠道。此外还有一些在东亚传统安全治理中起辅助作用的非政府层面的第二轨道机制，如亚太安全合作理事会（CSCAP）、亚太圆桌会议（APR）、亚洲安全会议（香格里拉对话，SLD）、东北亚合作对话会（NEACD）等。

总体而言，目前东亚传统安全治理仍处在较低水平。虽不乏各类治理机制与合作渠道，但现有安全治理体系结构松散，缺乏有效的治理能力，实际治理效果并不理想。正如一些学者所揭示的，东盟地区论坛等安全机制对传统安全议题的处理能力有限。② 治理的缺位与失灵使得东亚地区传统安全形势不容乐观，横向比较属于安全秩序稳定性较差的区域。完善安全治理体系，提高安全治理能力，已成为东亚地区传统安全领域较紧迫的客观需要。

在非传统安全领域，当前东亚国家已在经济与金融安全、生态环境保护、灾害管理、打击恐怖主义和跨国犯罪、非法移民问题和跨境公共卫生问题等多个治理议题上展开了卓有成效的国际协调与合作。首先，东亚国家在东盟地区论坛和东亚峰会等综合性区域机制框架下展开了非传统安全治理的相关对话、协商与合作。如东盟地区论坛专门设置了反恐与打击跨国犯罪会间会和救灾会间会，东亚峰会亦发表了《东亚能源安全宿务宣

---

① 在东亚海洋安全领域，日本和俄罗斯、日本和韩国、韩国和俄罗斯、印度尼西亚和马来西亚等多对双边关系中也存在类似的双边机制。

② Seng Tan and Amitav Acharya, eds., *Asia-Pacific Security Cooperation: National Interests and Regional Order*, M. E. Sharpe, 2004, p. 17.

言》（2007）、《气候变化、能源与环境新加坡宣言》（2007）、《东亚峰会关于粮食安全的宣言》（2013）等非传统安全领域的合作纲领。其次，东亚地区安全治理实践中建构起了一系列针对特定非传统安全议题而创设的各种正式或非正式的、多边或双边的安全制度。例如东盟各国间的《建立灾害控制和应急反应协议》（2005）、东盟与中日韩三国间的"打击跨国犯罪部长级会议"机制，以及东亚各国普遍参与的《亚洲反海盗及武装劫船地区合作协定》（RECAAP）等。最后，东亚地区还形成了不少综合性的非传统安全领域合作共识和治理机制。如东盟与中日韩武装部队非传统安全论坛，中国与东盟之间达成的《关于非传统安全领域合作宣言》（2002）和《非传统安全领域合作谅解备忘录》（2004）等。此外，东亚非传统安全治理还存在不少第二轨道机制下的非官方行为体。

东亚非传统安全治理虽然在各国具体的协调与合作上仍面临不少有待解决的难题，但由于共同利益大，利益分歧小，故总体发展形势相对乐观。目前的非传统安全治理实践，"合作模式由各问题领域向总体合作发展"，[1] 治理体系正逐步发展完善。

（二）安全治理的"外溢"效应及其东亚困境

相较而言，东亚地区传统安全议题比非传统安全议题的治理难度更大，治理实践更滞后。因此，通过扩大和深化非传统安全领域的治理，增信释疑，发展安全机制，建构地区认同，进而推动传统安全治理的发展，成为东亚地区安全治理中一项常被提及的对策构想。

这种构想的学理基础，是安全治理的"外溢"效应。"外溢"的理念借鉴自一体化研究中的功能主义和新功能主义理论。功能主义创始人米特兰尼（David Mitrany）曾指出，"在某一功能领域进行的合作，将会推动合作态度的改变，或者使合作的意向从一个领域扩展到其他领域，从而在更大的范围内进行更深入的合作"。[2] 哈斯（Ernst B. Haas）等新功能主义者

---

[1] 方长平、熊冰顿：《东亚非传统安全合作探究》，《教学与研究》2007年第9期，第60页。

[2] 詹姆斯·多尔蒂、小罗伯特·普法尔茨格拉夫：《争论中的国际关系理论》，阎学通、陈寒溪等译，世界知识出版社，2003，第551页。

则认为国家之间在经济、技术等功能性领域的合作可以扩溢到政治性领域，从而实现政治整合，并逐渐形成超国家权威机构。①

在安全治理问题上，"外溢"效应也是存在的。这种"外溢"主要表现为治理体系在功能领域上的拓展：在某一安全领域进行的治理实践，可能会推动参与主体协调与合作态度的改变，或者使协调与合作的意向从该领域扩展到其他领域，进而推动安全治理的整体发展。例如，东盟地区安全治理就曾出现由传统安全领域向非传统安全领域的外溢，② 欧盟地区安全治理在后冷战时代亦曾出现由传统安全议题向经济、社会和生态等非传统安全议题的外溢。但当前的东亚安全领域，由非传统安全治理向传统安全治理的"外溢效应"是否可能？以非传统安全治理来推动传统安全治理的政策思路究竟是否可行？这些仍是需要深入探讨的问题。

事实上，当前东亚地区安全治理中存在一种具有区域特性的"外溢困境"，从非传统安全治理向传统安全治理的功能性外溢在现阶段尚不具可能性。从学理层面看，地区安全治理中从低敏感性议题向高敏感性议题的溢出，是或然性而非必然性的。它需要一系列必备条件，而这些条件在东亚安全治理外溢方面尚不完备。东亚非传统安全治理的推进，在现实中并未有效推动传统安全治理的发展，在可预见的将来也很难实现真正的功能性外溢。

相反，在非传统安全治理保持良好运行的治理进程和相对顺利的发展态势的同时，传统安全治理长期呈现困顿图景。东亚地区传统安全治理虽有一些合作架构的支撑，但缺乏实质性的治理效能与合作进展，存在较明显的治理失能。近年来，东亚地区传统安全形势不容乐观，地区安全竞争渐趋激烈，摩擦甚至对抗频发。特别是近年来东亚海洋安全领域频现纷争，争端多次升温，其频度与烈度在全球范围内均明显偏高。传统安全治理经常受到国家间竞争、争端甚至冲突的负面影响。安全治理的"外溢"效应，在东亚安全领域仍是一种虚幻的愿景，甚至非传统安全治理的进一

① See Ernst B. Haas, *The Uniting of Europe: Politics, Social, and Economic Forces 1950-1957*, Stanford University Press, 1968.

② 金新、黄凤志：《东盟区域安全治理：模式、历程与前景》，《世界经济与政治论坛》2013年第4期，第8页。

步发展反而受到传统安全问题的制约。

二　困境的成因

东亚地区安全治理出现前述"外溢困境",是因为安全治理的"外溢"效应所需要的一些前提条件在东亚安全领域并不具备。外溢逻辑并不存在自动性,它需要一些内在动力的促成和必要条件的保障。

(一) 安全治理"外溢"效应的动力与条件

安全治理外溢的动力主要存在于两个方面。第一,共同利益。国际事务中的治理是由治理主体的共同利益支撑的,特定安全议题上的共同利益形成了对安全治理的功能性需求,而这种需求构成了治理从其他领域向该领域外溢的根本动力。这既包含共同利益的客观实在,又包含治理主体对共同利益的认知。第二,合作意向。正如最早将治理理论引入国际关系研究的美国学者詹姆斯·罗西瑙 (James N. Rosenau) 所指出的,"治理就是秩序加上意向性",① 是目的性的秩序。治理主体的合作意向是治理能否实现的重要因素。安全治理中外溢进程的关键在于治理主体在相关领域中合作态度的改变和合作意向的形成。

安全治理的外溢机制可分解为三个基本要素:治理主体、外溢来源领域、外溢对象领域。② 要实现安全治理的功能性外溢,至少需要在以下三个层面分别具备相应的必要条件。

第一,良好的治理主体间安全关系——基本标准为双边和多边层面不存在安全困境。国家间良好的安全关系是地区安全治理得以运行的基本保障,也是从一个安全领域向另一个安全领域的治理功能外溢得以实现的重要前提。外溢需要的安全关系不必要达到战略伙伴甚至盟友的程度,只需要各国间特别是各大国间处于非敌非友或更好的状态且不存在安全困境即

---

① 詹姆斯·罗西瑙主编《没有政府的治理》,张胜军、刘小林等译,江西人民出版社,2001,第 5 页。
② 当前国际安全治理领域仍然具有较强的国家中心主义特征,国家仍是安全治理的核心主体,诸种非国家行为体则居于次要地位。故本文中的治理主体主要指国家行为体。

可。因为安全困境之下，相关国家对彼此安全行为的战略意图充满不确定性，一方维护安全的行动可能导致本国乃至各方安全的减损，各国在安全领域往往倾向于选择不合作。安全治理的地区实践虽然能够弱化这种不可预的状态，但在安全困境下维持治理体系的运转本身已困难重重，治理的外溢自然难以实现。因此，安全困境的消解成为治理外溢的必要条件。例如，前述欧盟地区安全治理的外溢之所以出现，与欧盟内部的安全关系密切相关。自冷战初期法德和解之后，现欧盟地区便已不存在双边或多边的安全困境，且逐步形成了多元安全共同体。在此基础上，欧盟已从冷战时代以传统安全治理为中心，发展到后冷战时代高度重视非传统安全治理，兼顾传统安全治理的格局。为此，欧盟在《欧洲安全战略》报告中明确提出冷战后所面临的新的安全威胁并非都是纯粹的军事威胁，[①] 安全治理实现了传统安全向非传统安全领域的功能性外溢。

第二，外溢来源领域治理结构发达，治理进程较顺畅——基本标准为治理体系具有较高的制度化程度。正如功能主义理论所揭示的，"一个领域的合作越成功，其他领域进行合作的动力就越强劲"。[②] 治理体系是治理主体和治理制度的结合，架构完善、运行有效的治理制度是治理结构发达的主要标志。安全治理中要实现不同安全领域间的功能性外溢，离不开外溢来源领域较高的制度化程度。例如，欧洲传统安全治理在冷战时期便已构建起了包括北约、欧盟、欧洲安全与合作组织等多支柱的共同治理结构，治理体系高度制度化，有效维护了地区安全。在传统安全领域相对完善的治理体系基础上，欧洲地区安全治理外溢到非传统安全领域，形成了多层次决策参与的跨支柱的综合治理模式，[③] 且治理成效斐然。

第三，外溢对象领域治理阻力较小——基本标准为治理主体间不存在核心利益的冲突。安全治理的功能性外溢并非自然而然的过程，其从一个

---

① *A Secure Europe in A Better World*: *European Security Strategy*, Brussels, 12 December 2003, http://www.ue. eu. Int/uedocs/cmsUpload/78367. pdf.

② 詹姆斯·多尔蒂、小罗伯特·普法尔茨格拉夫:《争论中的国际关系理论》，阎学通、陈寒溪等译，世界知识出版社，2003，第550页。

③ 李格琴:《欧盟非传统安全治理：概念、职能与结构》，《国外社会科学》2008年第2期，第87~90页。

安全领域向另一个安全领域的溢出必然会遇到不同程度的阻力。这种阻力包括主体之间在相关议题上交往密度的稀薄、战略互信的缺乏和国家利益的冲突等，其中利益冲突是最严重的阻力。在当前的地区安全治理中，各国均系出于自身利益特别是安全利益而参与治理行动，因此在治理实践中现实利益通常优先于合作意向。在国家利益的重要性排序中，主权独立、领土完整等政治利益相较于安全利益居于更核心的位置。核心利益冲突会形成安全治理进程中功能性外溢的严重阻力，而此类利益冲突的消解则成为治理得以外溢的必要条件。例如，在欧洲地区安全治理从传统安全向非传统安全领域的外溢进程中，非传统安全领域只涉及一些经济金融秩序稳定、社会治安维护、生态环境保护等非核心国家利益的契合，不存在也不涉及主权、领土等生存性核心利益的分歧，治理阻力较小，这成为外溢得以实现的前提条件。

（二）东亚地区安全治理"外溢"条件的缺失

安全治理"外溢"效应的这些动力和条件构成了评估外溢能否实现的基本指标。在动力充足、条件达标的情况下，功能性外溢实现的可能性较大；若动力匮乏、条件缺失，则功能性外溢将很难实现。目前，东亚地区安全治理虽具有广泛的共同利益和一定程度的合作意向，动力并不缺乏，但从非传统安全领域向传统安全领域的外溢尚不具备必要条件，这是东亚地区安全治理"外溢困境"的主要成因。

首先，在治理主体层面，东亚国家间仍存在较为普遍的安全困境。东亚地区战略互信和集体认同相对匮乏，安全领域自助逻辑盛行。由相互疑惧而产生的不安全感，驱使东亚国家不断发展自身实力以谋求本国安全，结果反而导致了普遍的不安全状态。东亚地区，从中美、中日、俄美和俄日等大国之间，到朝韩等中小国家之间，再到中越、中菲、美朝等大国与中小国家之间，均存在不同程度的"体系引导型安全困境"（system-induced security dilemma）。东亚地区集结了数以百万计的武装，且军备控制成效甚微，甚至出现逆裁军势头，安全困境难以消解。特别是近年来随着中国的崛起和军事现代化，美国加速了军事战略重心的转移，推行"重返亚太"战略，强化了在东亚地区的前沿军事部署，加剧了东亚安全局势的不稳定性。东亚地区的安全困境"将继续制造不安全"。① 治理主体间安全困境的存在，不仅对东亚非传统安全治理构成负面影响，还阻碍了其向传统安全领域的功能性外溢。

其次，在外溢来源领域层面，东亚非传统安全治理制度化程度较低。"东亚区域治理实质上是以国家间协调和谈判为基础的，因而区域治理制度仅仅是这种交流在地区机制下的制度化产物。"② 相较欧洲那种国际组织主导的多支柱共同治理模式，东亚地区非传统安全治理体系仍处于一种制度匮乏的状态，总体上制度化水平较低。这种制度匮乏不仅表现为相关机制整体数量的稀缺，还表现为组织化程度高、具有实质性行为规制和安全保障功能的治理机制相对不足。东亚现有的非传统安全制度，多为带有论坛或宣言性质的、松散的或临时性的治理机制。这些制度性安排没有国际组织所具备的常设机构，没有严格的奖惩机制，缺乏实质性的约束力。在东亚非传统安全治理未足够发达的情况下，其向传统安全领域的功能性外溢几乎不存在。

最后，在外溢对象领域层面，东亚传统安全领域存在严重的核心利益冲突。东亚地区存在中日钓鱼岛之争、日韩独（竹）岛之争、日俄南千岛群岛之争以及涉及六国七方的南海之争等多对主权领土争端。主权领土完整是一国最基本的政治安全，在国家利益层次中居于核心位置，任何一方均难以做出实质性让步。这些核心利益上的对立与竞争，可能导致国家间关系紧张甚至冲突、地区安全局势的不确定性升高，进而影响地区安全治理的顺利运行。在这种安全态势之下，东亚地区随时都有出现国际危机与冲突的可能。这也构成了地区传统安全治理的重要障碍。核心利益的冲突，使东亚多对双边关系中在传统安全问题上存在难以调和的矛盾，增加了地区安全治理"外溢"的难度。

---

① G. John Ikenberry, "A New East Asian Security Architecture," *Global Asia*, 2012, Vol. 5, No. 1, p. 11.

② 白云真、贾启辰：《新功能主义视域下的东亚区域治理》，《太平洋学报》2013 年第 2 期，第 40 页。

三　中国的对策

"外溢困境"的存在，使得在东亚地区安全治理问题上，以非传统安全治理来推动传统安全治理的政策思路难以行得通。在"外溢困境"背景下，中国应采取何种安全战略以更好地维护本国的安全利益，以及中国应采取何种政策路径以有效地推进东亚传统安全治理，成为亟须解决的课题。

（一）维护本国东亚安全利益的战略选择

在东亚非传统安全治理无法有效推动传统安全治理发展的"外溢困境"背景下，中国应采取更为符合当前现实的战略途径，以更好地维护和实现自身的安全利益。具体而言，中国在东亚地区安全战略上，应明确传统安全战略和非传统安全战略的区分，做到软硬兼备，各有侧重。

在传统安全领域，中国有必要充分认识到利益冲突的严峻现实，在不恶化安全环境的前提下，应采取必要的强势举措，坚决有力地维护本国的安全利益。一方面，中国应坚持以实力谋安全，继续保持综合国力的不断提升，加快推进国防和军队现代化建设。国家实力是国家安全最可靠的保障，"国力发展将使中国应对传统安全威胁的能力得到有效提高"。① 综合国力的增长不仅可以使中国增强应对安全威胁的能力，实现对安全挑战的预防和管控，还可以使中国获得塑造良好的地区安全环境的能力。中国需要坚持将发展作为第一要务，不断提升国家实力；还需要将持续增长的综合国力有效转化为地区安全事务上的影响力。在综合国力各要素中，军事实力的发展尤为重要。军事实力是保护安全利益的坚实后盾，对国家安全具有重要的支撑作用。中国有必要加快军事现代化的步伐，提高军事威慑能力，遏止同中国存在利益冲突的部分东亚国家对中国的对抗意图和行为，对冲美国等域外大国对中国的制衡战略，保障周边环境的安全与稳

---

① 唐永胜、李冬伟：《国际体系变迁与中国国家安全战略筹划》，《世界经济与政治》2014年第 12 期，第 33 页。

定。同时，在保障军事实力增长的基础上，应采取积极举措避免周边国家对华敌视与对抗的增加，规避安全环境的恶化。中国应继续坚持"积极防御"的战略原则，保持军事现代化发展的防御属性，避免军备竞赛；还应提高军队建设透明化程度，改变封闭性军事思维，积极开展同周边国家和域外强国的军事合作，增进同各国的军事互信。

另一方面，在海洋领土争端等核心利益存在冲突的领域，中国应在周边维稳的同时，关注"维权"与"维稳"的平衡。在东亚传统安全领域，中国的"维权"主要是维护和捍卫国家主权与领土完整，保障国家安全利益不受侵害；"维稳"则主要是维护周边安全局势的稳定，维系国家发展的"重要战略机遇期"，为国家和平发展营造良好的外部环境。"维权"与"维稳"所要实现的目标均是中国的现实利益，中国东亚地区安全利益的维护应实现二者的平衡。首先，不能为"维稳"而放弃"维权"。正如党的十八大报告所强调的，"我们坚决维护国家主权、安全、发展利益，决不会屈服于任何外来压力"。① 中国应以坚定的立场和灵活的政策维护本国地区安全利益，应对他国挑衅。特别是在海洋领土争端中，应坚决避免出现我国"搁置争议"，他国却借机"开发"的局面。其次，不能为"维权"而放弃"维稳"。过于强势的安全政策会增强周边国家对中国的联合制衡趋势，为美国等国家增强对中国崛起的遏制力度提供借口，为国家发展增加不必要的阻力。例如，在南海争端中，"中国持续的不确定性意图只会增强东盟国家对于引入美国军事存在作为平衡手段的兴趣"。② 中国在应对争端时须保持必要的战略克制，通过对话谈判解决相关问题，避免反应过度，不可轻言动武。应控制冲突的风险，避免问题复杂化、扩大化，塑造稳定有序的周边安全环境。

在非传统安全领域，中国应把握利益契合的有利条件，以更加积极的姿态参与地区合作，提高东亚非传统安全治理的制度化程度，在完善的治理体系下更好地实现本国的非传统安全利益。

---

① 《十八大报告全文》，新华网，2012 年 11 月 19 日，http：//www. xj. xinhuanet. com/2012/11/19/c_ 113722546_ 11. htm。

② Leszek Buszynski & Iskandar Sazlan, "Maritime Claims and Energy Cooperation in the South China Sea," *Contemporary Southeast Asia*, Vol. 29, No. 1, 2007, p. 155.

首先，应推动地区多边安全合作的发展。中国应继续坚持和倡导"共同安全、综合安全、合作安全、可持续安全"的亚洲新安全观，以最大程度的国际协调与合作处理东亚非传统安全问题，实现安全治理在范围上的扩展和程度上的深化。其次，应促进东亚非传统安全治理制度化程度的提高。多边安全合作不应是临时性机制，而应形成有强制力的制度性安排。在有效解决相关功能性议题的基础上，中国应积极推动地区非传统安全机制的构建和制度化发展。最后，应充分发挥本国的大国作用。中国应增强自身应对非传统安全问题的能力，提高自身主导地区非传统安全议程的能力。积极倡议，广泛参与，形成并提出既符合地区共同利益，又能实现本国利益最大化的治理方案和制度设计。

（二）发展地区传统安全治理的政策路径

地区安全治理进程中"外溢困境"的存在，使东亚传统安全治理的发展面临更多的困难。安全治理的实践有利于东亚地区安全难题的化解和安全危机的管控，符合东亚各国和美国等相关域外国家的现实需要，也有利于更好地维护中国的安全利益。但正如奥兰·扬（Oran R. Young）所揭示的普遍现象，"在国际层面一方面是需要治理，一方面治理的供给又严重不足"。[①] 当前东亚地区安全特别是传统安全领域存在不可忽视的治理缺位和失灵，治理能力长期未能切实提高。如何推动东亚传统安全治理发展，是中国当前在地区安全领域面临的一大难题。中国有必要在东亚安全事务中发挥自己的大国作用，积极参与地区安全治理实践，综合运用多种政策手段促使传统安全治理走出现有困境。

第一，推动安全治理的制度化发展。安全机制是地区安全治理的基本工具。当前东亚传统安全领域，安全治理机制相对匮乏，其制度化程度亦明显偏低，地区安全仍缺乏有效的制度保障。在今后东亚地区安全治理实践中，中国应当成为制度体系构建的坚定支持者和积极参与者。中国应加强与相关国家在传统安全事务上的交流、协商与合作，在命运共同体理念下深入推进海洋争端、军备控制、朝鲜半岛无核化等议题上的利益协调与

[①] 奥兰·扬：《世界事务中的治理》，上海世纪出版集团，2007，第 2 页。

安全合作，构建全方位、多层次、跨领域的合作网络。在此基础上，克服机制建构与机制运转的困难，推动地区安全机制建设，提高安全机制的制度化程度。只有形成制度化的安全治理体系，方能有效保障东亚地区传统安全领域的可持续安全。

第二，加强安全事务的大国协调。大国协调是地区安全治理的重要途径。当前东亚传统安全治理中，大国协调机制发展相对滞后。对东盟主导的协调架构的依赖，使地区安全治理呈现"小马拉大车"的局面，不利于治理实践的深入推进。东亚传统安全问题与中、美等大国的利益与行为紧密相关，大国协调的发展是治理体系完善和治理效能提高的关键。中国应加强与美国等相关大国的对话与沟通，推进大国间合作，共同履行大国责任，供给地区安全公共产品。正如国外学者所指出的，中美在大国协调中的合作是亚洲安全最好的模式。① 中美虽然在传统安全领域存在矛盾与竞争，但在地区安全治理方面有显著的共同利益。特别是中美"新型大国关系"的构建，为两国在东亚安全领域的协调与合作创造了新的契机。以中美协调为中心，中国可广泛发展双边与多边协调机制，并以大国协调为基础，推动东亚地区构建保障共同安全与综合安全的国际协调体系，从而化解国际冲突，管控安全危机，维护地区安全秩序。

第三，构建安全领域的战略互信。治理主体之间的相互信任是地区安全治理的重要保障。当前东亚国家间的战略互信相对缺失，历史矛盾与现实纠纷的共同作用使得多数双边关系中存在互不信任，乃至相互猜疑和恐惧。战略互信的缺失，对东亚传统安全治理具有不可忽视的负面效应。正如一些学者所指出的，现阶段东亚合作的困境主要在于主权国家之间互信的缺乏，而"真正的出路在于如何打破和克服这一点"。② 中国应积极开展同其他国家的战略对话与安全互动，通过交往密度的增加和理解沟通的深化，减少和消除彼此间的战略猜疑。在对话与协商的基础上，中国应推动东亚双边与多边安全互信机制的构建，以长效机制增进战略互信，减少摩

① Hugh White, "The limits to optimism: Australia and the rise of China," *Australian Journal of International Affairs*, Vol. 59, No. 4, 2005, p. 469.
② 张振江：《米特兰尼的国际合作思想及其对东亚合作的启示》，《外交评论》2009 年第 2 期，第 78 页。

擦和对抗，弱化乃至消解东亚地区的安全困境。

四　结语

东亚地区安全治理，维护着区域和平与稳定，保障着国家安全与发展，是一个值得重视的研究课题。当前安全治理中存在的"外溢困境"，使东亚地区传统安全治理的发展面临更多阻碍。而随着国家的不断崛起，中国的东亚传统安全利益将继续面临严峻挑战。从美国战略重心东移亚太，到周边海洋争端屡次升温，中国所面临的地区安全形势在短期内不容乐观。中国应理性应对安全治理的"外溢困境"，丰富与完善安全治理手段，推动解决东亚地区性安全难题的治理体系的完善，"多管齐下、综合施策，协调推进地区安全治理"。① 中国应通过对地区安全治理的积极参与，消除周边安全的不确定因素，实现对地区性安全危机的及时管控和有效治理，促使地区安全秩序朝有利于本国安全利益的方向演化。而如何实现东亚地区安全治理体系的完善和治理能力的提高，如何在治理进程中更有效地维护本国利益，仍有待学界进一步研究。

---

① 《习近平在亚信峰会作主旨发言（全文）》，人民网，2014 年 5 月 21 日，http：//world.people.com.cn/n/2014/0521/c1002-25046183.html。

东盟管理争端机制及其效用分析

周士新 *

摘　要：东盟的成立不仅源于东南亚各国应对冷战时期美苏之间的激烈博弈，而且源于各国之间存在严重的领土主权争端。东盟自成立以来，通过了一系列关于应对各成员国领土主权争端的政策文件，并提出了相应的组织程序和运行规范。然而，迄今为止，东盟各成员国或者没有启动过东盟管理和解决争端机制，或者未批准有可能对自己具有强制力的文件。东盟成员国在维持地区安全局势总体稳定的情况下，通过多年的双边外交谈判，或者通过诉诸东盟外争端解决机制，特别是国际法院，解决了相互间的领土主权争端。东盟管理和解决争端机制存在启动难、专业性弱、程序复杂、决策政治性强和无执行力等缺点，无法得到东盟成员国的重视和尊重。东盟争端管理机制在南海问题上的适用性不强，但中国需要借鉴和利用东盟国家有关管理领土主权和海洋权益争端的经验和教训，在南海领土主权争端中获得更多的话语权，争取对自己有利的和平环境。

关键词：东盟　争端管理机制　南海问题

东盟起源于东南亚各国在冷战期间对国家、地区和国际安全的关切与

＊　周士新，上海国际问题研究院外交政策研究所副研究员。

担忧。东南亚许多国家不仅面临冷战正酣时美苏之间争夺势力范围的压力，而且受到相互之间因历史恩怨与现实矛盾而产生的安全困境的困扰。马来西亚和印度尼西亚领土冲突未能消弭，其他潜在的争端和问题也笼罩着东南亚各国，成为制约和阻碍各国发展经济的羁绊。一些东南亚国家努力构建一个能够有效管理相互间争端的框架，希望通过和平手段来处理当时正在发生的和潜在的国家间争端，尽量减少军事冲突产生的安全风险。也就是说，东盟是为管理各国和地区冲突而成立的，旨在在东南亚地区建设有利于维持和平与合作的环境。自东盟成立以来，各成员国试图摆脱东南亚以往合作机制未能发挥作用的情况，从建立、巩固和提升相互间安全信任，缓和地区紧张的安全局势，避免争端升级为冲突或危机，通过相互能够接受的途径稳步解决问题，形成了独具特色的解决问题的规范和政策。东盟通过了一些管理国家间领土主权和海洋权益争端的文件，并提出了许多有利于地区安全局势和平与稳定的合作机制和争端解决机制。然而，东盟应对内部成员国之间争端的方式，为成员国管理领土主权争端提供的原则规范和解决机制，似乎并没有对解决各国之间的领土主权争端发挥有效作用。东盟成员国更多利用双边外交谈判和东盟外争端解决机制处理相互间的领土主权争端。这可能对中国管理与部分东盟成员国之间的南海领土主权和海洋权益争端提供借鉴和参考。

一　东盟管理争端机制和规范

东盟管理成员国之间的争端机制和规范首先体现在发表了一系列与此密切相关的政策文件和其他各种辅助性的文件上（见表1）。虽然东盟成立伊始就高度重视安全问题，但标志东盟成立的《曼谷宣言》并没有就如何处理各成员国之间的争端做出比较明确的规定。随着越南战争结束，美国减弱在东南亚的军事存在，地区安全局势变得更趋复杂。1976年2月24日，东盟各成员国在印度尼西亚巴厘岛举行第一届东盟峰会，签署了《东盟协调一致宣言》，强调各成员尽可能通过和平方式解决地区内争端，在东南亚建立和平、自由和中立区（ZOPFAN），确保与专门管理地区安全与各国间冲突基本规范的政策文件《东南亚友好合作条约》相一致，因为这个文件奠定了东盟处理成员国之间关系的基本原则，即相互尊重独立、主权、平等、领土完整和各国的民族特性。它们认可，任何国家都有免受外来干涉、颠覆和制裁，保持其民族生存的权利；互不干涉内政；和平解决分歧或争端；反对诉诸武力或以武力相威胁；缔约国之间进行有效合作。这些规范加上东盟协调一致的决策原则和软机制的组织结构，在实践中逐步形成为东盟国家奉为圭臬的"东盟方式"。在东盟建设政治安全共同体的过程中，这一方式仍然得到东盟成员国的普遍认可，在今后相当长一段时间仍将是维持东盟国家凝聚力的基础。

东盟管理国家间领土主权和海洋权益争端的机制主要有三个。

第一，根据《东南亚友好合作条约》和《〈东南亚友好合作条约〉高级委员会议事规则》设立的高级委员会。《东南亚友好合作条约》第四章"和平解决争端"强调，在冲突风险可能出现或已经出现的情况下，各缔约方"应具有决心和诚意防止出现争端。为防止争端的直接影响，各方应不得进行武力威胁或使用武力，并应随时通过友好谈判解决它们之间的争端"。"高级委员会"应由各缔约方各派一位部长级代表组成，通过内部程序判断可能威胁地区"和平与和谐"的争端或形势。在争端各方通过直接谈判难以找到解决方式时，该委员会可以通过适当方式，如斡旋、调停、调查或调解等，与各方协商解决争端。高级委员会可以直接斡旋，或者在争议各方同意后，组成调停、调查或调解委员会。但是只有当争端各方同意委员会发挥作用时，该委员会才能发挥其作用。然而，《东南亚友好合作条约》没有规定高级委员会有裁决争端的权利以及争端各方必须服从的义务，高级委员会更没有对不服从的国家进行惩罚的权利。《〈东南亚友好合作条约〉高级委员会议事规则》对高级委员会在争端解决中的组成和功能，提出了更为具体和更具可操作性的规定。高级委员会应由各缔约方各派一名部长级代表组成，缔约方必须是东南亚国家。高级委员会的主席应是东盟常务委员会轮值主席国家的代表。高级委员会可以根据《东南亚友好合作条约》对争端和形势进行判断是否启动高级委员会的工作。要求启动争端解决程序的缔约方必须以书面形式通过外交渠道，向高级委员会主席和其他缔约方提出申请。高级委员会主席接到书面申请后，将寻求得到其他争端方的书面确认，同意高级委员会可以根据《东南亚友好合作条约》的规定，启动高级委员会争端管理程序。

然而，"如果没有收到争端各方的书面确认，高级委员会不得对争端采取进一步的行动"。另外，"高级委员会应在适当的时候举行会议，通过协商一致的形式做出全部决策"。这就决定了，如果做出的决定不能满足任何一个直接当事国的要求，其在高级委员会的代表就可能使用否决权，以维护自己的利益不受损害。

表 1　东盟关于争端管理的主要政策文件

文件名	地点	时间	备注
曼谷宣言①	泰国曼谷	1967 年 8 月 8 日	《东盟成立宣言》
东南亚友好合作条约②	印尼巴厘岛	1976 年 2 月 24 日	第 1 届东盟峰会签署
东盟协调一致宣言③	同上	1976 年 2 月 24 日	第 1 届东盟峰会签署
《东南亚友好合作条约》高级委员会议事规则④	越南河内	2001 年 7 月 23 日	第 34 届东盟外长会签署
东盟协调一致第二宣言⑤	印尼巴厘岛	2003 年 10 月 7 日	第 9 届东盟峰会签署
东盟安全共同体行动纲领⑥	老挝万象	2004 年 11 月 29 日	第 10 届东盟峰会签署
东盟宪章⑦	新加坡	2007 年 11 月 20 日	第 13 届东盟峰会签署
东盟政治安全共同体蓝图⑧	新加坡	2007 年 11 月 20 日	第 13 届东盟峰会签署
东盟宪章争端解决机制议定书⑨	越南河内	2010 年 4 月 8 日	第 16 届东盟峰会签署
巴厘协调一致第三宣言⑩	印尼巴厘岛	2011 年 11 月 17 日	第 19 届东盟峰会签署

资料来源：作者整理自制。

① "Bangkok Declaration," Bangkok, 8 August 1967, http：//www. asean. org/1212. htm.

② "Treaty of Amity and Cooperation in Southeast Asia," Bali, 24 February 1976, http：//www. asean. org/1217. htm.

③ "Declaration of ASEAN Concord," Indonesia, 24 February 1976, http：//www. asean. org/news/item/declaration-of-asean-concord-indonesia-24-february-1976.

④ "Rules of Procedure of the High Council of the Treaty of Amity and Cooperation in Southeast Asia," 34th ASEAN Ministerial Meeting, Hanoi, Viet Nam, 23 July 2001, http：//www. asean. org/communities/asean-political-security-community/item/rules-of-procedure-of-the-high-council-of-the-treaty-of-amity-and-cooperation-in-southeast-asia-2.

⑤ "Declaration of ASEAN Concord II（Bali Concord II）," Bali, Indonesia, 7 October 2003, http：//www. mfa. go. th/asean/contents/files/other-20130527-164513-046340. pdf.

⑥ "ASEAN Security Community Plan of Action," Vientiane, Laos, 29 November 2004, http：//treaty. kemlu. go. id/uploads-pub/5439_ ASEAN-2004-0203. pdf.

⑦ "Charter of the Association of Southeast Asian Nations," Singapore, 20 November 2007, http：//www. asean. org/archive/publications/ASEAN-Charter. pdf.

⑧ "ASEAN Political-Security Community Blueprint," Jakarta：ASEAN Secretariat, June 2009, http：//www. asean. org/archive/5187-18. pdf.

⑨ "Protocol to the ASEAN Charter on Dispute Settlement Mechanisms," Hanoi, 8 April 2010, http：//agreement. asean. org/media/download/20131229165853. pdf.

⑩ "Bali Concord III：Bali Declaration on ASEANCommunity in a Global Community of Nations," November 17, 2011, Bali, Indoneisa, http：//www. asean. org/archive/documents/19th% 20summit/Bali%20Concord%20III. pdf.

第二，根据《东盟宪章》明确责权的东盟峰会。2008 年 12 月开始生效的《东盟宪章》第八章"解决争端"通过逐渐递进的关系强调东盟峰会在管理成员国间争端方面的作用。它强调，东盟成员国"应通过及时对话、协商和谈判等方式，努力以和平手段解决所有争端"，而东盟应"在各合作领域中建立和维持争端解决机制"。争端方需要同意东盟轮值主席国或东盟秘书长根据自己的职权进行斡旋、调解或调停，在协商的时限内解决争端。"任何东盟法律文件都无法阐释和应用的争端，应根据《东南亚友好合作条约》及其规则程序和平解决"。各方如果使用了《东盟宪章》规定的各种机制后仍未能解决争端，需要将未解决的争端提交给东盟峰会进行决策。东盟秘书长在东盟秘书处和其他东盟指定机构的帮助下，需要监督东盟争端解决机制调查结论、建议和决策的执行情况，并向东盟峰会提交报告。因争端解决机制调查结果、建议和决策没有得到执行而受到影响的任何成员国都可以将问题提交给东盟决策。从这个意义上看，东盟峰会似乎成为东盟架构中事实上的最后仲裁者以及东盟争端解决机制中决策执行的监督者和评判者。

第三，根据《东盟宪章争端解决机制议定书》设立的东盟宪章争端解决机制。对于那些不具备解决争端的任何具体手段，同时又不属于《东南亚友好合作条约》和规范东盟国家间贸易争端解决机制的《加强争端解决机制议定书》（EDSM）[1] 的争议，以及因解释或运用《东盟宪章》和其他东盟文件而产生的争议，可以使用 2010 年《东盟宪章争端解决机制议定书》（DSMP）解决。根据 DSMP，解决争端的方式主要有协商、斡旋、调停、调解和仲裁。DSMP 通过附件 1-4 对斡旋、调停、调解和仲裁的规则进行了详细规定。在出现纠纷时，起诉方可以要求应诉方进行协商。应诉方在接到诉讼时的 30 天内对要求进行答复，并在自收到要求的 60 天内进行协商。也就是说，从收到协商要求之日算起，协商进程需要在 90 天内完成。如果，且仅当如果应诉方未能回应或进入协商进程，或通

---

[1] Protocol on Enhanced Dispute Settlement Mechanism（EDSM），10th ASEAN Summit，10th ASEAN Economic Minister Meeting，Vientiane，Lao PDR，29 November 2004，http：// cil. nus. edu. sg/rp/pdf/2004% 20ASEAN% 20Protocol% 20on% 20Enhanced% 20Dispute% 20Settlement% 20Mechanism-pdf. pdf.

过协商也未能解决争端，起诉方才可以通过书面通知给应诉方，要求建立一个仲裁庭。应诉方在接到书面通知后有 30 天时间决定是否同意建立一个仲裁庭。只有双方都表示同意，才有可能建立仲裁庭。这样，在应诉方不同意协商要求，或未能在 30 天内做出回应的情况下，起诉方才可以将争端提交给所有东盟成员国外长组成的东盟协调理事会（ACC）。ACC 拥有 45 天时间做出决定，指导各方进行斡旋、调停、协商或仲裁。由于 DSMP 对 ACC 应如何做出决定保持沉默，根据《东盟宪章》，ACC 必须在协商和共识的基础上才能做出决定。如果 ACC 在 45 天内仍不能做出决定，争端任何一方可以根据《东盟宪章》将未解决的争端提交给东盟峰会。DSMP 规定，各方应遵守根据 DSMP 规定的仲裁裁决与和解协议。任何不遵守仲裁裁决与和解协议的成员国可以将争端提交给东盟峰会决定。然而，DSMP 并没有建立解决争端的常设机构。解决争端的任何方式，包括仲裁，都将是临时性的。因此，没有一个永久性的特别基金或秘书处，支持 DSMP 发挥自己的功能。如果一个成员国决定要求通过协商、斡旋、调停或调解解决争端，东盟秘书长将通知所有其他东盟国家，保留解决协议的记录，并要求仲裁和进行与仲裁相关的联系工作。秘书长也负责保留可能成为调停者、协商者或仲裁者的名单。根据 DSMP，争端进入仲裁程序后，东盟秘书处的任务是通过提供法律、历史和程序方面的材料协助仲裁庭，并有责任提供秘书和技术支持。关于遵守问题，东盟秘书长和东盟秘书处都有责任监督裁决的遵守情况，争端各方有义务向秘书长提交它们遵守仲裁裁决或解决协议的情况报告。值得注意的是，DSMP 可以使东盟任何一个成员国起诉另一个成员国，而不需要事先取得对方的同意。

自东盟成立以来，其成员国主要通过三种非冲突方式处理相互间的领土争端。第一，争端双方的谈判。主要案例有两个。①马来西亚和文莱关于沙捞越州北部林邦地区的主权归属问题。2009 年 3 月 16 日，文莱与马来西亚经过 39 次会谈终于签署了一份关于解决两国领海重叠纠纷问题的互换书，文莱同意放弃声索沙捞越的林邦地区的领土所有权，以换取对婆罗洲近岸争议海域的石油储备的共同勘探和开发。① ②印度尼西亚和菲律宾就两国在棉兰老海（Mindanao Sea）和西里伯斯海（Celebes Sea）/苏拉威西海（Sulawesi Sea）的专属经济区划界问题。② 印尼与菲律宾围绕该问题签署的协定也是菲律宾与外国签署的首个海上划界协定。

第二，国际法院的判决。主要案例有三个。①印度尼西亚共和国和马来西亚诉诸国际法院确定利吉丹岛和西巴丹岛的主权归属问题。国际法院更多考虑了继承原则和有效控制原则，"根据条约、协定和当事国双方提供的任何其他证据"，在 2002 年 12 月 17 日裁决利吉丹岛和西巴丹岛的主权属于马来西亚。③ ②马来西亚和新加坡诉诸国际法院确定白礁岛、中岩礁和南礁的主权归属问题。国际法院更多根据有效控制和禁止反言原则，在 2008 年 5 月 23 日，裁决白礁岛的主权属于新加坡，中岩礁的主权属于马来西亚，白礁岛和中岩礁重叠领海之内的南礁位于哪一国家的领水之内，该礁的主权就属于哪一国家。④ ③泰国和柬埔寨关于柏威夏寺的主权归属问题。2011 年 4 月 28 日，柬埔寨向国际法院提交请求书，请其解释 1962 年 6 月 15 日对柏威夏寺案做出的判决。2013 年 11 月 11 日，国际法院以全体一致方式，判定柬埔寨对柏威夏寺高地全部领土拥有主权，泰国有义务撤走驻扎在那里的泰国军人、警察人员以及其他保卫或看守人员。⑤

第三，争端一方的主动放弃。这主要体现在菲律宾和马来西亚关于沙巴地区的主权归属问题上。1968 年 4 月至 1969 年 12 月，菲律宾和马来西亚曾因沙巴主权争议发生冲突，一度导致两国关系中断。在 1977 年东盟第

---

① 周云：《文莱与马来西亚达成领土换石油协议》，新浪网，2009 年 3 月 18 日，http：//finance. sina. com. cn/world/gjjj/20090318/06545990384. shtml。

② "Agreement between the Government of the Republic of the Philippines and the Government of the Republic Indonesia Concerning the Delimitation of the Exclusive Economic Zone Boundary," May 23, 2014, http：//www. gov. ph/downloads/2014/05may/20140523-PH-RI%20Agreement. pdf.

③ "Case Concerning Sovereignty over Pulau Ligitan and Pulau Sipadan," 17 December 2002, http：//www. icj-cij. org/docket/files/102/7714. pdf.

④ 《白礁岛、中岩礁和南礁的主权归属案》，选自《国际法院判决、咨询意见和命令摘要（2008-2012 年）》，联合国·纽约，2014，第 1~8 页，http：//legal. un. org/ICJsummaries/documents/chinese/st_ leg_ serf1_ add5_ c. pdf。

⑤ 《关于要求解释柏威夏寺案（柬埔寨诉泰国）中 1962 年 6 月 15 日判决的申请（柬埔寨诉泰国）》，摘自《国际法院判决、咨询意见和命令摘要》，2013 年 11 月 11 日的判决，http：//legal. un. org/ICJsummaries/documents/chinese/203_ c. pdf。

二届首脑会议上，菲律宾宣布放弃对马来西亚沙巴的主权要求，使长期影响区域安全的菲、马领土争端得以终结。[1] 然而，2015 年 5 月 15 日，菲律宾总统阿基诺表示，菲律宾不会放弃对沙巴的主权声索。5 月 19 日，马来西亚外交部在 5 月 20 日通过新闻稿申明，自 1963 年 9 月 16 日起，联合国和国际社会已确认沙巴是马来西亚的一部分，马来西亚不会承认也不会理会任何一方对沙巴提出的任何声索。[2]

由上可以看出，东盟管理和解决争端的各项机制基本上延续了《东南亚友好合作条约》和《〈东南亚友好合作条约〉高级委员会议事规则》关于高级委员会的启动、建立、组成和功能等方面的规定，反映了《东南亚友好合作条约》的基本原则，以及东盟和东盟国家高度重视通过和平方式管理和解决争端，避免引发国家间冲突，影响地区安全与稳定的重要倾向。东盟成员国在领土主权争端问题上过于强调主权平等和独立，首先诉诸双边谈判达成协议的方式，在无法达成一致意见后，再将争端提交到国际法院请求判决。菲律宾没有和马来西亚就沙巴问题通过谈判达成协议，在特殊情况下可能因没有法律约束力而出现变故。然而，上述案例也反映出，东盟成员国至今尚未出现过使用东盟管理和解决争端的各种机制的案例，凸显了东盟管理和解决争端机制在管理和解决成员国争端方面出现了明显的缺位。

二 东盟管理争端机制的效用分析

东盟管理和解决争端机制的效用可以从其建设进程和运作规范上较为明确地表现出来。在《东南亚友好合作条约》通过 25 年后，东盟于 2001 年才通过《〈东南亚友好合作条约〉高级委员会议事规则》，这是

---

[1] 金新、黄凤志：《东盟区域安全治理：模式、历程与前景》，《世界经济与政治论坛》2013 年第 4 期，第 8 页。

[2] "Press Release YB Minister of Foreign Affairs Malaysia on The Philippines' Claim On Sabah," Press Releases and Statements, Ministry of Foreign Affairs, Malaysia, 20 May 2015, http://www.kln.gov.my/web/guest/press-release/-/asset _ publisher/t3pS/content/press-release：-yb-minister-of-foreign-affairs-malaysia-on-the-philippines-claim-on-sabah-siaran-akhbar：-yb-mln-mengenai-tuntutan-filipina-ke-atas-sabah？ redirect＝％2Fweb％2Fguest％2Fpress-release.

东盟扩大后取得的与东盟管理冲突机制建设最为相关的也是最重要的进展。《东盟协调一致第二宣言》和《东盟安全共同体行动纲领》重申了高级委员会的重要性，要求东盟各成员国"努力利用现有的地区争端解决机制和程序"，并敦促各成员国"将建立《东南亚友好合作条约》高级委员会作为首要选择"。这有助于加强东盟成员国的非正式和正式的政治合作，消除东盟其他成员固有的猜疑情绪，但高级委员会是建立在《东南亚友好合作条约》基础之上的，在一定程度上通过做出决定发挥决策机构的功能，享有影响争端解决结果的权利，这与强调不干涉原则的东盟方式存在相当大的背离。对与其他东盟成员存在争端的东盟成员来说，由于担心争端对手在东盟内的影响更大、资源更多，这并不是一项具有吸引力的方案。

东盟各成员国在谈判议事日程的过程中，也曾试图减弱一些成员国早先对高级委员会可能拥有相当大权力以及争端多边化可能形成负面影响的担心。正如《〈东南亚友好合作条约〉高级委员会议事规则》所规定的，如果任何一方不同意争端适用于高级委员会的程序，高级委员会将不能采取进一步的行动。只有争端所有各方都同意，高级委员会才能启动争端解决程序。所有东盟成员国在高级委员会中都有一名代表，保障了没有任何决定能违反争端当事国的意志。在当前情况下，只要争端任何一方事实上的否决权被保留，除非东盟改变协商一致原则，否则它是无法发挥解决国家间争端的作用的。当然，通过《议事规则》为东盟建立和启动高级委员会带来了有利条件。如果争端各方谈判失败，成员国能够请求高级委员会帮助解决争端，高级委员会可能成为替代国际法院发挥仲裁功能。然而，这并不意味着杜绝争端各方将争端提交到国际法院的政策选择。①

东盟倡议建立高级委员会并不意味着它打算正式成为涉及其成员国争

---

① 王子昌：《东盟国家间领土争端的解决：做法、争论与启示》，《东南亚研究》2007 年第 4 期，第 25~28 页；邵建平：《东盟国家处理海域争端的方式及其对解决南海主权争端的启示》，《当代亚太》2010 年第 4 期，第 145~146 页。

端的第三方调解员，除非成员国赋予它这样做的权力或请求它这样做。①《议事规则》的通过仅表示，如果双边或多边方式不能解决争端，东盟成员国已经有管理当事国之间的争端的地区机制。高级委员会能否被激活并允许扮演这样的角色，仍取决于当事国是否具有提交争端的意愿和准备。《议事规则》确保了高级委员会不会被用来对付当事国，这是《议事规则》最终能够通过的前提条件，也是未来评估东盟成员国如何使用高级委员会处理争端的关键因素。对东盟来说，其目的仅是为成员国改善关系提供一种更好的工具，为推进全面合作，营造增加互动的有利条件。东盟通过规划和建立各种机制，让成员国协作管理它们之间的争端。东盟还通过制订原则，规范其成员国的互动方式。为了实现地区和平、安全与稳定，东盟国家必须以和平方式处理它们之间现有和潜在的国家间争端。东盟能推进和鼓励其成员国寻求和平方式解决争端，但不能强迫、直接干预或试图阻止，除非争端各方要求东盟采取行动。从管理冲突效率来看，东盟保持了促进地区和平解决地区冲突的政策连续性和创新思维，但管理效果仍取决于成员国的政策和行动。

《东南亚友好合作条约》本来可能用于应对"可能扰乱地区和平与安全"的任何争端。然而，2006 年名人小组报告建议，《东南亚友好合作条约》和《〈东南亚友好合作条约〉高级委员会议事规则》仅应用于政治安全领域，是东盟国家和平解决各种分歧、争端和冲突的关键工具。②《东盟宪章》规定《东南亚友好合作条约》及《〈东南亚友好合作条约〉高级委员会议事规则》仅应用于和平解决东盟内争端，但不能用于阐释和使用于东盟经济协议引发的争端。③ 根据《东南亚友好合作条约》，各国有义务通过友好协商解决它们之间的争端。如果争端未能得到

---

① Ramses Amer, "The Association of Southeast Asian Nations' (ASEAN) Conflict Management Approach Revisited: Will the Charter Reinforce ASEAN's Role?" *Austrian Journal of South-East Asian Studies*, Vol. 2, No. 2, 2009, p. 23.

② "The Report of the Eminent Persons Group (EPG) on the ASEAN Charter," ASEAN, December 2006, p. 42. http://www.asean.org/archive/19247.pdf

③ "Charter of the Association of Southeast Asian Nations," Jakarta: ASEAN Secretatiat, January 2008, p. 24.

解决，可提交给有东盟所有成员国外交部长组成的高级委员会。① 高级委员会可以建议争端各方通过适当的方式解决争端，包括高级委员会的斡旋，或者根据各方达成的协议，自行组建协调委员会，调查或进行协商。需要指出的是，《东南亚友好合作条约》和《〈东南亚友好合作条约〉高级委员会议事规则》并没有为高级委员会做出决定提供时间框架。高级委员会需要通过协商一致原则才能做出自己的决定，但《东南亚友好合作条约》和《〈东南亚友好合作条约〉高级委员会议事规则》并不强调各当事国必须遵守委员会的决定。尽管已存在近 50 年时间，《东南亚友好合作条约》从未被使用过。因此，在成员国间发生争端时，各成员国宁愿使用其他第三方国际争端解决机制，而不使用《东南亚友好合作条约》和《〈东南亚友好合作条约〉高级委员会议事规则》。主要原因在于，高级委员会具有较强的政治属性，表现各国对解决地区争端的态度，并不具有实际意义，各成员国对《〈东南亚友好合作条约〉高级委员会议事规则》的解决程序缺乏信心。由于争端方也是高级委员会的成员，通过协调一致原则根本不可能达成一致决定。经过这些程序通过的任何令人满意的结果仅会进一步让争端更加敏感和政治化，却不利于争端的解决。

东盟峰会如何运用自己的权力处理成员国之间的争端，面临结构性的不确定性。首先，《东盟宪章》并没有提出能让东盟峰会就成员间争端进行决策的任何机制。其次，即使东盟峰会可以根据《东盟宪章》第 20 条的共识原则进行决策，但如果达不成共识，《东盟宪章》并没有规定东盟峰会应采取何种进一步的措施。最后，《东盟宪章》没有明确要求成员国必须遵守东盟峰会的决定，也未规定如果不遵守东盟峰会需要承担的后果。因此，到目前为止，尚无成员国将此类问题提交给东盟峰会进行仲裁。

《东盟宪章争端解决机制议定书》（DSMP）并不是一种强制性的机制。根据 DSMP，解决争端的任何方式只有当争端所有方同意使用时才能够启动。

---

① *Rules of Procedure of the High Council of the Treaty of Amity and Cooperation in Southeast Asia*, 34th ASEAN Ministerial Meeting, Hanoi, Viet Nam, 23 July 2001, http：//www. asean. org/communities/asean-political-security-community/item/rules-of-procedure-of-the-high-council-of-the-treaty-of-amity-and-cooperation-in-southeast-asia-2.

尽管 ACC 拥有指导争端各方通过仲裁解决争端的权力，但其不太可能这样做，因为这必须建立在共识决策的基础上。由于争端一方代表可能因为感觉形势对自己不利而拒绝进行仲裁，共识决策几乎是不可能实现的。而且由于批准问题，DSMP 何时生效尚未可知。另外，即使 DSMP 最终生效，东盟国家是否会根据 DSMP 使用任何争端解决机制，仍然值得怀疑。2010 年，DSMP 刚签署的时候就没有经受住考验。柬埔寨试图根据《东盟宪章》第 22 条，希望东盟轮值主席国越南进行斡旋、协调其与泰国关于柏威夏寺的争端，最后以失败告终。因为东盟轮值主席国需要所有争端方取得共识后，才可以进行斡旋，但泰国拒绝斡旋。2011 年东盟轮值主席国印度尼西亚出面调停其与泰国围绕柏威夏寺的争端，泰国也同意了这一要求。[①] 然而，其中的主要原因在于印度尼西亚是东盟国家中最大的国家，具有相当高的威望，而不是东盟轮值主席国赋予其足够大的权力。遗憾的是，柬埔寨根据国际法院对 1962 年的判决进行再解释，赢得了对自己有利的解决结果，也对两国关系造成了一定程度的影响。

一般来说，东盟国家通过双边谈判的外交方式，或将争端提交给第三方争端解决机制，而不使用东盟争端解决机制，体现了东盟国家应对争端方式的渐进性倾向。首先，东盟仅具有管理而非解决国家间争端的经验。尽管东盟国家不反对将自己的争端提交给东盟的争端解决机制，但在东盟内却没有管理争端的成功先例。争端管理通常意味着双方采取必要的行动，避免争端升级为冲突。[②] 东盟内最常见的争端管理方式是东盟当事方通过外交手段，应对可能影响地区和平与安全的领土主权争端。其次，东盟国家坚持使用"东盟方式"的外交惯例管理争端。东盟内的各种会议，

---

① Hao Duy Phan, "Institutional Design and Its Constraints: Explaining ASEAN's Role in the Temple of Preah Vihear Dispute," *Asian Journal of International Law*, Vol. 5, No. 1, 2015, p. 4.

② Hao Duy Phan, "Procedures for Peace: Building Mechanisms for Dispute Settlement and Conflict Management within ASEAN," *UC Davis Journal of International Law and Policy*, Vol. 20, No. 1, Fall, 2013, p. 49; Donald E. Weatherbee, *International Relations in Southeast Asia: the Struggle for Autonomy*, Singapore: Institute for Southeast Asian Studies, 2010, pp. 131 - 132; and Mely Caballero-Anthony, "Mechanisms for Dispute Settlement: The ASEAN Experience," *Contemporary Southeast Asia*, Vol. 20, No. 1, 1998, pp. 39, 51-53.

为东盟国家间讨论相互间的问题提供了交流渠道，减少了使用争端解决机制的必要性。"东盟方式"包括东盟国家奉为圭臬的三个原则：决策依赖协商和共识、不冲突和不干涉相互间的内部事务。① 基于这些原则，东盟国家间的争端，特别是领土主权争端，很大一部分是通过外交方式解决的。② 非正式交流和闭门会议成为东盟方式的重要表现形式。除非争端各方一致同意，第三方的参与是被严格禁止的。③ 再次，东盟成员国似乎都意识到，东盟的组织程序和资源，特别是东盟秘书处，在发挥东盟争端解决机制效用方面仍存在局限性。与其他争端解决机制相比，东盟在具有争端解决机制的地区组织中并不处于优先的位置。④ 最后，如果外交途径不能产生令它们满意的结果，当事国通常倾向于同意将争端提交给一个正式的、有约束力的争端解决机制，这表明它们对东盟外的争端解决机制具有较高的信心和偏爱。

东盟国家倾向于使用东盟外争端解决机制的原因主要包括以下几个。首先，从未使用东盟管理和争端解决机制的历史惯性使然。《东南亚友好合作条约》明确指出，成员国可以自行决定解决争端的方式。因此，东盟国家并没有将领土主权争端提交给东盟争端管理和解决机制的义务。《东盟宪章》规定成员国将所有东盟内争端，根据《东南亚友好合作条约》进行解决。这实际上为东盟各成员国不利用东盟争端解决机制提供了可能。其次，东盟争端解决机制存在太强的政治意涵。《东南亚友好合作条约》高级委员会被认为是一个政治机构而非仲裁机构。这也是马来西亚不愿通

---

① Donald E. Weatherbee, *International Relations in Southeast Asia: The Struggle for Autonomy*, Singapore: Institute of Southeast Asian Studies, 2009, p. 128.

② Rodolfo C. Severino, *Southeast Asia in Search of an ASEAN Community: Insights from The Former ASEAN Secretary - General*, Singapore: Institute of Southeast Asian Studies, 2006, pp. 164-166.

③ Shaun Narine, *Explaining ASEAN Regionalism in Southeast Asia*, Lynne Riener Publishers, 2002, p. 31; and Donald E. Weatherbee, *International Relations in Southeast Asia: The Struggle for Autonomy*, Rowman & Littlefield Pub Inc, 2005, p. 131.

④ Claude Chase, Alan Yanovich, Jo - Ann Crawford and Pamela Ugaz, "Mapping of Dispute Settlement Mechanisms in Regional trade Agreements - Innovative or Variations on a Theme?" WTO Economic Research and Statistic Division, Staff Working paper ERSD - 2013 - 07, https://www.wto.org/english/res_ e/reser_ e/ersd201307_ e.pdf.

过《东南亚友好合作条约》解决西巴丹—利吉丹岛争端的重要原因。印度尼西亚曾向马来西亚建议将争端提交到《东南亚友好合作条约》高级委员会，遭到了马来西亚的拒绝。马来西亚担心一些东盟国家会偏向印度尼西亚，担心与其所有邻国都存在的领土争端可能因此而受到影响。将争端提交到国际法院就将争端的法律性与政治性剥离开来，各方更容易接受最终的判决。再次，东盟争端解决机制没有强制性的执行机构，对不遵守决策的行为难以采取惩罚措施。最后，与东盟外争端解决机制的声誉、良好记录和高效有关。相比未受考验的东盟管理和解决争端机制，将东盟内争端提交到地区外争端解决机制的选择似乎可以为争端各方提供更多的保证。这些机制在根据国际法解决争端方面有良好记录，已经建立了判例法数据库，更可以保证结果的可预测性。①

三　东盟管理和解决争端机制在南海问题上的适用性

在 2015 年香格里拉对话会第三次全体会议上，东盟轮值主席国马来西亚国防部长希沙姆丁·侯赛因表示，"东盟机制和方式推进了和平对话，和平解决方案必须得到所有相关国家的同意。东盟仍然是东南亚国家找到解决方案的主要或唯一机制。马来西亚和印度尼西亚的经验表明，国家间的对话和密切合作至关重要，民间交流而非军事干预才是解决争议的重要途径。南海问题是个老问题，涉及相关国家的尊严和'面子'问题，如果不谨慎从事，即使它不会发展成为我们历史上的最严重问题，也一定会升级为当前最严重的冲突之一。马来西亚非常了解南海问题的重要性。这也是我们一直主张使用外交手段处理这一问题的原因。我们深信，'南海行为准则'是治理南海海洋权益声索争议的最佳方式。敦促加强协商，这是迅速建立有效的行为准则的保证。'南海行为准则'将成为保障适当管理

---

① M. Lewis and P. van den Bossche, "What to do When Disagreement Strikes? The Complexity of Dispute Settlement under Trade Agreements," in S. Frankel and M. Lewis, *Trade Agreements at the Crossroads*, Routledge, 2014, p.15; and Rodman R. Bundy, "Asian Perspective on Inter-State Litigation," in Natalie Klein, *Litigating International Law Disputes: Weighing the Options*, pp.159-160.

这些海上重要航线的主要工具"。①

作为南海问题的直接相关方，以及在东南亚与周边邻国具有领土海洋争端最多的国家，马来西亚对东盟管理和解决争端机制及其在南海问题上的效用具有更为深刻的认识。因此，希沙姆丁的发言对南海问题的管理具有相当强烈的启示意义。

然而，东盟管理和解决争端机制在南海问题上的作用非常有限，甚至无法适用。主要原因如下。

第一，东盟不是南海问题的相关方。迄今为止，指导南海问题的主要有三个文件，即1992年东盟6国在菲律宾马尼拉签署的《东盟南海宣言》、2002年中国和东盟国家在柬埔寨金边签署的《南海各方行为宣言》以及2011年中国和东盟国家在印度尼西亚签署的《落实〈南海各方行为宣言〉指针》。从这三个文件上看，无论是东盟秘书处、东盟秘书长或某个东盟国家代表东盟都没有在文件上签字。从2004年开始的中国与东盟国家磋商南海问题的高官会和联合工作组会议也在很大程度上超越了中国—东盟关系的框架。相互之间存在南海领土主权争议的部分东盟国家也尚未诉诸东盟的争端解决机制处理它们之间的问题。东盟至今也没有通过关于南海领土主权归属或争端解决意向的文件。东盟国家也没有以集体名义通过关于南海争端的任何文件。因为，东盟国家之间既无法在南海争端中达成共识，也无法强制东盟成员国接受关于领土主权争端解决意向的文件。东盟不存在超越其成员主权之上的功能，东盟秘书处和秘书长只是东盟的执行机构，而非决策机构，不能发表东盟国家没有形成共识的观点。

第二，东盟部分国家间难以使用东盟管理和解决争端机制解决超越东盟权限的南海问题。中国需要警惕东盟国家间形成默契，单方面瓜分南海地区的领土主权。从技术上说，东盟管理和解决争端机制只能处理东盟国家之间的领土主权争端。前文已经论述过这些争端解决机制启动起来相当困难，运作起来代价不小，决策起来极不容易，执行起来没有效力。所以，更遑论处

---

① Dato' Seri Hishammuddin Tun Hussein, "Preventing Conflict Escalation," IISS Shangri-La Dialogue 2015, 30 May 2015, https: //www. iiss. org/en/events/shangri% 20la% 20dialogue/ archive/shangri-la-dialogue-2015-862b/plenary3-bd8b/hussein-38f4.

理东盟成员国与盟外国家的主权争议。反过来，东盟国家也不愿意让其他国家利用东盟争端解决机制来裁决它们内部的矛盾。另外，它们也担心内部争端方通过各种方式，包括利益交换或套交情的方式，拉拢非争端方掺和进来，使争端格局出现不利于自己的发展。马来西亚与其周边国家都有争议，在这方面的感触更为强烈。从法律上说，这些国家对南海领土主权的主张基本上都将以陆制海和事实占领作为优先选择的依据，片面强调1982年《联合国海洋法公约》的效用，根本不考虑其占领或主张的岛礁是否属于本国的历史事实，只强调事实占领，试图形成对其的优势。

第三，东盟管理和解决争端机制难以解决中国非东盟身份的问题。中国不是东盟的成员国，东盟的所有文件对中国不产生任何效力，即使东盟国家在南海问题上形成针对中国的一致立场也无济于事。除非中国参与并同意，东盟文件对中国没有任何执行力，而这样的文件对东盟国家具有同样的功能。如果不能解决中国的东盟身份问题，东盟部分成员就不能利用东盟管理和解决争端机制来处理与中国在南海问题上的领土主权争端。东盟成员国更不可能在中国无法同意的情况下请求启动《〈东南亚友好条约〉高级委员会议事规则》，建立高级委员会，在中国缺席的情况下进行协调；或者启动它们绝大多数国家尚未批准的《东盟宪章争端解决机制议定书》，建立仲裁委员会，并在中国缺席的情况下裁决。

第四，东盟管理和解决争端机制是东盟成员国为处理相互间的争端而设置的一种争端应对和处理程序，只有东盟成员国才能在这种机制中发挥作用，尚无如何管理和解决东盟成员国与非成员国争端的内容。东盟在缅甸和孟加拉国之间的孟加拉湾岛礁领土主权争端中严格保持中立，没有发挥过任何作用。如果东盟要运用其管理和解决争端机制来处理南海争端，只有两种可能，第一，仅仅涉及东盟成员国之间在南海地区的领土主权争端；第二，如果范围扩大到东盟成员国争端之外，只能是以单边方式通过东盟部分国家与中国在南海地区争议的裁决。当然，前一种情况也极有可能涉及与中国有争议的领土主权问题。然而，无论出现哪种情况，中国既不可能接受，更不可能遵守执行。

当然，中国需要高度警惕部分东盟国家通过诉诸海洋法对我领土主权和海洋权益构成侵犯。海牙常设仲裁法庭虽然没有强制执行仲裁结果的能力，但其仲裁结果具有很强的法律示范性，并能够对某些类似争端问题的判决形成影响。因此，对通过这种仲裁途径解决南海领土主权争端的企图要进行抵制。

从目前来看，东盟管理领土争端的规范，即通过外交谈判解决相互间的领土主权争端和以"东盟方式"为原则维护地区形势不受争端的影响，已经用于落实管理南海问题的"双规思路"上，即有关争议由直接当事国通过友好协商谈判寻求和平解决，而南海的和平与稳定则由中国与东盟国家共同维护。① 从前一种情况来看，直接当事国之间通过外交谈判解决争议，在东盟国家之间不仅有成功的先例，而且是它们的优先选择，印度尼西亚和菲律宾关于棉兰老海和苏拉威西海的专属经济区划界，以及马来西亚和文莱关于林邦地区的主权归属等问题就是通过这种方式解决的。另外，中国与东盟国家一样，强调双边谈判方式才是当前处理领土主权和海洋权益争端的首要选择。从后一种情况来看，南海的和平与稳定不涉及各方的领土主权问题，中国和东盟 10 国需要以平等和共识为原则，以外交磋商为主要形式，达成具有约束力的"南海行为准则"。

中国与东盟国家虽然同意以"双轨思路"来处理南海问题，但在实际操作中仍然存在许多难以克服的问题。如果中国与部分东盟国家之间或者部分东盟国家之间因领土主权争端而爆发冲突，是否可以按照"南海行为准则"来处置？对此，需要在这个文件中做出相应的规定，但从各方的立场看，这种可能性很小。

四　结语

作为一个政府间地区组织，东盟对地区各国争端必须表现出强烈的中立性与平衡性，希望更好地成为促进其成员国关系的一种政策工具，但不愿也不能充当其成员国之间争端的调停者和仲裁者。东盟希望通过促进成员之间全面合作，增加互动，为提升解决争端的信心创造有利条件。东盟

---

① 王毅：《以"双轨思路"处理南海问题》，中华人民共和国外交部网站，2014 年 8 月 9 日，http：//www.fmprc.gov.cn/mfa_ chn/zyxw_ 602251/t1181457.shtml。

不干涉内政的原则有助于防止一些成员国干预其他成员国的内部冲突，这与管理成员国之间争端的机制情况有所不同。

为了实现东南亚地区的和平与稳定，东盟成员国试图采取和平方式管理它们之间已经出现或潜在的国家间争端，但东盟未能在其中发挥任何影响和作用。东盟国家间争端的升级或缓和往往是由争端当事方主动作为形成的，与东盟没有关系。除非争端各方均要求，东盟不可能启动其管理和解决争端机制。东盟各成员通过内部协调一致、相互制约的决策方式，才能促进东盟管理和解决争端机制发挥作用。[①] 东盟应对地区争端的机制虽经过近半个世纪的发展，但仍未能成为一个正式的地区性冲突解决机制。[②] 在这方面，《东盟宪章》只是重申并保证东盟管理冲突方式的政策连续性。即使东盟到 2015 年宣称建成了所谓的共同体，其仍将处于概念的界定上，成为维持地区团结、促进成员协作、提升互动水平的载体，难以立刻成为管理甚至解决争端的有效行为体，更不会成为一个具有共同安全政策的军事联盟。

---

① Alan Collins, "Forming a Security Community: Lessons from ASEAN," *International Relations of the Asia-Pacific*, Vol. 7, No. 2, 2007, pp. 203–205.

② Amitav Acharya, "Collective Identity and Conflict Management in Southeast Asia," Emanuel Adler and Michael Barnett, *Security Communities*, Cambridge University Press, 1998, p. 211.

欧盟中亚战略中的多边安全
合作及其成效评估

戴轶尘*

摘　要：欧盟在 2007 年发表的中亚战略中，将安全与稳定确立为其在中亚地区的战略利益，并通过提供地区安全援助项目和建立高级别安全对话机制等方式来加强欧盟与中亚国家之间的安全合作。然而，受各种内外因素的制约，欧盟在中亚战略框架下的安全介入始终维持在有限且间接的状态，既未能帮助中亚国家有效应对各类威胁，也没有显著提升欧盟在该地区的战略影响力。

关键词：欧盟中亚战略　多边主义　对外援助　综合安全

2007 年 6 月，欧盟首脑会议通过了题为《欧盟与中亚：新伙伴关系战略》（European Union and Central Asia: Strategy for New Partnership，简称"中亚战略"）的文件。该战略文件将中亚的安全与稳定确立为欧盟在该地区的战略利益，并为此设计了一系列安全援助项目。随着阿富汗和中亚地区安全形势的变化，欧盟开始寻求与中亚国家建立高级别安全对话机制，以加强在该地区的影响力。然而，由于欧盟内部在对外开展集体安全行动上缺乏政策协调，同时欧盟和中亚国家之间在安全认知上也存在严重

---

*　戴轶尘，上海社会科学院国际问题研究所助理研究员。

分歧，并且还受到中亚地区复杂的大国关系等一系列因素的制约，欧盟未能通过实施中亚战略有效改善中亚地区的安全局势，也没有改变其在中亚地区的边缘地位。

一 欧盟在中亚地区的安全关切和政策目标

欧洲学者巴里·布赞（Barry Buzan）和奥利·维夫（Ole Weaver）认为，中亚是一个主要由弱国和弱权组成的地区，"各国之间互动能力很低，参与典型国家间对抗的能力有限"，而且"国家和种族身份虚弱"，因此其面临的主要安全威胁是与"各种跨国问题进行斗争，这些跨国问题如毒品走私和宗教运动等，都是由弱国造成的"，"总体上，在中亚的安全问题中，跨国安全问题多于国家间安全问题"。[①]

苏联解体后，新生的中亚国家在其独立之初就已面临与宗教极端主义紧密相关的暴力恐怖活动以及毒品走私、人口贩卖等非传统安全问题的严峻挑战。政治体制危机、经济困境和意识形态真空，促使许多中亚民众将回归伊斯兰宗教传统视为一条出路。同时，1979 年后伊朗输出"伊斯兰革命"和苏联入侵阿富汗引发的伊斯兰圣战思潮也加速向该地区渗透，从而在中亚各国独立后兴起了大量带有伊斯兰色彩的伊斯兰政治组织。据统计，在 20 世纪 90 年代初期，中亚五国出现了 20 个伊斯兰政治组织，其中乌兹别克斯坦 7 个，哈萨克斯坦 6 个，吉尔吉斯斯坦 4 个，塔吉克斯坦 2 个，土库曼斯坦只有 1 个。[②] 这些组织都有强烈的政治参与意识，很大程度上在中亚国家内部充当着政治反对派的角色，并出现了政党化倾向。但是，由于其中的极端激进派主张采取坚决行动，效仿"伊朗模式"在中亚地区建立政教合一的伊斯兰国家，大多数组织没有获得中亚各国世俗政府的认可，处于地下和半地下状态。塔吉克斯坦境内的伊斯兰复兴党甚至组织了自己的武装对抗世俗政府从而触发了该国的全面内战，并极大地刺激

---

① 巴里·布赞、奥利·维夫：《地区安全复合体与国际安全结构》，潘忠岐等译，上海人民出版社，2010，第 407~410 页。

② 王嘎：《中亚地区社会转型进程中的伊斯兰复兴运动》，《新疆大学学报》（哲学·人文社会科版）2012 年第 6 期，第 84 页。

了极端主义在整个中亚地区的扩散。

一方面，以"乌兹别克斯坦伊斯兰运动"（"乌伊运"，Islam Movement of Uzbekistan，IMU）为代表的中亚本土极端组织日趋恐怖化和跨国化，经常从其藏匿的阿富汗经塔吉克斯坦，在乌、吉、塔三国境内制造爆炸、绑架事件，并多次与乌政府军交火，成为对中亚安全威胁最大的极端组织。① 另一方面，国际性的恐怖组织和极端势力也加强了对中亚地区的渗透。塔吉克斯坦的反对派武装和"乌伊运"等极端组织都曾接受过阿富汗塔利班政权与"基地"组织的资助和军事训练。自1992年起，由中东穆斯林兄弟会成员建立的跨国极端组织——伊斯兰解放党开始潜入乌、吉、塔、哈等国发展成员，并且尤为注重对当地的青年宣传激进思想，号召团结全世界的穆斯林建立一个统一的政教合一的伊斯兰政权。②

与此同时，毒品和武器走私以及人口贩卖等跨国有组织犯罪也成为中亚地区稳定的一大威胁，并且进一步向欧洲蔓延。1996年塔利班控制阿富汗后，在严厉的国际制裁下，其将生产和贩卖鸦片作为主要的收入来源，使阿富汗迅速成为世界上最大的鸦片生产国，而且90%的鸦片输入欧洲市场。③ 中亚国家和俄罗斯之间密集的交通运输网络为阿富汗的毒品进入欧洲市场提供了便利，从而逐渐形成了一条从阿富汗进入塔吉克斯坦后，再经由其他中亚国家转往俄罗斯、土耳其等国，最后抵达欧洲的"北方路线"。毒品走私成为阿富汗和中亚的极端组织筹措资金和武器的主要渠道，"同样的走私渠道还被用来给极端分子跨境运输武器和炸药"。④ "乌伊运"

---

① 余建华等：《上海合作组织非传统安全研究》，上海社会科学院出版社，2009，第101~103页。

② 参见苏畅《伊斯兰解放党与中亚安全》，《俄罗斯中亚东欧研究》2006年第2期，第75~80页；杨恕、林永锋：《中亚伊斯兰极端主义》，《俄罗斯中亚东欧研究》2008第5期，第62~70页。

③ International Crisis Group, "Central Asia: What Role for the European Union?" *ICG Asia Report*, No. 113, Apr. 10, 2006, pp. 8-9.

④ Daniel Kimmage, "Security Challenges in Central Asia: Implications for the EU's Engagement Strategy," in Neil J. Melvin, ed., *Engaging Central Asia: The European Union's New Strategy in the Heart of Eurasia*, Brussels: Centre for European Policy Studies, 2008, p. 15.

就是中亚地区主要的海洛因走私者。① 此外,阿富汗战乱、中亚地区内部的族群冲突也引发了大规模难民潮和非法移民问题。根据联合国难民署(UNHCR)的统计,20 世纪 90 年代阿富汗内战期间,有 1 万阿富汗难民进入中亚地区避难。② 塔吉克斯坦内战则造成 69.8 万人无家可归,其中有 19.58 万人流向其他独联体国家。③ 同时,中亚国家经济转型陷入困境导致失业率居高不下、贫困化加剧,大量失业人口成为跨国劳动移民,其中不乏被跨国犯罪集团贩卖到俄罗斯、中东等地区从事强制劳动和卖淫的非法移民。④

欧盟在 20 世纪 90 年代就已开始担心中亚地区会沦为毒品走私和人口贩卖等跨国有组织犯罪进入欧洲的国际通道,但尚未将该地区视为对欧洲安全构成挑战的主要威胁来源。2001 年"9·11"事件的爆发成为欧盟加强和调整中亚政策的重要动力,"恐怖主义和有组织犯罪的相互关联提升了欧盟决策圈对中亚的重视",欧盟开始从反恐视角看待中亚的地缘战略地位。⑤

"9·11"事件后,欧盟成员国参与了北约联军在阿富汗的反恐战争,并由此在中亚国家获得了军事存在,促使欧盟内部日益重视其在该地区追求的安全利益。有欧洲观察家指出,应当将中亚视为北约南部侧翼的冲突地带的一部分,该地区的转型将成为把欧盟和不稳定的伊斯兰世界隔离开来的一条稳定带。因此,在该地区巩固和加强稳定的、世俗的和民主的政权是欧盟最高的政策优先。⑥ 在此背景下,欧盟总务理事会于 2001 年 12

---

① Jim Nichol, "Central Asia's Security: Issues and Implications for U.S. Interests," Washington D.C.: Congressional Research Service, Feb. 25, 2009, p. 21.

② Policy Department DG External Policies, "The Impact of the 2014 ISAF Forces' Withdrawal from Afghanistan on the Central Asian Region," Brussels: European Parliament, EXPO/B/AFET/2013-17, Jan. 2014, p. 18.

③ 余建华等:《上海合作组织非传统安全研究》,上海社会科学院出版社,2009,第 233 页。

④ Yonah Alexander, Michael Fredholm, "Central Asian Security Challenges: 2012 and Beyond," Dec. 2012, http://www.terrorismelectronicjournal.org/app/download/6283971182/Central + Asian+Security+Challenges+-+2012+and+Beyond.pdf? t=1424388812.

⑤ Katarzyna Czerniecka, John Heathershaw, "Security Assistance and Border Management," in Alexander Warkotsch, ed., *European Union and Central Asia*, Routledge, 2011, p. 78.

⑥ Murat Laumulin, "Central Asia and the European Union," in Boris Rumer, ed, *Central Asia: A Gathering Storm?*, M. E. Sharpe, 2002, pp. 217-218.

月提出，应扩展欧盟在中亚的活动，包括加强中亚地区的边境控制和边境
管理以及支持在该地区的禁毒行动。同时，欧盟委员会对外关系委员费雷
罗·瓦尔德纳（Ferrero Waldner）也强调，欧盟在中亚的安全优先是加强
边境控制，尤其是塔吉克斯坦和阿富汗之间的边境。[①]

2002 年 10 月，欧盟委员会推出了首份专门针对中亚地区的援助文件，
第一次将中亚五国视为欧盟对外关系中一个单独的地缘板块。欧盟在文件
中明确表示，"9·11"事件对中亚产生了显著影响，并导致欧盟重新评估
其政治和外交政策的优先议程。欧盟认为，恐怖主义、原教旨主义和安全
是该地区面临的共同问题之一，"在中亚和更广泛的地区内，恐怖分子及
其支持的组织行动与跨国犯罪网络、毒品、武器走私和人口贩卖有着紧密
的联系"。欧盟还关注苏联遗留在中亚地区的核设施和生化武器设备，认
为该地区存在大规模杀伤性武器扩散的风险。此外，欧盟指出，中亚国家
在边界和自然资源尤其是分享水资源上存在争议并妨碍了地区合作。因
此，欧盟强调它在"预防中亚成为冲突带、成为恐怖主义天堂或恐怖主义
者的主要资金来源上有着坚定的利益"，从而将"促进安全和冲突预防"
确立为在"塔西斯（TACIS）计划"下向中亚地区提供援助的三条轨道中
的首要目标。[②]

此后，欧盟在 2003 年发表的《欧洲安全战略》（European Security
Strategy，ESS）中，明确界定其主要安全威胁是恐怖主义、大规模杀伤性
武器的扩散、地区冲突、失败国家以及有组织犯罪等非传统安全挑战，并
将应对威胁、加强周边安全以及建立在"有效多边主义"基础上的国际秩
序确立为欧盟对外政策的三大战略目标。[③] 尽管这份文件并没有将中亚地
区纳入欧盟的周边范畴，但是作为一个必须对"发展中的全球主要安全威
胁的共识"做出回应的全球行为体，欧盟已开始注意到影响该地区的

[①] Katarzyna Czerniecka, John Heathershaw, "Security Assistance and Border Management," in Alexander Warkotsch, ed., *European Union and Central Asia*, Routledge, 2011, p. 82.

[②] European Commission, "Strategy Paper 2002 - 2006 & Indicative Programme 2002 - 2004 for Central Asia," Oct. 2002, http://eeas.europa.eu/central_asia/rsp/02_06_en.pdf.

[③] 张迎红：《欧盟共同外交与防务政策研究》，时事出版社，2011，第 133~136 页。

威胁。①

　　然而，欧盟并未能充分认识到这些安全挑战对中亚地区造成危害的严重性。当 2005 年"颜色革命"在中亚蔓延时，欧盟采取了追随美国的政策，企图以激进方式加速中亚国家的民主化，导致吉尔吉斯斯坦发生政权更迭、乌兹别克斯坦爆发安集延事件。出乎美欧意料的是，"颜色革命"并未能推进中亚各国的转型进程，反而让在"9·11"事件后遭到国际社会和中亚各国政府强力压制的宗教极端势力与恐怖组织有了死灰复燃的空间，使得中亚地区面临民主化带来的不稳定和转型停滞所导致的整个地区安全形势恶化的"民主—稳定困境"。

　　面对这一局面，已经完成首轮东扩的欧盟开始担心"在地理上更加接近中亚地区的同时，更易受到其脆弱的国家性的影响"。② 欧洲议会外交委员会主席布洛克（Elmar Brok）提出，为了保障欧盟的天然气供应安全和防范中亚的安全威胁外溢，欧盟国家应为了共同利益重新思考深化中亚战略。③ 不久后，俄罗斯和乌克兰在 2006 年 1 月爆发第一次天然气争端，严重冲击了欧盟的能源安全，促使其进一步加快调整中亚政策的步伐，并最终在德国的大力推动下在 2007 年 6 月实现了战略升级。

　　欧盟在中亚战略文件中明确表示，中亚地区的战略、政治和经济发展以及跨地区挑战，已直接或间接地影响了它的利益，而且欧盟东扩后也更加靠近中亚。同时，中亚地区丰富的能源资源及其寻求贸易伙伴和供应路线多样化的目标，有助于满足欧盟的能源安全和供应需求。有鉴于此，欧盟将"安全与稳定"界定为其在中亚的战略利益，并强调"在全球化世界中所面临的许多挑战对欧洲和中亚有着同样的影响，双方有必要共同应对。考虑到中亚国家的地理位置，尤其是关系到阿富汗、巴基斯坦和伊朗时，安全问题与地区经济发展要求欧盟与中亚各国之间进行紧密合作，需要在边境管理、移民、打击有组织犯罪和国际恐怖主义，以及打击人口、

---

① Katarzyna Czerniecka, John Heathershaw, "Security Assistance and Border Management," in Alexander Warkotsch, ed., *European Union and Central Asia*, Routledge, 2011, pp. 79-80.

② Alexander Warkotsch, ed., *European Union and Central Asia*, Routledge, 2011, p. 4.

③ 赵会荣：《欧盟的中亚政策》，《俄罗斯中亚东欧研究》2008 年第 6 期，第 62 页。

毒品和武器贩卖上发展合作"。①

为实现上述目标，欧盟将"打击共同的威胁与挑战"确立为其中亚战略的七大政策优先领域之一，并重点聚焦于边境管理、中亚与阿富汗的邻近性以及打击毒品走私等安全议题。欧盟表示，将通过多边主义和地区主义的政策路径支持中亚国家发展现代化的边境管理，尤其是与阿富汗的边境。为此，欧盟将向中亚国家提供组织化的援助来支持其边防力量的转型，引入一体化的边境管理，并升级法律框架以加强执法机构的能力。同时，欧盟还强调打击跨国有组织犯罪是其向中亚国家提供援助的优先方向之一，将对打击腐败、毒品走私、人口贩卖、非法武器贸易和有组织犯罪给予更多支持，并将和中亚国家进行打击国际恐怖主义的合作。欧盟还提及将与联合国毒品和犯罪问题办事处（United Nations Office on Drugs and Crime，UNODC）下属的中亚地区信息和协调中心（Central Asia Regional Information and Coordination Center，CARICC）、上海合作组织以及中国等国际组织和相关国家在打击毒品走私方面加强合作。此外，欧盟还特别指出，将为费尔干纳盆地提供促进稳定、繁荣和可持续发展的援助项目，并对涉及边境管理、地区内贸易以及商品和人员自由流动的项目给予特别关注。②

二　欧盟在中亚的多边安全援助和对话机制

在其中亚战略中，欧盟主要通过向中亚地区提供多边安全援助项目来加强这些国家抵御阿富汗安全威胁外溢的能力，中亚边境管理项目（Border Management in Central Asia，BOMCA）以及与之紧密相关的中亚禁毒行动计划（Central Asia Drug Action Programme，CADAP）是欧盟在该地

---

① Council of the European Union, "European Union and Central Asia: Strategy for a New Partnership," Oct. 2007, http: //eeas. europa. eu/central_ asia/docs/2010_ strategy_ eu_ centralasia_ en. pdf.

② Council of the European Union, "European Union and Central Asia: Strategy for a New Partnership," Oct. 2007, http: //eeas. europa. eu/central_ asia/docs/2010_ strategy_ eu_ centralasia_ en. pdf.

区的"旗舰型项目"。① 同时，欧盟还寻求建立高级别的安全对话机制以提升双方安全合作的战略性。

长期以来，中亚国家在边境管理上的设备和基础设施落后，边防和执法力量人手缺乏而且训练不足，还存在严重的腐败问题，难以抵挡来自阿富汗的极端主义、有组织犯罪等跨国性安全威胁的渗透。为改变这一局面，早在 1996 年，法国总统希拉克就提出，欧盟应有专门的项目来应对来自阿富汗和中亚的毒品威胁。随后在 1997 年，法国海关就向欧盟提交了这一项目的初步设计和评估。2000 年，在奥地利担任欧安组织轮值主席国期间，在美国的支持下，其内务部长提出了一份由奥地利资助的中等规模的援助项目计划，向长期面临宗教极端势力、毒品和武器走私、族群矛盾、资源争夺等安全威胁的费尔干纳盆地提供边防培训和能力建设。"9·11"事件后，这一提议受到欧盟委员会的欢迎，并计划将其扩展到整个中亚地区。②

2002 年 10 月，欧盟委员会将一体化外部边境管理体系（Integrated Management System for External Borders）引入到对中亚地区的安全援助之中，设立了 BOMCA。该体系旨在帮助受援国在边境的开放性和安全性方面形成良性平衡，从而加强对极端主义、非法贸易和移民等有组织犯罪的控制能力，以降低此类威胁进入欧盟的风险。③ 欧盟尤为强调要帮助与阿富汗接壤、地形复杂且边防能力极为脆弱的吉、塔两国加强边境管理能力，优先向其提供相关的培训和设施。同时，欧盟委员会还与中亚国家签订了中亚禁毒行动计划协议，由欧洲禁毒协调小组（European Drugs Coordination Unit）负责将计划转化为行动。④ CADAP 是欧盟禁毒战略中在欧洲和阿富汗之间建立"滤网"体系的一个重要环节，通过支持中亚国家以长期的、制度建设的路径建立起以发展为导向的毒品控制战略，持续减

---

① Anna Matveeva, "EU Stakes in Central Asia," *Chaillot Paper*, No. 91, Jul. 2006, p. 88.

② Anna Matveeva, "EU Stakes in Central Asia," *Chaillot Paper*, No. 91, Jul. 2006, p. 88.

③ George Gavrilis, "Beyond the Border Management Programme for Central Asia（BOMCA），" *EUCAM Policy Brief*, No. 11, Nov. 2013, p. 1.

④ European Commission, "Strategy Paper 2002 - 2006 & Indicative Programme 2002 - 2004 for Central Asia," Oct. 2002, http：//eeas. europa. eu/central_ asia/rsp/02_ 06_ en. pdf.

少该地区的毒品消费和走私。① 2003 年，在奥地利的推动下，BOMCA 开始运作，并从 2004 年起与 CADAP 的管理团队合并开展工作。由于欧盟自身在中亚缺乏足够的资源，因而在 2003~2010 年期间通过联合国开发计划署（United Nation Development Program，UNDP）在当地落实两个项目，从而将安全与发展联系起来。②

BOMCA 的核心内容是在塔—阿边境、巴特肯山区和费尔干纳盆地设立 20 个试点边境站，由欧盟向其提供一体化边境管理所需的设备和设施，并帮助边防和执法人员进行技术培训和制度改革。据欧洲审计院的统计，2003~2014 年，欧盟委员会先后通过塔西斯计划和发展合作工具（Development Cooperation Instrument，DCI）为 BOMCA 的 8 期援助活动提供了总计 3370 万欧元的拨款。③ 虽然欧盟力图从设施、能力和制度方面帮助中亚国家全面加强边境管理，但在这三方面所取得的成效并不平衡。

在设施建设方面，BOMCA 的援助成效最为显著。到 2013 年，欧盟通过 BOMCA 已重建、整修和装备了 52 个边境过境站（border crossing points）、11 个边境哨所（border outposts）、6 个边防训练中心、4 个训练中心宿舍、4 个警犬训练中心和 3 个兽医站、14 个毒品分析站。④ 同时，该项目还提供了毒品检测和护照验证设施等一系列现代化边境管理所需的先进设备，并为在塔—阿边境建造新的过境桥梁提供资金支持。⑤

在能力建设方面，BOMCA 取得了有限的成果。在 BOMCA 的支持下，欧盟委托联合国毒品和犯罪问题办事处、联合国难民署等国际组织以及国际移民政策发展中心（ICMPD）、国际移民组织（IOM）等专业性机构，对

---

① 参见盖沂昆《欧盟禁毒政策及其制定——一个共同治理跨国毒品问题的政策框架》，《欧洲研究》2006 年第 4 期，第 80 页；刘继业：《欧盟援助下的中亚边界管理合作》，《俄罗斯研究》2009 年第 6 期，第 76 页。

② Anna Matveeva, "EU Stakes in Central Asia," *Chaillot Paper*, No. 91, Jul. 2006, p. 89.

③ European Court of Auditors, "EU Development Assistance to Central Asia," European Court of Auditors Special Report, No. 13, 2013, http://www.eca.europa.eu/Lists/ECADocuments/SR13_ 13/QJAB13014ENN.pdf.

④ 联合国开发计划署网站，2014 年 10 月 31 日，http://www.undp.org/content/brussels/en/home/ourwork/democraticgovernance/successstories/bomca。

⑤ George Gavrilis, "Beyond the Border Management Programme for Central Asia (BOMCA)," *EUCAM Policy Brief*, No. 11, Nov. 2013, p. 4.

中亚国家的边防、海关、内务部、医疗、农业和动植物检疫服务部门等相关执法部门进行培训，向其传授一体化边境管理所需的专业知识和基本技能。同时，欧盟还组织中亚国家负责边境管理的高级官员到匈牙利、波兰的边境进行实地考察，了解和学习这些新成员国在边境管理上的转型经验，促使其接受欧盟的理念和制度。为了提高培训效率，欧盟通常采用"培训—培训者"的方式，即先由欧盟挑选中亚各国的受训人员到比什凯克总部或欧盟成员国接受培训，再由其对本国的执法人员进行培训。① 到 2010 年，已有2000 多名中亚国家的执法机构的官员和专业人员接受了欧盟的培训以及到欧洲学习访问。② 但总体上，欧盟的培训规模仍然相当有限，不足以满足中亚边境管理的需求，而且此类培训也未能遏制住中亚国家边境上的腐败现象。

在制度建设方面，BOMCA 效果不彰。欧盟认为中亚国家动辄以关闭边境的方式来抵御跨国性威胁或是在边界争端中惩罚邻国，已经陷入了一种恶性循环——"以安全为名限制跨界人员和商品流动，反而妨碍了合法的经济活动，影响了该地区的中期经济发展前景"。③ BOMCA 的制度建设则着眼于通过输出欧洲一体化边境管理的原则和法律，帮助中亚国家进行制度改革，促使其加强本国边境管理机构的内部合作、各个机构之间的协调与合作以及相邻国家之间的跨界合作，从而降低边境管理的成本，预防威胁的扩散以及腐败问题。④ 为此，BOMCA 委托国际移民政策发展中心对除土库曼斯坦外的中亚四国的边境管理法律制度进行评估，并由专家工作组向受援国政府提出改革建议，以建立统一的边境管理机构。⑤ 从 2007 年

---

① 刘继业：《欧盟援助下的中亚边界管理合作》，《俄罗斯研究》2009 年第 6 期，第 77 页。

② Europe Aid, "European Union-Central Asia Development Cooperation," 2011, http：//ec. europa. eu/europeaid/sites/devco/files/publication-european-union-central-asia-development-cooperation-2011_ en. pdf.

③ European Commission, "Strategy Paper 2002 - 2006 & Indicative Programme 2002 - 2004 for Central Asia," Oct. 2002, http：//eeas. europa. eu/central_ asia/rsp/02_ 06_ en. pdf.

④ George Gavrilis, "Beyond the Border Management Programme for Central Asia (BOMCA)," *EUCAM Policy Brief*, No. 11, Nov. 2013, p. 3.

⑤ BOMCA, "Border Management Programme in Central Asia Progress Report Phase 8," Jun. 2013, http：//www. uz. undp. org/content/dam/uzbekistan/docs/projectdocuments/ggu/un _ prodoc_ EU_ UNDP% 20Border% 20Management% 20Programme% 20in% 20Central% 20Asia% 20% 28BOMCA% 29,% 20Phase% 208. pdf.

起，欧盟还推动中亚国家举行双边会议讨论跨界合作，哈—吉两国、吉—塔两国的边防负责人通过双边会议的形式确认以联合训练、分享设备、加强协调过境程序等方式开展合作，并签署了跨境合作的双边行动计划。此外，哈政府还同意为吉、塔两国的边防人员提供培训。① 但是，一体化边境管理中最为重要的跨界合作机制未能在中亚地区推广开来，而只是在哈—吉两国、吉—塔两国间的一两个试点边境过境站和边境哨所取得成功，由两国的边境管理人员联合检查过境人员的护照和车辆。② 这里的主要原因在于，中亚国家之间缺乏互信，从而使得参与 BOMCA 的各国边境管理官员之间不愿分享情报和进行协作。乌兹别克斯坦和土库曼斯坦仅选择性地参与 BOMCA 的能力建设活动，而不愿与其他中亚国家分享其专业经验。③

与此同时，欧盟也通过实施 CADAP，有限地改善了中亚国家的禁毒能力。CADAP 旨在帮助中亚各国政府制定打击毒品的战略和行动规划，推动其进行立法和制度建设，遏制毒品需求和监管戒毒措施，开展执法、司法和边境管理机构之间的合作，加强对非法毒品及其化学前体的控制，以及加强打击与毒品走私有关的洗钱犯罪。④ 2001～2013 年，欧盟委员会为 CADAP 总共 5 期的援助行动提供了 2070 万欧元的拨款。⑤ 同时，欧盟理事会在 2002 年、2009 年和 2013 年先后制定了三份"欧盟—中亚禁毒行动规划"（EU-Central Asia Action Plan on Drugs）。欧盟通过和中亚国家之间的专家级定期对话机制来监督 CADAP 的执行。

---

① Europe Aid, "European Union-Central Asia Development Cooperation," 2011, http://ec. europa. eu/europeaid/sites/devco/files/publication-european-union-central-asia-development-cooperation-2011_ en. pdf.

② George Gavrilis, "Beyond the Border Management Programme for Central Asia (BOMCA)," *EUCAM Policy Brief*, No. 11, Nov. 2013, p. 4.

③ European Court of Auditors, "EU Development Assistance to Central Asia," European Court of Auditors Special Report, No. 13, 2013, http://www. eca. europa. eu/Lists/ECADocuments/SR13_ 13/QJAB13014ENN. pdf.

④ Council of the European Union, "EU-Central Asia Action Plan on Drugs (2014-2020)," Oct. 2013, http://ec. europa. eu/justice/anti-drugs/files/eu-ca-ap-2014-20_ en. pdf.

⑤ European Court of Auditors, "EU Development Assistance to Central Asia," European Court of Auditors Special Report, No. 13, 2013, http://www. eca. europa. eu/Lists/ECADocuments/SR13_ 13/QJAB13014ENN. pdf.

到 2013 年第 5 期 CADAP 行动计划结束时，在欧盟的援助和专家指导下，中亚国家已经采用欧洲毒品和毒瘾监控中心（European Monitoring Centre for Drugs and Drug Addiction，EMCDDA）的方法，建立起了定期的毒品形势监测制度，制订了建立毒品情报系统的国家行动计划。同时，欧盟通过欧洲的非政府组织将现代化的戒毒治疗方法推介给中亚国家的监狱，以帮助吸毒者恢复健康并预防艾滋病等与吸毒有关的传染病的扩散。从 2007 年起，CADAP 在吉尔吉斯斯坦首次开展了"监狱系统禁毒"示范工程，并逐步推广到了其他中亚国家。在 2010~2012 年的第五期行动中，CADAP 对中亚五国的 3000 多名专家和政府代表进行了有关现代医学和精神戒毒疗法的培训，并翻修了中亚五国的戒毒治疗和恢复中心，还提供了相关设备。[①] 此外，CADAP 还培训中亚的媒体记者和非政府组织，以加大宣传禁毒措施的力度，从而防范毒品和艾滋病在中亚地区的传播。[②]

然而，欧盟采取的一系列措施并未有效遏制中亚地区的毒品走私和消费。虽然在 2001 年后，包括欧盟在内的国际社会对中亚地区的援助显著增加，但是中亚国家缴获毒品的水平保持平稳甚至有所下降。根据 2013 年联合国毒品和犯罪问题办公室的报告，阿富汗的鸦片生产仍然供应了世界上 90% 的海洛因和吗啡，有 375 吨毒品从阿富汗流入全球市场，其中有四分之一是通过中亚地区的"北方路线"进行走私的。[③] 在 2012 年，塔吉克斯坦政府仅在其境内就缴获了 6 吨毒品。[④]

由于上述项目大多是依靠专家进行的技术援助，并不能完全满足欧盟

① CADAP, "Final Conference takes stock of the 5th phase of the Central Asia Drug Action Program," Apr. 2013, http：//eeas. europa. eu/delegations/kyrgyzstan/documents/press _ corner/news2013/pr_ cadap_ final_ conference_ en. pdf.

② 盖沂昆：《欧盟禁毒政策及其制定——一个共同治理跨国毒品问题的政策框架》,《欧洲研究》2006 年第 4 期，第 81 页。

③ Azamjon Isabaev, "Uzbekistan and Afghanistan-security challenges post－2014," in Johan Norberg, Erika Holmquist, eds, *ISAF's Withdrawal from Afghanistan-Central Asian Perspectives on Regional Security*, Almaty：Conference report, May 22－23, 2013, p. 31.

④ Muzaffar Olimov, "North-East Afghanistan and the Republic of Tajikistan-Post-ISAF Security Challenges," in Johan Norberg, Erika Holmquist, eds., *ISAF's withdrawal from Afghanistan-Central Asian perspectives on regional security*, Almaty：Conference report, May 22－23, 2013, p. 40.

所希望的与中亚各国政府加强安全合作的需求，因此，欧盟还从 2007 年起致力于通过建立高级别对话机制来强化在该地区的战略影响。

2008 年 9 月，法国担任欧盟轮值主席国期间，在巴黎召开了首次外长级的"欧盟—中亚安全论坛"，讨论恐怖威胁、大规模杀伤性武器的扩散、打击人口贩卖和毒品走私以及能源和环境安全问题。与会者不仅有欧盟成员国、候选国和中亚国家的外长，国际组织以及阿富汗的代表也列席了会议。次年 9 月，在瑞典召开了第二次欧盟—中亚外长级会议，除关注安全问题外，还探讨了经济危机问题。此后，欧盟和中亚国家建立起了一年两轮的外长级政治对话机制，促使双方"对诸如阿富汗、极端主义或水资源等起初难以在地区层面突破的敏感性问题进行了深入探讨"。①

然而，阿富汗安全局势自 2009 年起迅速恶化，东北部巴格兰省的德军基地、西南部赫尔曼德省的英军基地以及西部赫拉特省的意军基地频频遭到塔利班武装的袭击。随着美国政府在 2009 年底宣布了从阿富汗撤出战斗部队的计划，荷兰、波兰、葡萄牙等欧盟成员国也相继宣布了撤军或减少驻军的计划。与此同时，中亚地区却浮现出新的不稳定迹象。2010 年，吉尔吉斯斯坦首都比什凯克再次爆发街头革命，南部奥什地区发生了大规模骚乱。同年 9 月，塔吉克斯坦边境长期不受中央政府控制的拉什特地区也发生了政府军与反对派武装的交火。② 2011 年，在一向较为平静的哈萨克斯坦出现了名为"哈里发斗士"（Jundal-Khilafa，JaK）的新极端组织。该组织以推翻世俗政府建立伊斯兰哈里发国家为目标，并在哈萨克斯坦的阿克纠宾斯克州和首都阿斯塔纳的国家安全部门办公地制造恐怖袭击事件。③

这一情况迫使欧盟不断提升安全议题在中亚战略中的优先排序。2010 年 6 月，欧盟理事会发表了第二份中亚战略执行进程报告，明确提出将重点加强在人权、法治和民主，广义安全（security broadly speaking），水资

① Council of the European Union, "Progress Report on the Implementation of the EU Strategy for Central Asia: Implementation Review and Outline for Future Orientations," Jun. 2012, http://eeas.europa.eu/central_asia/docs/20120628_progress_report_en.pdf.

② 苏畅：《当前阿富汗形势对中亚安全的影响》，《俄罗斯中亚东欧研究》2012 年第 1 期，第 78~81 页。

③ 余建华：《阿富汗问题与上海合作组织》，《西亚非洲》2012 年第 4 期，第 67~68 页。

源和能源，以及阿富汗问题这四大关键领域的工作。欧盟指出，"阿富汗的脆弱局势，尤其是与中亚五国中三个国家接壤的北部地区已经增加了极端主义从阿富汗外溢到中亚的潜在风险。在打击恐怖主义和极端主义方面的合作也因而重新重要起来"，同时，"吉尔吉斯斯坦的权力更迭仍然揭示出其对中亚安全的综合影响"，因此，"有必要扩展安全的概念，以包括主要的国际性和地区性挑战，如人的安全，打击毒品走私和贩卖人口，化学前体、核与放射性材料、铀残渣，边境管理，生态安全，打击恐怖主义和预防激进化和极端主义，包括不断强调减少贫困"。欧盟尤为强调在阿富汗问题上"需要将中亚与更大地区之间增长的联系整合到欧盟—中亚的合作之中。防范极端主义和打击恐怖主义的合作是重要因素"。[①] 到 2012 年 6 月，欧盟理事会在第三份中亚战略执行评估报告中，已将安全问题尤其是阿富汗局势视为它在中亚地区关切的头等大事。欧盟承认，"中亚确实面临着日益增长的恐怖主义与其他形式的暴力威胁，无论是源于外部的还是内生的，无论是急迫的还是潜在的"。如何预防这些危险对于欧盟而言已是越来越重要的合作议题，因此其确定的未来数年内在中亚的行动要点，首先就是要引入定期的高层安全对话，同时加强与中亚国家之间的反恐合作以及和其他国际行为体进行紧密协调，从而加强和巩固欧盟在阿富汗边境地带的行动。[②]

根据这一要求，2013 年 6 月，欧盟与中亚五国在布鲁塞尔举行了首次高层安全对话。但是，相对于欧盟升级安全对话的迫切心态，中亚五国却对此缺乏兴趣，只是派遣副外长或者驻欧盟大使出席对话。最后，对话由欧盟对外行动署的副秘书长施密特（Helga Schmid）主持，双方讨论了恐怖主义、极端主义、毒品走私、大规模杀伤性武器扩散和阿富汗问题，并就若干关键行动达成了共识：第一，通过专家援助加强落实欧盟和中亚的

---

① Council of the European Union, "Joint Progress Report by the Council and the European Commission to the European Council on the implementation of the EU Central Asia Strategy," June 2010, http：//register. consilium. europa. eu/doc/srv? l=EN&f=ST%2011402%202010%20INIT.

② Council of the European Union, "Progress Report on the implementation of the EU Strategy forCentral Asia: Implementation Review and outline for Future Orientations," Jun. 2012, http：//eeas. europa. eu/central_ asia/docs/20120628_ progress_ report_ en. pdf.

联合反恐行动计划；第二，进一步增强 BOMCA 和 CADAP 的行动，加强跨区域的执法合作；第三，更新欧盟—中亚禁毒行动计划，增进欧盟在中亚国家与阿富汗交界地带的援助项目之间的联系。欧盟认为，高层安全对话为处理与中亚国家共同关切的政治和安全议题提供了新的工具，并希望将其确立为定期机制。[①] 然而，受到 2014 年乌克兰危机的冲击，第二次高层安全对话被推迟到 2015 年 3 月在塔吉克斯坦首都杜尚别举行。本次对话除了有欧盟和中亚五国的副外长级代表出席外，还邀请了阿富汗的副外长参与对话，主要议题包括加强预防生化武器和核武器原料的扩散、进一步发展反恐专家之间的合作、继续推进 BOMCA 和 CADAP 的执行以及深化移民合作。[②] 这一对话机制能否促使欧盟和中亚国家之间的安全合作有实质性的突破仍然有待观察。

三　欧盟在中亚的安全介入缺乏成效的制约因素

欧洲学者认为，欧盟试图在中亚地区寻求一种"综合安全"，其在中亚的安全介入却排他性地将"推动边境管理和打击毒品的地区合作置于前列"。[③] 这一政策路径凸显了欧盟在中亚安全上的矛盾处境。一方面，欧盟在《欧洲安全战略》中将安全与发展相联系，从而拓展了安全的概念。新的安全威胁界定覆盖了从经济到环境的不同领域，使其拥有广泛的政策工具可以适用于在中亚寻求发展合作与综合安全。但在另一方面，欧盟在安全领域缺乏单一的对外政策框架，无法将中亚地区的一系列不同类型的安全议题进行合并和优化。在这样的情况下，边境管理和打击毒品是被欧盟的所有成员国都视为符合其利益同时又为中亚国家所接受的安全合作领域，因此成为在欧盟层面能汇聚各方诉求的主要安全介入方式，但是其并

① European Union, "EU-Central Asia High Level Security Dialogue," Jun. 2013, http://www.consilium.europa.eu/uedocs/cms_ data/docs/pressdata/EN/foraff/137463.pdf.

② European Union, "EU-Central Asia High Level Security Dialogue takes place in Dushanbe," Mar. 2015, http://www.eeas.europa.eu/statements-eeas/2015/150311_ 01_ en.htm.

③ Katarzyna Czerniecka, John Heathershaw, "Security Assistance and Border Management," in Alexander Warkotsch, ed., *European Union and Central Asia*, Routledge, 2011, p.81.

未有效改善中亚的安全局势。

根据英国经济与和平研究所（Institute for Economics & Peace）在2002~2013 年期间发布的全球恐怖主义指数（Global Terrrorism Index，GTI），从恐怖活动造成的伤亡人数、财产损失以及心理效应来看，阿富汗和巴基斯坦两国的恐怖威胁一直呈不断上升之势，是全球 162 个国家和地区中最危险的。中亚国家中除了土库曼斯坦的恐怖主义影响较小之外，其余四国大多处于中等威胁状态。特别是 2010 年后在塔吉克斯坦出现了明显的恐怖主义回潮态势，而原本几乎没有恐怖主义的哈萨克斯坦的安全形势也趋于恶化（见表 1）。

表 1 中亚国家及周边地区的恐怖主义威胁态势

国家 ＼ 时间	恐怖主义威胁指数与排位				
	2002 年	2005 年	2007 年	2010 年	2013 年
阿富汗	5.83/15	6.99/4	8.08/3	8.49/3	9.93/2
巴基斯坦	6.34/11	6.71/6	8.12/2	8.88/2	9.37/3
哈萨克斯坦	0.39/86	0.02/108	0/113	0.31/93	2.37/65
吉尔吉斯斯坦	1.92/58	1.30/61	0.95/64	0.56/87	0.10/112
塔吉克斯坦	2.90/46	0.78/71	0.88/65	2.67/43	1.99/68
乌兹别克斯坦	2.19/51	3.54/36	2.13/50	1.27/73	0.14/111
土库曼斯坦	0.23/93	0.03/106	0/113	0/122	0/124

资料来源：笔者整理。参见 The Institute for Economics and Peace，"Global Terrorism Index 2002-2014," http：//economicsandpeace. org/research/iep-indices-data/global-terrorism-index。

相对于中亚国家日趋迫切的安全需求，欧盟在该地区的安全介入是以提供援助和开展对话为主的民事行为，缺乏向这些国家提供直接的安全保护的能力。其主要制约因素在于：首先是因为欧盟自身难以统筹其在中亚和阿富汗的各类安全行动，削弱了安全介入的有效性；其次，欧盟和中亚国家之间在界定安全威胁上存在严重分歧，缺乏互信阻碍了双方合作的深化；最后，欧盟未能同其他活跃在中亚的国际行为体尤其是大国进行积极协调，从而无法改变自身在中亚安全格局中的边缘地位。

（一）欧盟难以统筹在中亚和阿富汗的安全行动

如前所述，欧盟在中亚的安全介入和阿富汗的反恐形势息息相关，但是这两个地区始终没有被纳入单一的政策框架之中，不仅在欧盟的地缘政治视野中处于相互分离的状态，而且在政策的决策和执行上也遵循两种不同的路径。

长期以来，欧盟将中亚和阿富汗视为两个相互独立、相互分割的地区。欧盟看待中亚的视角很大程度上是"欧亚的"。① "9·11"事件前，欧盟将中亚五国视为后苏联空间的一部分，将其纳入援助独联体国家的塔西斯计划之中，而在东扩后又视之为周边地区的延伸。对于阿富汗，欧盟则将其归为亚洲的南亚部分。自 2007 年起，欧盟委员会用发展合作工具取代塔西斯计划，并通过该工具向中亚和阿富汗提供援助，但在两个地区的援助重点各有侧重。欧盟委员会在中亚的援助重点是推动地区合作、减少贫困以及推进善治和经济改革，而在阿富汗则聚焦农村发展、治理以及健康问题。同时，欧盟向两个地区提供的资金来源也有很大的差别。在中亚，主要是通过欧盟委员会的发展合作工具提供援助。而在对阿富汗的大量援助中，欧盟委员会仅提供了 20% 的资金，其余绝大部分则来自欧盟成员国。② 此外，中亚和阿富汗在欧盟的外交机构中也分别由不同的官员和部门负责。欧盟在 2001 年 12 月就设立了阿富汗事务特别代表，但直到 2005 年 6 月，为应对"颜色革命"，才为中亚设立了这一职务。欧盟对外行动署成立后，按照地域和议题设立了 7 个业务总司（directorate general），其中中亚和欧洲一起被划归为第三总司，而阿富汗则隶属于主管亚洲和太平洋地区的第一总司。

这种地缘政治上的分割视角，造成欧盟在中亚和阿富汗的安全行动分属两种不同性质的政策领域。欧盟在阿富汗实施的警察任务是遵循政府间

---

① Jos Boonstra, Marlène Laruelle, "EU-US cooperation in Central Asia: Parallel Lines Meet in Infinity?" *EUCAM Policy Brief*, No. 31, Jul. 2013, p. 2.

② European External Action Service, "EU Engagement in Afghanistan," Nov. 2011, http://eeas.europa.eu/policies/eu-special-representatives/vygaudas-usackas/docs/20120413_eu_engagement_afghanistan_en.pdf.

方式（intergovernemental method）决策的共同安全与防务政策（CSDP）框架下的民事行动，而在中亚的安全援助却被限定在按照共同体方式（Community method）决策的发展合作政策领域。

欧盟在共同安全与防务政策框架下对外执行维护和平、预防冲突以及加强国际安全等民事和军事任务。这一政策按照政府间方式决策，由欧盟理事会根据高级代表或成员国的提议，经一致同意表决通过后，可以委托部分有意愿且有能力的成员国负责执行，并由其向欧盟理事会报告任务的进展。① 自 2007 年 6 月起，欧盟根据联合国安理会的第 1746 号决议并应阿富汗政府的邀请，通过共同安全与防务政策在阿富汗执行警察任务（EUPOL）。该任务作为欧盟参与阿富汗重建进程的一部分，由欧盟的 24 个成员国提供 1.08 亿欧元的资金预算，并由其提供民事警察、执法和司法领域的专家，推进阿富汗的内务部制度改革，促进阿富汗国民警察（Afghan National Police，ANP）的专业化以及将警察部门和司法改革相联系。②

然而，欧盟向中亚国家提供的 BOMCA 和 CADAP，却一直是由欧盟委员会这一超国家机构负责提供资金并主导项目的制定和实施，而且迟迟无意将其纳入共同安全与防务政策之下。2006 年，欧盟的专属智库曾提出，欧盟不应将这两个项目仅限于技术援助的范畴，建议将其与阿富汗的相关项目联系起来，使之成为欧盟发展对外安全政策能力的"催化剂"；欧盟还可以先从这两个项目着手，逐步向中亚派遣更多的欧盟理事会的官员以增强其政治意义。③ 但是这一建议没有被欧盟采纳，因而也就没有被纳入 2007 年的中亚战略之中。同时，欧盟为加强塔—阿边境安全，于 2007 年在两国交界的巴达赫尚省（Badakshan）启动了边境管理项目（BOMAF），并在 2011 年后扩展为阿富汗北部边境管理项目（BOMNAF）。虽然这一项目也是由联合国开发计划署执行的，但仍然是和欧盟在中亚的 BOMCA 分

---

① 程卫东、李靖堃译：《欧洲联盟基础条约——经里斯本条约修订》，社会科学文献出版社，2010，第 50~52 页。

② European External Action Service，"EU Police Mission in Afghanistan-EUPOL Afghanistan," Feb. 2015，http：//eeas. europa. eu/csdp/missions-and-operations/eupol-afghanistan/pdf/eupol-afghanistan_ factsheet_ 2015-02_ en. pdf.

③ Anna Matveeva，"EU Stakes in Central Asia," *Chaillot Paper*，No. 91，Jul. 2006，p. 88.

开运作。尽管 2012 年的中亚战略执行报告要求欧盟必须在中亚和阿富汗的边境管理项目之间形成配合以加强两者的相互协调，却并没有给出具体的操作意见。①

对于欧盟内部的协调不足，有欧盟专家提议，至少应当将 BOMCA 在塔—阿边境的安全行动纳入欧盟的共同安全与防务政策之下，从而对 2014 年北约撤离阿富汗后带来的负面影响有所准备，并且更好地与欧盟在阿富汗的一系列安全行动相配合，同时也能对塔吉克斯坦政府施加压力，迫使其采取更多的反腐败行动和边境管理改革。② 但在短期内，无论是欧盟委员会还是欧盟成员国，都缺乏推进这一转变的动力。在欧债危机的冲击下，欧盟在对外政策领域中的超国家主义和政府间主义的竞争和疏离态势加剧，欧盟委员会在对外政策上的作用被边缘化，而且欧盟大国的领导意愿和能力也被削弱，英、法两国作为曾经的共同安全与防务政策的轴心，更倾向于欧盟框架之外的双边或单边行动。③ 在这样的情况下，对于欧盟委员会而言，将 BOMCA 转变为共同安全与防务政策下的民事行动，将进一步削弱其在中亚战略上的话语权。对于欧盟成员国而言，则"缺乏超前思维的政治意愿，也缺乏资源投入到其利益少于欧盟东部和南部周边的中亚地区"。④ 此外，不少欧盟成员国已经在欧盟框架之外，参与并资助了由奥地利牵头的中亚边境安全倡议（CABSI）、联合国设立的中亚地区信息和协调中心（CARICC）以及欧安组织在中亚地区推动的一系列多边安全倡议。因此，欧盟成员国也不愿在本国防务预算吃紧的情况下，主动从欧盟委员会手中接过这一任务。由此可见，欧盟的地缘视野局限和复杂的内部权能

① Policies Policy Department DG External Policies, "The Impact of the 2014 ISAF Forces' Withdrawal from Afghanistan on the Central Asian Region," Brussels: European Parliament, EXPO/B/AFET/2013-17, Jan. 2014, pp. 20-21.

② Sébastien Peyrouse, Jos Boonstra and Marlène Laruelle, "Security and Development Approaches to Central Asia: The EU compared to China and Russia," *EUCAM Working Paper*, No. 11, May 2012, p. 17.

③ 金玲：《债务危机对欧盟对外政策和行为方式的影响——外交政策分析的视角》，《欧洲研究》2013 年第 6 期，第 54~57 页。

④ Sébastien Peyrouse, Jos Boonstra and Marlène Laruelle, "Security and Development Approaches to Central Asia: The EU Compared to China and Russia," *EUCAM Working Paper*, No. 11, May 2012, p. 17.

竞争，是阻碍它将中亚和阿富汗的安全行动有效统筹起来的根本原因。

（二）欧盟和中亚国家之间的安全互信不足

欧盟和中亚国家在评估该地区的安全威胁来源及其紧迫程度上也存在深刻的意见分歧，缺乏政治互信使双方难以深化安全合作，并且限制了欧盟在中亚和阿富汗两地加强协调的能力。

欧盟和中亚国家之间"在安全的观念和实践的理解上存在冲突，主要源自在界定安全威胁上的分歧"。[①] 欧盟一直将不符合西方民主标准的中亚国家政权本身视为造成该地区不稳定的根源。欧盟认为，阿富汗反恐战争使得中亚各国政府可以用"恐怖主义威胁"来掩饰其对国内合法的政治反对派的压制，用"极端主义"来指控温和的伊斯兰组织的宗教活动，并且以"反对分裂主义"的名义限制少数民族的权利。[②] 尽管在 2007 年后，欧盟吸取了"颜色革命"的教训而在人权和民主问题上对中亚国家保持克制，但是仍然坚持认为，导致当前中亚安全形势恶化的首要原因不是阿富汗威胁的外溢，而是来自地区内部的一系列弊端，"包括持续的高度腐败和贫困，社会和经济压力，气候变化的影响，以及政治体制的限制，没有为政治表达和代表性提供足够的出路"。[③] 从这一安全认知出发，欧盟将长期打击腐败视为改善中亚地区边境安全的关键，越来越强调将对中亚国家安全部门的技术援助转向政治对话，从重点支持设施建设转向以提供培训和指导改革为主的能力和制度建设，从而使之转型为现代化的执法机构并且接受欧盟的安全观念和制度。[④]

与之截然相反的是，中亚国家的政府和专家则普遍将阿富汗视为长期

① Ertan Efegil, "The European Union's New Central Asia Strategy," in Emilian Kavalski, ed., *The New Central Asia: the Regional Impact of International Actors*, World Scientific Publishing Co. Pte. Ltd., 2010, p. 81.

② European Commission, "Strategy Paper 2002 - 2006 & Indicative Programme 2002 - 2004 for Central Asia," Oct. 2002, http://eeas.europa.eu/central_asia/rsp/02_06_en.pdf.

③ Council of the European Union, "Progress Report on the implementation of the EU Strategy for Central Asia: Implementation Review and Outline for Future Orientations," Jun. 2012, http://eeas.europa.eu/central_asia/docs/20120628_progress_report_en.pdf.

④ Marlene Laruelle, Sebastien Peyrouse and Vera Axyonova, "The Afghanistan-Central Asia Relationship: What role for the EU?" *EUCAM Working Paper*, No. 13, Feb. 2013, p. 16.

的威胁来源，并且担心 2014 年北约撤军将打破当前脆弱的平衡，刺激极端主义、恐怖活动、毒品走私、难民潮以及族群间冲突等威胁，从而加剧阿富汗和周边国家的不稳定。① 中亚五国一致认为，西方在阿富汗长达十多年的军事干预行动已经犯下了一个战略错误，而在没有完成任务的情况下又匆忙撤出，将是另一个不负责任的战略错误。②

不仅如此，中亚国家和欧盟在选择维护边境安全的手段上也存在差异。不同于欧盟以民事警察负责边境管理的安全路径，由于中亚地区内部还存在边境争议，这些国家在很大程度上是从军事维度来看待边境安全问题的。例如，乌兹别克斯坦和塔吉克斯坦两国由从属于中央安全机构的边防部队负责其边境安全。③ 双方在民事路径和军事路径上的分歧也削弱了欧盟在中亚的安全介入的有效性。虽然中亚国家期待通过欧盟的安全援助获得先进的设备，但对于可能改变其内部权力平衡的安全部门改革则将信将疑。乌兹别克斯坦和土库曼斯坦两国甚至拒绝参与有此意图的欧盟项目。④ 由于欧盟没有充分考虑其与中亚国家之间在安全观念上的深刻分歧，高层安全对话并未像其所预期的那样引起中亚五国政府的高度重视。

此外，中亚国家和阿富汗之间缺乏信任也阻碍了欧盟对其安全行动的协调。虽然中亚和阿富汗有深厚的传统联系，但是中亚国家的世俗政府一直担心北约撤军后，阿富汗的新领导人及其孱弱的国家安全力量将无力应对卷土重来的塔利班。尤其是塔吉克斯坦担心塔利班重新上台后，将会攻击阿富汗境内的塔吉克人，从而迫使其卷入阿富汗的内战。乌、吉、哈三国也担心，原来躲藏在阿富汗、巴基斯坦的"乌伊运"等极端主义势力将重新潜回国内作乱。出于对阿富汗前景的悲观预测，中亚国家并不认同美国的"大中亚计

① Johan Norberg, Erika Holmquist, eds., *ISAF's Withdrawal from Afghanistan-Central Asian Perspectives on Regional Security*, Almaty: Conference report, May 22-23, 2013, pp. 13-16.

② Marlene Laruelle, Sebastien Peyrouse and Vera Axyonova, "The Afghanistan - Central Asia relationship: What role for the EU?" *EUCAM Working Paper*, No. 13, Feb. 2013, p. 9.

③ Katarzyna Czerniecka, John Heathershaw, "Security Assistance and Border Management," in Alexander Warkotsch, ed., *European Union and Central Asia*, Routledge, 2011, p. 82.

④ Jos Boonstra, Erica Marat and Vera Axyonova, "Security Sector Reform in Kazakhstan, Kyrgyzstan and Tajikistan: What Role for Europe?" *EUCAM Working Paper*, No. 14, May 2013, p. 17.

划"，不希望让阿富汗和中亚完全整合在一起。虽然在欧安组织和联合国主导的多边安全倡议中，中亚国家和阿富汗的边防力量之间建立了初步联系，但是双方长期缺乏信任与合作的兴趣。[①] 因此，即使欧盟已经意识到了加强中亚和阿富汗之间边境安全协作的必要性和紧迫性，但既不信任欧盟也不信任阿富汗的中亚国家，一时之间也很难有显著的改变。

（三）欧盟与其他国际行为体缺乏协调

"9·11"事件后，中亚国家成了国际社会在阿富汗开展反恐合作的前沿阵地。美国、北约、欧盟、欧安组织以及联合国等都在中亚地区有各种双边和多边的安全合作倡议。同时，中亚国家和俄罗斯、中国共同创立的上合组织和集安组织也发挥着越来越重要的作用。尽管这些活跃在中亚的国际行为体在维护地区安全与稳定上存有共识，但这些合作倡议却处于竞争性和互补性共存的复杂格局之中，这无疑极大地增加了欧盟与其他行为体之间进行协调的难度。

一方面，欧盟将美国、北约和欧安组织视为在中亚的天然盟友，但它们之间并未建立起真正有效的协调机制。

虽然欧盟成员国参与了美国主导的阿富汗反恐战争，但是美欧之间并没有在中亚地区开展实质性的联合行动。目前，美欧双方在中亚事务上的联系机制仅限于美国负责中亚南亚事务的助理国务卿和欧盟的中亚特别代表之间一年两次的定期会晤，而在更低的操作层面和更高的战略层面都没有相应的机制进行交流和互动。欧盟对外行动署及其驻中亚国家代表团的外交官与美国同行之间只是进行临时性的接触。在领导人层面，美欧也没有将中亚纳入年度首脑会议的议程之中。[②] 同时，欧盟和美国在北约中的协调也不够紧密。美国和欧盟都力图推动中亚国家在阿富汗问题上分担责任，但是在寻求中亚国家支持北约撤军时却是分头行动的。北约和美国负责与中亚国家谈判建立"北方配给网络"，德国和乌兹别克斯坦单独谈判

---

① Marlene Laruelle, Sebastien Peyrouse and Vera Axyonova, "The Afghanistan – Central Asia Relationship: What role for the EU?" *EUCAM Working Paper*, No. 13, Feb. 2013, p. 12.

② Jos Boonstra, Marlène Laruelle, "EU–US Cooperation in Central Asia: Parallel Lines Meet in Infinity?" *EUCAM Policy Brief*, No. 31, Jul. 2013, p. 1.

特尔梅兹基地的使用问题，而"欧盟的介入则是边缘化的"。[1] 此外，欧盟与欧安组织都将边境管理视为推动中亚安全合作的优先政策领域，欧盟成员国为欧安组织在塔吉克斯坦的边境管理人员学院提供了 70% 的资金。[2] 这在一定程度上分散了成员国对欧盟框架下相关项目的支持力度。

另一方面，尽管欧盟意识到在维护中亚安全上不能忽视俄罗斯、中国及其主导的地区组织的重要影响，却仍然对其心存顾虑，而不愿与之建立正式的联系机制。

俄罗斯一直认为北约和欧盟的东扩意在挤压其地缘战略空间，对西方加强在中亚的存在始终抱有防范心理。2004 年俄罗斯为塔吉克斯坦提供边防力量的协议到期后，欧盟立即通过 BOMCA 评估该国的边境安全，并决定将援助优先用于翻修和更新塔—阿边境的设备和基础设施。由于欧盟没有就此与俄罗斯进行事先协商，这引起了俄政府的极大不满，俄认为欧盟此举意在削弱其在中亚的影响力。在俄政府的强烈要求下，此后 BOMCA 在塔吉克斯坦的国家办事处定期举行协调会议，并保证俄官员的参与。[3] 然而，这一低级别的事务性协调措施并未能促使欧俄之间增进互信，在欧盟内部一直有反对与俄罗斯加强安全合作的声音。这些观点认为，俄罗斯政府也同样存在严重的高层腐败，其执法机构打击毒品走私的有效性值得怀疑；俄罗斯还阻挠过美国的中亚禁毒倡议（CACI），其在打击毒品走私方面的真正立场也有争议，因此欧盟与其进行合作的空间非常有限。不仅如此，如果欧盟要将其在中亚的安全介入上升为共同安全与防务政策下的民事行动，首先就要与俄罗斯达成共识，但俄罗斯对欧盟在中亚开展的任何行动都不乐意。[4]

---

① Marlène Laruelle, "Involving Central Asia in Afghanistan's Future-What can Europe Do?" *EUCAMPolicy Brief*, No. 20, Aug. 2011, p. 2.

② Marlene Laruelle, Sebastien Peyrouse and Vera Axyonova, "The Afghanistan-Central Asia Relationship: What Role for the EU?" *EUCAM Working Paper*, No. 13, Feb. 2013, p.13.

③ George Gavrilis, "Beyond the Border Management Programme for Central Asia (BOMCA)," *EUCAM Policy Brief*, No. 11, Nov. 2013, p. 2.

④ Sébastien Peyrouse, Jos Boonstra and Marlène Laruelle, "Security and development approaches to Central Asia: The EU compared to China and Russia," *EUCAM Working Paper*, No.11, May 2012, pp. 20-21.

欧盟对与上合组织、集安组织加强联系也不积极。早在 2004 年 3 月，欧盟高级代表索拉纳在访问中国期间就与上合组织秘书长张德广进行了会晤，并表示愿意与上合组织保持接触，寻求各种合作的可能性。此后，欧盟的中亚和阿富汗特别代表也多次访问上合组织秘书处。2008 年 9 月，欧盟还邀请上合组织和集安组织的代表出席在巴黎召开的首次"欧盟—中亚安全论坛"。上合组织也邀请欧盟出席次年 3 月在莫斯科召开的阿富汗问题特别国际会议。[1] 但是，欧盟和这两个组织之间的接触始终限于偶尔为之的非正式层面。这不仅是因为欧盟并不认同上合组织以"打击三股势力"为首要任务的安全合作，而且将集安组织看作俄罗斯加强控制中亚国家的工具；同时，欧盟内部一直对这两个组织的有效性存有疑虑，认为它们在中亚地区与安全直接相关的行动都维持在非常有限的规模。[2] 特别是在 2010 年吉尔吉斯斯坦骚乱中，这两个组织都没有进行及时有力的干预，在阿富汗重建方面也没有提供实质性帮助，因此欧盟中亚特别代表曾表示，其与上合组织秘书处及其成员国的外交官之间的非正式对话已足以维系双方的联系。[3] 欧洲学者也认为，欧盟应当在中亚安全上首先寻求同俄罗斯和中国合作，而不是与上合组织和集安组织形成制度化的联系。[4] 但在乌克兰危机的冲击下，欧俄关系空前恶化，双方在中亚加强合作的可能性更加渺茫，而中欧双方又并未将中亚列为优先议题。

由此可见，受制于欧盟与其他国际行为体对中亚安全的认知分歧和利益差异，欧盟既未能依托"大西洋伙伴关系"与盟友进行紧密协调来弥补其自身的资源和能力不足，又未能积极接触在中亚地区有传统影响的大国和地区组织，从而无法通过"有效的多边主义"来提升其对中亚安全的战略影响。

---

① 潘光主编《稳步前进的上海合作组织》，时事出版社，2014，第 188~197 页。

② Marcel de Haa, *The Shanghai Cooperation：Towards a full-grown Security Alliance?*, Hague：Clingendael, Netherlands Institute of International Relations, 2007, pp. 55~57.

③ 引自作者与欧盟中亚事务特别代表莫雷尔在欧盟委员会总部的座谈，布鲁塞尔，2011 年 4 月 27 日。

④ Sébastien Peyrouse, Jos Boonstra and Marlène Laruelle, "Security and Development Approaches to Central Asia：The EU Compared to China and Russia," *EUCAM Working Paper*, No. 11, May 2012, p. 22.

四 结论

"9·11"事件后，欧盟开始重视在中亚地区的安全利益，并在《欧洲安全战略》的指导下，将安全关切日益聚焦于应对极端主义、恐怖活动和毒品走私等与阿富汗有密切联系的跨国性非传统安全威胁。从这一安全认知出发，欧盟在 2007 年推出中亚战略后，力图通过提供多边安全援助来增强中亚国家应对诸多挑战的能力，并寻求建立高级别对话机制来提升欧盟在中亚安全领域的影响力。

尽管欧盟在实施中亚战略的过程中，不断调高安全议题的优先排序，但是其以民事行动为主的安全介入，总体而言仍然处于间接而有限的水平，并未能有效改善该地区的安全状况。受制于自身地缘政治视野的局限、内部的超国家主义和政府间主义之间的权能竞争以及欧债危机的冲击，欧盟缺乏将中亚和阿富汗两地的安全行动统一在单一政策框架之下的意愿和能力，无法使之形成合力来增强安全介入的有效性。同时，欧盟和中亚国家之间无论是在地区安全威胁的主要来源认知上，还是改善地区安全的政策路径上，都存在严重的分歧和差异。双方缺乏互信也损害了欧盟在安全领域对中亚国家的吸引力和影响力。此外，欧盟与活跃在中亚的主要大国和国际组织之间也没有形成紧密的协调和积极的互动。

欧盟已认识到了上述中亚战略实施过程中所遭遇的一系列制约因素。2015 年 6 月 22 日，欧盟理事会发表了对中亚战略的最新决议，表示要继续加强与中亚国家之间的贸易和能源联系并促进地区安全与稳定的合作。为此，欧盟不仅将 2014~2020 年期间对中亚五国的援助进一步增加到 10.68 亿欧元，而且还将在安全领域进一步发展与中亚国家的地区和双边安全对话，以加强在移民、边境管理、反恐和打击毒品走私方面的跨境合作，同时还要加强与联合国、欧安组织等其他地区伙伴的协调。① 然而，

---

① Council of the European Union, "Relations with Central Asia-Council conclusions on the EU Strategy for Central Asia," July 2015, http://www.consilium.europa.eu/en/press/press-releases/2015/06/22-fac-central-asia-conclusions/.

乌克兰危机给欧俄关系带来的巨大冲击以及波澜再起的希腊债务危机，都使欧盟深陷内外交困之中，缺乏足够的资源和精力投入中亚地区，导致其难以在与俄罗斯的地缘政治竞争中占据优势。因此，在可以预见的未来，欧盟仍然只能在中亚地区的安全事务中充当一个次要的配角。

阿盟介入叙利亚危机的进程与影响评估[*]

阿盟介入叙利亚危机的进程与影响评估[*]

陈　娟[**]

摘　要：本文主要运用一手文献资料、案例研究等，从阿盟发布的各项决议和公告着手，分析阿盟介入叙利亚危机处理的三个不同阶段（旁观期、斡旋期和制裁期）及具体举措，从而对其介入叙利亚危机的影响进行评估，并通过阐释阿盟在叙利亚危机中所扮演的角色和发挥的作用，得出卡塔尔、沙特等海湾国家逐步掌握了阿盟的话语权，主导阿盟对叙利亚问题立场的结论。

关键词：阿盟　叙利亚危机　海湾国家

自 2010 年年底中东剧变发生以来，阿拉伯国家动荡的浪潮席卷了多个中东阿拉伯国家。2011 年初，这股浪潮波及叙利亚，许多叙利亚民众上街示威游行，表达变革、自由、民主和人权等方面的诉求。与此同时，由西方和部分海湾国家支持的叙利亚国内反对派趁势而起，与政府军展开了正面交锋，双方陷入了旷日持久的拉锯战和消耗战，伤亡惨重、民不聊生，给叙利亚带来了深重的人道主义灾难。本文主要通过研究阿盟在参与叙利亚危机处

* 本文已发表在《阿拉伯世界研究》2015 年第 2 期上，题为《阿盟介入叙利亚危机的影响分析》，页码为第 65~76 页。

** 陈娟，复旦大学国际问题研究院博士后。

理过程中发布的众多决议、公告的内容，来分析阿盟介入叙利亚危机处理的三个不同阶段（旁观期、斡旋期和制裁期）及具体举措，并将其作为案例来阐释阿盟在其中所扮演的角色和发挥的作用，得出卡塔尔、沙特等海湾国家逐步掌握了阿盟的话语权，主导阿盟对叙利亚问题的立场的结论。

一 阿盟介入叙利亚危机的基本进程

（一）第一阶段：旁观期（2011 年 1 月至 2011 年 8 月中旬）

根据阿盟《宪章》原则，阿盟尊重每个阿拉伯成员国的主权和领土完整，除非发生内乱的当事国政府向阿盟理事会提出申请要求介入，否则阿盟不会干涉和插手成员国国内事务。在叙利亚出现内乱的最初大半年内，叙利亚总统巴沙尔未主动向阿盟理事会提交申请，要求其介入并调解叙政府与部分民众及反对派之间的矛盾和争斗，故阿盟采取冷眼旁观的态度，并没有采取明显和直接的措施来处理叙利亚危机。只是在叙国内冲突加剧时，阿盟才发表声明谴责叙政府，要求其停止所有暴力行为，加快采取必要措施停止流血冲突，维护国家统一。①

（二）第二阶段：斡旋期（2011 年 8 月下旬至 2011 年 11 月上旬）

随着叙利亚局势不断升级，阿盟陆续与各方进行联系和斡旋。2011 年 8 月 27 日，阿盟召开理事会部长级非例行会议并发布了有关叙利亚局势的第 148 号公告，讨论了叙利亚危机的最新进展。② 9 月 10 日，阿盟秘书长阿拉比抵达大马士革，与叙利亚总统巴沙尔·阿萨德举行了会谈。双边会晤后，阿盟理事会又于 9 月 13 日召开第 136 次例行会议，发布了有关叙利

---

① 李来房：《阿盟呼吁利比亚立即停止暴力行动》，新华社，2011 年 8 月 7 日，https：//global. factiva. com/ha/default. aspx#. /!？&_ suid=14163753256150651228145 9568794。

② 《阿盟部长级理事会非例行会议有关叙利亚局势的公告》（阿文），阿盟官网，2011 年 8 月 27 日，http：//www. lasportal. org/wps/wcm/connect/9768a100481e026d91c3952613c4367 3/bayan+syria+27_ 8_ 2011。

亚局势的第 152 号公告，其中特别提到在叙利亚实施停火和停止暴力杀戮后，阿盟将派遣高级代表团赴叙利亚完成使命。① 其间，阿拉比在开罗接见了叙利亚反对派人士，希望他们以及一些中间派人士参与和平解决危机的政治议程，全面开启全国性对话。② 10 月 16 日，非例行会议再次召开，并发布了关于叙利亚局势进展的第 7435 号决议。11 月 3 日，阿盟秘书长会见了叙利亚反对派全国委员会代表团，请他们关注"阿拉伯工作计划"中有关叙政府进行全国对话的实施。但在随后几天，叙政府军仍在各城市与反对派交战，反对派呼吁国际社会干预叙局势。

（三）第三阶段：制裁期（2011 年 11 月下旬至 2014 年 1 月下旬）③

阿盟对叙利亚政府迟迟不能履行此前签订的协议和"阿拉伯工作计划"感到失望，决定对叙利亚实施制裁。2011 年 11 月 12 日，阿盟理事会部长级会议发布有关叙利亚局势的第 7438 号决议，其中第四条明确提出要对叙利亚政府实施政治和经济制裁。同日，阿盟宣布从 11 月 16 日起终止其成员国资格，直到其履行阿盟就叙利亚危机达成的协议和"阿拉伯工作计划"。11 月 24 日，阿盟理事会部长级会议就叙利亚局势进展发布第 7441 号决议，详细罗列了对叙利亚实施的各项经济制裁（前提是叙利亚仍未履行协议），包括：终止往来叙利亚的航班，终止与叙利亚中央银行的合作，除影响叙利亚人民生活的战略物资外，终止与叙政府的政府间贸易往来，冻结叙利亚政府的资金账户，终止与叙利亚的金融往来。④ 11 月 27 日，阿盟正式发布对叙利亚实施经济制裁的第 7442 号决议，还增加了禁止叙利亚政府高官去其他阿拉伯国家旅行并冻结其在阿拉伯国家的资产，终止阿拉

---

① 《阿盟部长级理事会就叙利亚局势发展第 152 号公告》（阿文），阿盟官网，2011 年 9 月 12 日，www.lasportal.org/wps/portal/las_ ar/inner/！ ut/p/c5/vZLNcoJAE。
② 《阿盟秘书长呼吁必须立即停止在叙利亚的各种暴力活动》（阿文），阿盟官网，2011 年 10 月 12 日，www.lasportal.org/wps/portal/las_ ar/inner/！ ut/p/c5/vZLLjoJAEEW_ Zb。
③ 因资料有限，时间截至 2014 年 1 月下旬。
④ 《叙利亚局势进展第 7441 号决议》（阿文），阿盟官网，2011 年 11 月 24 日，www.lasportal.org/wps/wcm/connect/2755a380498f7f5b97ea9790d0b0b6ba/LAS-RES – 7441.pdf?MOD = AJPER。

伯各商业银行与叙利亚中央银行之间涉及政府贸易交易的金融业务，责成各阿拉伯国家中央银行监督除劳工和平民汇款以外的叙利亚银行汇款和贸易信用证，冻结阿拉伯国家在叙利亚项目的融资等内容。① 12 月 3 日，制裁继续升级，叙利亚局势阿拉伯部长级委员会在多哈发布声明，禁止阿拉伯国家向叙利亚提供武器。②

以上即阿盟参与解决叙利亚危机的三个不同阶段，可以看出，阿盟并非一般人所认为的那样对地区事务"表现不尽如人意"，而是在推动叙利亚问题的解决上做了许多适时、有效的工作。随着叙利亚国内局势的不断恶化，背后各有不同支持者的政府军和反对派僵持不下，陷入了持久战和消耗战，阿盟介入的手段也从最初的道义谴责、双边斡旋转变为后来的实施政治、经济制裁。其目的是向巴沙尔政权施压，呼吁其与反对派展开全国性对话，顺应民意进行改革，以和平解决危机。但反对派提出巴沙尔下台的要求是叙当权者绝不能容忍和接受的，反而招致其更残酷和激烈的镇压。随后，在第三个阶段"制裁期"，阿盟还采取了除政治、经济制裁外的其他具体举措，从叙利亚国内、国际多方面介入危机的处理。

二 阿盟介入叙利亚危机的具体举措

（一）阿盟派遣驻叙观察团

向其成员国派遣观察团是阿盟介入地区冲突的常用方式之一。在始于 2010 年年底的中东剧变中，阿盟已向埃及、也门、突尼斯和阿尔及利亚等国派驻了观察团，其主要职责是深入实地进行调研，了解当事国国内局势动态，监督选举，体察民情民意，以及加强与政府军、反对派的沟通协调

---

① 《叙利亚局势进展第 7442 号决议》（阿文），阿盟官网，2011 年 11 月 27 日，http：//www. lasportal. org/wps/wcm/connect/5ad5fa80493786f19b17ff7abaae88c3/LAS＋RES＋SYRIA＋7442＋dd＋27-11-2011. pdf？MOD＝AJPERES。

② 《关于叙利亚局势的阿拉伯部长级委员会声明》（阿文），阿盟官网，2011 年 12 月 3 日，http：//www. lasportal. org/wps/wcm/connect/4acebd80494be721a4d9ed7abaae88c3/BAYAN＋DOHA＋3-12-2011. pdf？MOD＝AJPERES。

等。在叙利亚危机的处理中，阿盟也同样使用了这个办法。2011 年 11 月 24 日，阿盟发布决议，明确表示如果巴沙尔政府不签署或不履行《法律中心和阿盟派驻叙利亚观察团任务的专门协议》，将立即派遣观察团赴叙利亚。几天后，叙利亚政府并没有遵守此前签订的"阿拉伯工作计划"条款以及向阿盟所做出的停止暴力杀戮、取消多个城市的军事武装等承诺，也没有在阿盟派驻观察团协议上签字，故阿盟理事会于 11 月 27 日发布了多个与叙政府断交的特殊决议，向叙政府有关部门不断施压。12 月 19 日，叙利亚副外长梅克达德在开罗签署了《法律中心和阿盟观察团任务协议》，允许阿盟向叙利亚派遣观察团。22 日，阿盟秘书处成立了一个办事处，专门关注驻叙利亚观察团监督叙政府实施相关决议的进展以及为观察团更好地完成工作提供各种所需和便利。26 日，阿盟驻叙观察团第一批成员从阿盟总部出发赴叙利亚，开始履行其主要职责：敦促叙政府履行"阿拉伯工作计划"、了解真相（如叙政府是否全面停火、安全机构有无镇压和平示威、释放近期在押人员、从城市和居民区撤出所有武装以及媒体是否能真实、客观和自由地进行报道等），与官方或非官方机构、家庭或个人进行联系和沟通，开展各项工作等。[1] 截至 2012 年 1 月初，陆续有几批观察员抵达叙利亚，总人数达到 165 人。[2] 观察团在叙利亚的工作一直持续到 1 月 19 日，其团长达比当日返回阿盟总部开罗向理事会提交有关近一个月来观察团任务完成和叙利亚政府执行协议的情况报告。1 月 31 日，阿盟秘书长阿拉比在联合国透露了这份报告的部分内容，指出自 2011 年 5 月以来，叙利亚政府的安全机构存在滥用暴力的行为；观察团在当地的调查工作虽取得了一些成果，但并没能完全促成叙利亚政府履行其签订的各项协议内容等。[3] 同时，因时间较短以及观察团自身的局限性（以观察为主，受约

---

① 《阿拉伯叙利亚共和国和阿盟秘书处就叙利亚局势进展的法律中心和阿盟观察团任务的协定》（阿文），阿盟官网，2011 年 12 月 19 日，http://www.lasportal.org/wps/wcm/connect/49ef74804999995997b4ffcde376ffea/p1.pdf? MOD＝AJPERES。

② 《阿盟观察团任期已满》，新华网国际在线，2012 年 1 月 20 日，http://news.xinhuanet.com/world/2012-01/20/c_ 122610262.htm? prolongation＝1。

③ 《阿盟秘书长在安理会的讲话》，阿盟官网，2012 年 1 月 31 日，http://www.lasportal.org/wps/wcm/connect/41c449004a10c652a506bd526698d42c/sg+un+speech.pdf? MOD＝AJPERES。

束多），其在调查取证过程中遇到了不少困难和阻碍。

（二）支持叙反对派

阿盟并非一开始就旗帜鲜明地支持反对派，而是寄希望于巴沙尔政权能与反对派在政治上达成一致，尽早结束内乱。然而随着形势的发展，得到多方援助的反对派实力不断增强，而巴沙尔政权迟迟不履行有关和解协议，叙利亚内战陷入胶着状态，阿盟对反对派的立场也随之发生转变，由原先的中立变为"一边倒"，即转而支持反对派，有意扶持其组成反政府势力推翻现政权。在 2011 年 11 月 12 日理事会发布的决议中，阿盟呼吁叙利亚所有反对派 3 日内到阿盟开罗总部开会，就未来过渡期达成统一意见，并视会议成果决定是否承认其地位问题。[①] 此后，阿盟在多个决议中呼吁反对派与叙政府展开全国性对话。

2012 年 1 月 8 日，阿盟理事会在发布的声明中要求反对派各方就未来阶段的政治主张达成一致，责成阿盟秘书长为敌对双方展开对话进行筹备，组建过渡时期统一的全国政府。[②] 此后，在 1 月 21 日发布的第 7444 号决议中，阿盟明确要求叙利亚各方在两个月内组建新的全国统一政府，建立民主多元的政体，恢复国家的安全和稳定，在阿拉伯国家和国际社会的监督下实行选举，在民调基础上起草新的宪法，并在宪法基础上起草选举法；责成阿盟秘书长委任特使关注叙政治进程并呼吁国际社会向新政府的组建提供支持。[③]

同年 7 月 2~3 日，叙利亚国内外不同派别约 210 人在开罗阿盟总部召开了阿盟框架下的叙反对派大会并发表声明。与会代表一致同意政治解决叙利亚问题，推翻巴沙尔政权，要求立即停止暴力杀戮，政府军从城市和居民区撤军，解除封锁和释放被关押者等，支持不同派别反对派的统一，

---

① 《关于叙利亚局势的阿盟理事会部长级会议决议》（阿文），阿盟官网，2011 年 11 月 12 日，http：//www.lasportal.org/wps/portal/las_ ar/inner/！ ut/p/c5/ vZJBc4lwEIV。

② 《叙利亚局势阿拉伯部长级委员会会议声明》（阿文），阿盟官网，2012 年 1 月 8 日，http：//www.lasportal.org/wps/wcm/connect/2152730049b8ac0fa190bd526698d42c/LAS-SYRIA-COM-MIN-STMNT-8-1-2012.pdf？MOD＝AJPERES。

③ 《阿盟第 7444 号决议》（阿文），阿盟官网，2012 年 1 月 22 日，http：//www.lasportal.org/wps/wcm/connect/76a9db8049e4238ba551bd526698d42c/res+7444.pdf？MOD＝AJPERES。

建立平民保护机制，以及立即、全面落实阿盟和安理会有关决议。① 大会起草了两份重要文件：《共同政治主张文件》和《民族承诺文件》。前者统一了反对派的目标和任务，即获取阿拉伯国家和国际社会的有效支持，推翻现政权，推动叙利亚进入过渡期②：进行改革，起草新宪法，选举新议会和总统，维护国家的统一、主权和稳定。后者则被认为是过渡时期宪法性质的文件，规定了过渡时期的政体、公民权利和义务等内容。③

2013 年 3 月 26 日，叙利亚"反对派和革命力量全国联盟"（简称"全国联盟"）应邀参加在卡塔尔首都多哈召开的阿盟峰会并讲话，标志着叙反对派在阿盟内已完全取代巴沙尔政府，成为叙在阿盟的正式代表。会后，阿盟发布针对叙利亚局势的第 580 号决议指出，欢迎叙反对派在阿盟和相关机构框架下进行选举，组建唯一代表叙利亚人民的新政府，敦促地区和国际组织承认叙利亚"反对派和革命力量全国联盟"作为叙利亚人民在阿盟的唯一合法代表。④

（三）国际介入

除依靠阿拉伯国家参与来解决叙利亚危机外，阿盟还积极争取国际上有关国家和国际组织的介入，其中最突出的有两点，即支持派出联合国—阿盟叙利亚危机联合特使，以及数次召开由阿盟、欧美国家主导的"叙利亚之友"国际会议和日内瓦会议等，这些在国际上引起了强烈反响。

2012 年 3 月 5 日，阿盟秘书长宣布任命联合国前秘书长安南作为联合国—阿盟叙利亚危机联合特使，在联合国和阿盟共同框架下参与叙利亚危机的解决。3 月 10 日，安南抵达叙利亚首都大马士革，先后与叙总统巴沙

---

① 《在阿盟框架下召开的叙利亚反对派大会的最后声明》（开罗，2012 年 7 月 2~3 日）阿文），阿盟官网，2012 年 7 月 3 日，http：//www. lasportal. org/wps/wcm/connect/c519da004bda6e29a2e7e6081bb96571/syriaopposition+bayan+khetamy. pdf？MOD＝AJPERES。

② 根据文件内容，过渡时期是指自巴沙尔·阿萨德下台开始，到根据新宪法完成立法委员会选举为止。

③ 《叙利亚反对阵营就过渡时期纲要达成一致》，新华网，2012 年 7 月 5 日，http：//news. xinhuanet. com/video/2012-07/05/c_ 123372310. htm。

④ 《关于叙利亚局势的第 580 号决议》（阿文），阿盟官网，2012 年 3 月 26 日，http：//www. lasportal. org/wps/wcm/connect/2399d4804f5d1df08da7af5cbcbea77a/sumit + syria + res + 580. pdf？MOD＝AJPERES。

尔及反对派代表进行会晤，因叙利亚政府和反对派相互指责，安南的斡旋并未获得预期效果。3月16日，安南向叙利亚政府提交的包括停火、撤军在内的六点建议得到叙政府的接受，但这些建议并未得到真正实施。7月，安南承认斡旋的政治解决方案失败，危机进一步加剧。8月2日，联合国秘书长潘基文发表声明，宣布联合国—阿盟叙利亚危机联合特使安南辞职。[①] 8月17日，拉赫达尔·卜拉希米接替安南被任命为新一任联合特使，[②] 以便在叙利亚的斡旋工作能够延续下去。尽管此后新特使与叙政府和反对派多有接触，但在叙利亚问题的解决上没有取得实质性进展。

此外，自2012年至2014年上半年，阿盟部分成员国与国际社会就解决叙利亚危机共召开了4次以"叙利亚之友"为名的国际会议和两次日内瓦会议，表1和表2分别为"叙利亚之友"会议和日内瓦会议详情。

表1　"叙利亚之友"国际会议

时间	地点	出席代表	主要内容
2012.2.24	突尼斯城	西方和阿拉伯国家70个政府代表	承认叙利亚"全国委员会"为叙利亚人民的合法代表，呼吁其他反对派与之保持团结，呼吁国际社会加大对现政府制裁力度等
2012.4.1	伊斯坦布尔	西方和阿拉伯国家80多个政府代表	继续承认"全国委员会"为叙利亚人民的合法代表，加强对反对派支持力度，海湾国家宣布将开始资助自由军等
2012.7.6	巴黎	100多个国家和国际组织的代表	叙反对派"全国委员会"主席呼吁国际社会在叙上空设立禁飞区和人道主义走廊，会议决定加大对反对派的援助力度，继续向现政府施压
2013.2.28	罗马	西方和阿拉伯多个国家政府代表	呼吁国际社会开通人道主义援助通道，向反对派提供更多政治和物资援助。美国向反对派提供食品、药品援助及价值达6000万美元的经济支持

资料来源：作者根据相关材料整理而成。

---

① 《联合国—阿盟叙利亚危机联合特使安南辞职》，新华网，2012年8月2日，http://news.sohu.com/20120802/n349715951.shtml。

② 《拉赫达尔·卜拉希米被任命为新的联合国—阿盟叙利亚危机联合特使》，新华网，2012年8月18日，http://money.163.com/12/0818/00/895B956N00253B0H.html。

表 2   日内瓦会议

时间	地点	出席代表	主要内容
2012.6.30	瑞士日内瓦	联合国安理会五个常任理事国、土耳其、伊拉克、科威特和卡塔尔的外长、联合国秘书长、阿盟秘书长及欧盟外交和安全政策高级代表	推动落实安南六点建议，呼吁立刻停止一切形式的暴力活动，避免外界军事干预叙利亚危机，就由叙利亚人民主导过渡时期的指导方针和原则达成一致，包括在叙利亚建立"过渡管理机构"等
2014.1.22～23	瑞士蒙特勒、日内瓦	各国代表、叙利亚政府和反对派多方代表、联合国秘书长等	冲突三年来，叙政府和反对派代表首次面对面会谈，叙政府坚持巴沙尔不会下台，会谈没有取得实质性成果等

资料来源：作者根据相关材料整理而成；参见《叙利亚政府欢迎"日内瓦会议"共识》，新华网，2012 年 7 月 5 日，http：//news.xinhuanet.com/2012-07/05/c_ 112361897.htm；《叙利亚问题第二次日内瓦会议开幕》，中国新闻网，2014 年 1 月 22 日，http：//www.chinanews.com/gj/2014/01-22/5769148.shtml。

三　阿盟介入叙利亚危机的影响评估

（一）影响评估

阿盟在介入叙利亚危机解决期间，主要通过道义谴责、外交斡旋、实施政治经济制裁、派驻叙观察团、支持反对派和国际介入等方式来参与叙利亚危机的解决，对叙利亚反对派、巴沙尔政权、地区和国际层面都产生了深刻影响。

第一，阿盟最初是想通过斡旋来帮助平定叙内乱，不料反对派势力没有想象的那么弱。随着局势的不断发展和反抗浪潮的此起彼伏，阿盟发现叙政府根本不能阻挡事态不断恶化和蔓延的趋势。于是转变立场，逐渐倚重反对派势力，从决议内容和措辞中可以明显觉察出这一态度的变化。阿盟先单独接见叙反对派代表，希望他们能督促叙政府落实与阿盟达成的协议；随着反对派日益壮大，阿盟又单独邀请反对派前往阿盟总部协商诸事宜，并向其提供援助，给予其阿盟合法席位，号召其团结一致以推翻现政府等，更通过四次"叙利亚之友"国际会议和两次日内瓦会议，联合西方反叙政府的国家及国际组织，共同对叙利亚问题发布各种决议、声明，干涉其内政，将叙利亚问题彻底"国际化"。虽然阿盟在协议上都白纸黑字地写着"要避免外部势力的干涉""按照叙利亚人民的意志自由行事"等条款，但实际行动上却拉拢反叙政府的西方国家和部分成员国，公开支持反对派势力在阿盟框架下推翻政府，组建过渡时期临时管委会，起草新宪法和举行议会选举等，以达到最终颠覆巴沙尔政权、建立反对派主导的新政权的目的。

第二，从对叙利亚巴沙尔政权影响层面看，在一定程度上起到了向巴沙尔政权施压，迫使其接受和履行阿盟出台的决议和公告部分内容的目的，缓和了局势，为促进叙利亚危机的和平解决做出了相应的贡献。阿盟在此次叙利亚危机的解决中扮演了主导者和斡旋者的角色，成为解决地区冲突的重要力量。阿盟一改往日无所作为的形象，从开会、发布决议到实施制裁、终止成员国资格、支持反对派组建过渡委员会等，作风愈发大胆，手段愈加强硬。通过对叙利亚现政府采取一系列有针对性的制裁措施，使得巴沙尔政权不仅在中东地区，而且在世界范围内空前孤立。从道义层面看，阿盟发布多个决议和报告谴责叙利亚政府的"暴行"，呼吁阿拉伯国家和世界其他国家向无辜的叙利亚难民提供道义、财力和物力支援，欢迎阿拉伯邻国部分解决叙难民问题，号召联合国人权组织、红十字会等国际和地区性公益组织参与对叙人道主义援助，适当减轻了叙利亚民众深陷战乱泥潭的苦难。阿盟派出驻叙观察团赴叙利亚进行斡旋、实地考察和调研取证等工作，虽然收效不大，但秉持公正、公平、公开原则，让叙利亚危机的一些真相和内情公之于众。此外，阿盟也支持并配合联合国针对叙利亚危机做出各项决议并落实，如派出联合国—阿盟有关叙利亚危机的联合特使、两次召开日内瓦会议等，促进了叙危机朝着解决的方向发展。

第三，从地区层面看，阿盟强力介入叙利亚危机，但又以失败告终，造成诸多负面影响，阿盟的虚弱特性再次彰显。首先，阿盟受到自身客观条件的诸多限制，不能像北约、欧盟等地区性组织那样拥有超强的约束力和领导力，能够左右事态的发展。换言之，尽管阿盟为地区冲突的解决"使出了浑身解数"，但因本身实力薄弱和在机制、性质、宗旨等方面受到限制，发挥的作用和地区影响力有限，没能扭转叙利亚国内的乱局。其次，阿盟内部权力结构不平衡。埃及一直在阿盟中处于主导地位，但由于自身危机不断，无暇他顾。在叙利亚危机中，阿盟"海合会化"的趋势明显，卡塔尔和沙特一直主导着阿盟的决议制定和通过。再次，中东地区什叶派势力受到重创。以伊朗和叙利亚为中心的什叶派力量一直是中东政治和宗教势力的重要组成部分。巴沙尔政权力量的弱化与孤立，使得叙伊轴心空前削弱，甚至伊朗在核问题上的妥协与此也不无关系。最后，阿盟的介入使得叙利亚问题久拖不决，形成"新月地带"的治理失衡，出现治理缺位，从而使得"基地"组织的变体"伊斯兰国"得以崛起。

第四，在国际层面，围绕叙利亚问题的解决展开了大国博弈，阿盟框架下未能解决叙利亚问题，致使该问题被提交给联合国安理会，形成了阿盟与联合国的合作斡旋，但仍以失败告终。叙利亚问题导致大国在该问题上的博弈：以法美等国为首的西方国家欲在叙利亚复制"利比亚模式"，通过联合国决议授权对叙利亚进行制裁和外部军事干涉以达到支持反对派、推翻现政权的目的，而以中俄为代表的一些国家则坚持反对外部势力介入，阻止联合国决议所提出的对叙制裁。2011年10月4日，由法、英等欧盟国家提交的叙利亚问题决议草案在联合国安理会表决未获通过，俄罗斯和中国投下反对票，[①] 这种少见的两国共同使用否决权的情况，使得西方国家欲插手叙利亚事务的企图受挫，避免了外部势力对叙国内事务的干涉。2014年5月22日，联合国安理会就将叙利亚问题提交国际刑事法庭的有关决议草案举行投票，俄罗斯和中国投否决票，草案未获通过。[②] 但俄罗斯在中东地区也难以推行积极有效的政策，支持巴沙尔政权抗衡反对势力。

---

① 《中俄为何对叙利亚问题说"不"》，《南方日报》2011年10月6日，http://news.xinhuanet.com/world/2011-10/06/c_122122183.htm。

② 《安理会就叙利亚问题提交刑事法院投票，中俄否决》，新华网，2014年5月22日，http://news.sohu.com/20140522/n399919300.shtml。

（二）阿盟内部主导国家分析

在本案例中，不难发现阿盟内部一些海合会国家（卡塔尔、沙特等）在其中发挥着积极的主导作用，对阿盟处理叙利亚危机起到决定性作用。总体而言，特别是卡塔尔，它持支持反对派、打压巴沙尔政权的立场，从而在某种程度上使得阿盟在叙利亚问题上也持类似态度。从 2011 年 8 月阿盟开始介入叙利亚危机并进行斡旋时，就立即成立了以卡塔尔首相兼外交大臣哈马德为主席、有关叙利亚局势的阿拉伯部长级委员会，而昔日"盟主"埃及的外长只是参与者之一。从前文所述事实可见，该部长级委员会能代表阿盟全权负责叙利亚危机的解决，就局势进展进行斡旋，组织召开会议，发布相关决议、公告，回应媒体等，以此来达到敦促巴沙尔政权在阿盟相关决议上签字并履行承诺的条款，以及支持反对派等目的，具有一定的约束力。此后该委员会出台了针对巴沙尔政权的相关经济制裁公告，其中关于"禁止叙政府高层人物出访其他阿拉伯国家以及冻结其在阿拉伯国家资产"中的"高层人物"名单亦是由其一手组建"技术部门"来认定的，同时相关会议也多在卡塔尔举行。此外，素有"中东 CNN"之称的卡塔尔半岛卫星电视台在此次危机中大肆发挥其媒体宣传作用，夸大叙利亚政府的"残暴行径"，并引导舆论支持叙反对派，使人们相信巴沙尔和卡扎菲一样，也是个"暴君"，须除之而后快。

除卡塔尔之外，海合会另一大国沙特也坚定地站在反对派一边。2011年 8 月初，沙特国王阿卜杜拉就曾公开谴责叙利亚政府镇压人民，并召回驻大马士革大使，要求叙利亚政府进行改革。沙特明确支持反对派，是在和支持叙利亚巴沙尔政权的伊朗争夺在中东地区的影响力。2012 年 2 月，正值沙特作为海合会轮值主席国之际，海合会召开了有关叙利亚问题的会议，会后沙特向联合国递交了有关巴沙尔交权、实行政改等措施的解决方案，受到联合国的重视。沙特在阿盟内部处处为叙反对派说话，并暗中向叙反对派提供资金和武器援助。有报道称，沙特和卡塔尔出资在利比亚搜罗大批流散民间的武器弹药，在班加西装箱待运，经土耳其港口运往土叙边境的叙反对派手中。① 从地区和国际层面讲，卡塔尔和沙特联合阿盟和西方国家加强对巴沙尔政权的打压，给反对派提供物力和财力援助，试图通过反对派来推翻巴沙尔政权，扩大其在阿拉伯国家和中东的影响力，从而巩固其作为阿盟主导国家的地位。

四　结语

阿盟《宪章》第二条指出，阿盟成立的宗旨是加强参与国之间的联系，协商政治规划，实现成员国之间的合作，维护其独立和主权，总体上统筹阿拉伯国家事务及利益。② 同时，阿盟一向奉行不干涉内政原则，尊重成员国的独立和主权。但在处理叙利亚危机时，阿盟却僭越了这条准则，尤其在斡旋后期，其立场越来越倒向叙反对派一方，如提出让巴沙尔下台，呼吁叙利亚各方在阿盟框架下组建新政府，进行总统选举等，对叙利亚问题的走向产生了较大影响。从阿盟介入叙利亚危机经历的三个阶段（旁观期、斡旋期和制裁期）中不难发现，以卡塔尔和沙特等为首的海湾国家在其中发挥着主导作用，掌握了阿盟的话语权。

尽管阿盟对叙利亚危机的解决做出了一定的努力，如派遣观察团调查了解真相、与叙政府和反对派沟通以促成政治和解、为难民争取和提供人道主义援助等，但并没有从根本上缓和叙利亚局势，叙国内仍处于战争胶着状态。从现实分析看，叙利亚危机的复杂性和严重性已远远超过了阿盟斡旋的能力范围，因为它已不是单纯的国内矛盾和冲突问题，还涉及大国利益争夺、博弈等多个因素。

---

① 唐继赞：《阴云笼罩下的叙利亚危机》，《当代世界》2012年第7期，第36、37页。
② 《阿盟宪章》，中阿合作论坛网站，https://www.fmprc.gov.cn/zalt/chn/gyam/amxz/t1423305.htm。

中东恐怖主义的发展趋势与治理困境：以"伊斯兰国"组织兴起过程作为考察视角*

包澄章**

摘 要："伊斯兰国"组织兴起后，中东恐怖主义活动进入新一轮活跃期，地区恐怖主义呈现出五大新趋势：第一，教派主义成为中东恐怖主义势力的主要社会动员模式；第二，中东恐怖主义势力对伊斯兰热点问题的关注度和利用能力进一步增强；第三，宗教极端主义对主流伊斯兰价值观构成严重挑战；第四，社交媒体成为恐怖组织全球招募和宣传的重要平台；第五，中东恐怖主义势力全球作战和协调能力进一步增强。中东恐怖主义的治理，需要地区国家和国际社会在创新治理观念、思路和方式的基础上，寻求新的合作模式。

关键词：恐怖主义 中东 "伊斯兰国"组织 安全治理

"伊斯兰国"组织的兴起，与 2010 年底爆发的"阿拉伯之春"直接相关。这场社会运动以"改善民生、发展民主、促进就业"为口号，波及西亚北非地区多个阿拉伯国家，打破了原有的政治权力平衡，削弱了转型国

* 本文系国家社科基金青年项目（14CZJ010）和上海市 I 类高峰学科（外国语言文学）建设项目的阶段性成果。
** 包澄章，上海外国语大学中东研究所副研究员。

家的治理能力，最终拉开了西方与俄罗斯、逊尼派与什叶派力量、威权政府与反对派之间地缘政治博弈的序幕。

在地区秩序失序、大国中东政策调整、动荡国家治理能力低下等多重因素的影响下，中东地缘政治格局的脆弱性和阿拉伯世界碎片化趋势进一步凸显，地区乱局为恐怖主义和宗教极端主义势力的兴起提供了空间。2011 年叙利亚危机的爆发成为地区恐怖主义势力和宗教极端主义势力迅猛发展的关键节点。一方面，恐怖主义团伙和宗教极端组织利用叙利亚危机爆发后出现的权力真空抢夺地盘、乘机搅局以扩大自身影响力；另一方面，美国和部分地区国家为推翻巴沙尔政权，武装所谓的叙利亚"温和反对派"，放任地区打着反巴沙尔旗号的宗教极端组织的扩张，导致宗教极端势力在短时间内迅速发展、蔓延及溢出，以宗教极端主义为主要思想来源的地区恐怖活动进入新一轮活跃期，致使叙利亚及其周边国家沦为恐怖主义和宗教极端主义泛滥的"重灾区"。"伊拉克与沙姆伊斯兰国"组织（"伊斯兰国"组织前身）和"支持阵线"等地区恐怖主义势力便是在此背景下发展壮大的。

一 中东恐怖主义的发展趋势

2014 年 6 月 29 日，"伊拉克与沙姆伊斯兰国"组织宣布建立"哈里发国"，并改名为"伊斯兰国"。建立"伊斯兰国"的目的在于通过实行伊斯兰教法恢复"哈里发制度"，挑战中东地区现行的民族国家体系。"伊斯兰国"组织代表了恐怖主义新形态的出现，即恐怖组织通过"建国"行为首次对其控制疆域内的人口实行统治管理，成为具备主权国家要素的"准国家化"政治实体。伴随"伊斯兰国"组织的兴起及其溢出效应，当前中东恐怖主义的发展呈现出以下几大趋势。

第一，教派主义成为中东恐怖主义势力的主要社会动员模式，工具化、狂热化特征凸显。中东变局以来，教派认同高度政治化的教派主义，成为中东地区国家"进行战略决策，根据教派关系制定自己的内政与外交政策"① 以及争夺地区主导权的重要政治手段，同时也成为地区恐怖主义势力极力运用的政治工具。以"伊斯兰国"组织为代表的中东恐怖组织基于教派主义构建并泛化"定叛"（takfir）思想，强化其暴力恐怖活动的宗教合法性。"定叛"思想已成为"伊斯兰国"组织极端意识形态的核心和从事暴力恐怖活动的主要社会动员模式，以及评判其成员忠诚度的重要标准。该组织挑选所谓的教法学家，从法特瓦（宗教法令）中寻找所谓证据来解释"定叛"概念，妄断无神论者、非伊斯兰教信徒（基督教徒、犹太教徒等）、非逊尼派穆斯林（什叶派、苏菲派）和世俗逊尼派为"异教徒"。尽管这类解释缺乏逻辑性并自相矛盾，但已然成为极端组织"处决"所谓异教徒的宗教合法性依据。教派主义作为服务于地区国家权力争夺的话语体系，经过地区恐怖组织和宗教极端组织的改造，已经异化为引发宗教狂热、煽动宗教仇恨和鼓动宗教暴力的极端主义话语体系，教派主义工具化和狂热化的特征日益凸显。②

第二，中东恐怖主义势力对伊斯兰热点问题的关注度和利用能力进一步增强。中东恐怖组织注重借伊斯兰热点问题和涉伊斯兰事件进行炒作，刻意放大伊斯兰世界与非伊斯兰世界的对立和矛盾，并以此作为号召其支持者发动报复性袭击的借口。而部分西方媒体逢恐袭事件必谈"文明冲突论"的思维定式，将恐怖主义与伊斯兰教与穆斯林挂钩的做法，一定程度上导致全球新一轮反伊斯兰思潮的兴起，成为中东宗教极端主义和恐怖主义借维护伊斯兰之名进行暴力性回应的刺激因素。无论是因刊发侮辱伊斯兰教先知穆罕默德漫画而遭到"阿拉伯半岛基地组织"报复性袭击的《查理周刊》事件，还是因军事介入叙利亚反恐遭到"伊斯兰国"组织报复的俄罗斯客机坠毁事件和巴黎暴恐袭击事件，均凸显了中东恐怖主义势力对全球和中东伊斯兰热点问题的关注度和利用能力日益增强的现实。

第三，宗教极端主义对主流伊斯兰价值观构成严重挑战。"伊斯兰国"

---

① Toby Matthiesen, *Sectarian Gulf: Bahrain, Saudi Arabia, and the Arab Spring That Wasn't*, Stanford University Press, 2013, pp. xii-xiii.

② 包澄章、刘中民：《对中东变局以来中东教派主义的多维透视》，《西亚非洲》2015 年第 5 期，第 32~48 页。

组织先后使用过"认主独一与圣战组织""伊拉克伊斯兰国""伊拉克与沙姆伊斯兰国""伊斯兰国"四种名称，数次更名不仅反映出该组织进一步扩张地盘的野心，也凸显了其借"伊斯兰"之名，以宗教极端意识形态挑战伊斯兰教主流价值观的企图。以"伊斯兰国"组织为代表的中东恐怖主义势力招募对象平民化和低龄化的趋势表明，宗教极端主义作为其主要社会动员手段，已对伊斯兰世界主流价值观构成严重挑战。皮尤研究中心的报告显示，伊斯兰国家民众对待"伊斯兰国"组织态度不一，尼日利亚、塞内加尔、马来西亚、巴基斯坦、土耳其等国均有相当比例的穆斯林支持该组织，而巴基斯坦国内只有28%的民众对"伊斯兰国"组织持负面态度（见表1和表2），反映了恐怖组织与主流伊斯兰世界争夺普通穆斯林的客观现实。

第四，社交媒体成为恐怖组织进行全球招募和宣传的重要平台。宗教极端组织和恐怖组织充分利用社交媒体，动员和招募对社会不满、涉世未深以及寻求冒险和精神寄托的青年群体，已成为一种新的动态招募模式。同时，社交媒体也成为恐怖组织和宗教极端组织塑造形象、构建话语、强化认同的重要宣传阵地。社交媒体的即时性、互动性决定了极端意识形态能够轻易地在全球层面实现动态传播。以"伊斯兰国"为代表的恐怖组织，依靠其复杂精准的社交媒体传播策略，有效地蛊惑并招募全球年轻人加入该组织，并通过组建系统且专业的社交媒体运作和宣传机构，运用符号化、多语种和差异化的营销策略，获取不同层次、地域、性别和年龄的用户对该组织的认同。[①]

表 1　部分国家对"伊斯兰国"组织的态度

国家	不支持	支持	不知道
黎巴嫩	100%	0%	1%
以色列	97%	1%	2%
约旦	94%	3%	4%

① 包澄章：《"伊斯兰国"组织社交媒体传播策略及其影响》，《宗教与美国社会》（第十一辑），时事出版社，2015，第111~139页。

续表

国家	不支持	支持	不知道
巴勒斯坦	84%	6%	10%
印度尼西亚	79%	4%	18%
土耳其	73%	8%	19%
尼日利亚	66%	14%	20%
布基纳法索	64%	8%	28%
马来西亚	64%	11%	25%
塞内加尔	60%	11%	29%
巴基斯坦	28%	9%	62%

注：因四舍五入，各国百分比结果合计可能并非 100%。

资料来源：Jacob Poushter, "In Nations with Significant Muslim Populations, Much Disdain for ISIS," *Pew Research Center*, Novermber 17, 2015, http://www.pewresearch.org/fact-tank/2015/11/17/in-nations-with-significant-muslim-populations-much-disdain-for-isis/。

表 2　部分国家不同宗教、民族和地区对"伊斯兰国"组织的态度

国家	宗教、民族或地区	不支持	支持	不知道
黎巴嫩	基督徒	100%	0%	0%
	什叶派穆斯林	100%	0%	0%
	逊尼派穆斯林	98%	1%	2%
以色列	犹太人	98%	0%	2%
	阿拉伯人	91%	4%	5%
巴勒斯坦	加沙	92%	5%	3%
	约旦河西岸	79%	8%	13%
布基纳法索	基督徒	66%	5%	29%
	穆斯林	64%	9%	26%
尼日利亚	基督徒	71%	7%	22%
	穆斯林	61%	20%	19%
马来西亚	基督徒	67%	12%	21%
	穆斯林	65%	6%	29%

注：因四舍五入，各国百分比结果合计可能并非 100%。

　　第五，中东恐怖主义势力全球作战和协调能力进一步增强。在"伊斯兰国"组织被消灭之前，全球宗教极端组织和恐怖组织对其认同呈现上升趋势。截至 2015 年 12 月底，非洲、西亚、南亚和东南亚等地区的 20 个国家的 43 个宗教极端组织已公开宣布支持"伊斯兰国"组织或效忠该组织

头目巴格达迪（见表3），形成了遍及西非、北非、西亚、南亚和东南亚等地区的"'伊斯兰国'全球恐怖同盟"，"伊斯兰国"组织溢出效应呈现全球扩散趋势。2015年以来，"伊斯兰国"组织及其关联组织先后在也门、叙利亚、伊拉克、突尼斯、科威特、沙特、埃及、黎巴嫩、法国和比利时等中东和欧洲国家策划并发动多起恐袭事件，造成大量人员伤亡，逐渐形成"核心作战人员、跨国关联组织、海外招募者和支持者"三位一体的全球恐怖网络，跨国资源整合能力、作战能力、联动能力和协调能力进一步增强。

表3　宣布支持（效忠）"伊斯兰国"组织（头目）的极端组织

极端组织	国籍	宣布日期	认同方式
非洲地区			
"伊斯兰青年协商委员会"（Islamic Youth Shura Council）	利比亚	2014年6月22日	支持
利比亚"伊斯兰国"组织德尔纳分支〔Islamic State Libya（Darnah）〕	利比亚	2014年11月9日	效忠
"利比亚之狮"（Lions of Libya）	利比亚	2014年9月24日	支持/效忠
"德尔纳伊斯兰青年协商委员会"（Shura Council of Shabab al-Islam Darnah）	利比亚	2014年10月6日	效忠
"伊斯兰马格里布胡达营"（Al-Huda Battalion in Maghreb of Islam）	阿尔及利亚	2014年6月30日	效忠
"阿尔及利亚哈里发国战士"（Soldiers of the Caliphate in Algeria）	阿尔及利亚	2014年9月30日	效忠
"异乡人"（Al-Ghurabaa）	阿尔及利亚	2015年7月7日	效忠
"支持者旅"（Al-Ansar Battalion）	阿尔及利亚	2015年9月4日	效忠
"萨拉菲宣教卫士团"（Djamaat Houmat ad-Da'wa as-Salafiya）	阿尔及利亚	2015年9月19日	效忠
"欧克巴·本·纳菲营"（Uqba ibn Nafi Battalion）	突尼斯	2014年9月20日	支持
"突尼斯哈里发战士"（Jund al-Khilafah in Tunisia）	突尼斯	2015年3月31日	效忠
"凯鲁万突尼斯圣战士"（Mujahideen of Tunisia of Kairouan）	突尼斯	2015年5月18日	效忠

续表

极端组织	国籍	宣布日期	认同方式
"埃及哈里发战士"（Jund al-Khilafah in Egypt）	埃及	2014 年 9 月 23 日	效忠
"耶路撒冷近郊圣战士协商委员会"（Mujahideen Shura Council in the Environs of Jerusalem）	埃及	2014 年 10 月 1 日	支持
"耶路撒冷支持者"（Jamaat Ansar Bait al-Maqdis）	埃及	2014 年 6 月 30 日	效忠
"虔信古兰经和圣训"（Al-I'tisam of the Koran and Sunnah）	苏丹	2014 年 8 月 1 日	支持
"青年党朱巴地区巴希尔·艾布·努曼分支"（Al-Shabaab Jubba Region Cell Bashir Abu Numan）	索马里	2015 年 12 月 7 日	效忠
"卫兵"（Al-Mourabitoun）	马里	2015 年 5 月 14 日	效忠
"博科圣地"（Boko Haram）	尼日利亚	2015 年 3 月 7 日	效忠
西亚地区			
"黎凡特圣门弟子军"（Jaish al-Sahabah in the Levant）*	叙利亚	2014 年 7 月 1 日	效忠
"伊玛目布哈里旅派"（Faction of Katibat al-Imam Bukhari）	叙利亚	2014 年 10 月 29 日	效忠
"雅尔穆克烈士旅"（Martyrs of al-Yarmouk Brigade）	叙利亚	2014 年 12 月	效忠
"巴勒贝克逊尼派自由者旅"（Liwa Ahrar al-Sunna in Baalbek）	黎巴嫩	2014 年 6 月 30 日	效忠
"伊斯兰教支持者"（Ansar al-Islam）	伊拉克	2015 年 1 月 8 日	效忠
"两圣地伊斯兰国支持者"（Supporters of the Islamic State in the Land of the Two Holy Mosques）	沙特	2014 年 12 月 2 日	支持
"也门圣战士"（Mujahideen of Yemen）	也门	2014 年 11 月 10 日	效忠
"也门伊斯兰国支持者"（Supporters for the Islamic State in Yemen）	也门	2014 年 9 月 4 日	效忠
南亚地区			
"呼罗珊伊斯兰教英雄旅"（Heroes of Islam Brigade in Khorasan）	阿富汗	2014 年 9 月 30 日	效忠

续表

极端组织	国籍	宣布日期	认同方式
"呼罗珊认主独一旅"（Al-Tawheed Brigade in Khorasan）	阿富汗	2014 年 9 月 23 日	效忠
"真主战士"（Jundullah）	巴基斯坦	2014 年 11 月 17 日	支持
"乌兹别克斯坦伊斯兰运动"（Islamic Movement of Uzbekistan）	巴基斯坦/乌兹别克斯坦	2015 年 7 月 31 日	支持
"哈里发运动"（Tehreek-e-Khilafat）	巴基斯坦	2014 年 7 月 9 日	效忠
"呼罗珊圣战士领导人"（Leaders of the Mujahid in Khorasan）10 名前"巴基斯坦塔利班运动"成员	巴基斯坦	2015 年 1 月 10 日	效忠
"印度认主独一支持者"（Ansar al-Tawhid in India）	印度	2014 年 10 月 4 日	效忠
东南亚地区			
"阿布沙耶夫"（Abu Sayyaf Group）	菲律宾	2014 年 6 月 25 日	支持
"哈里发支持者"（Ansar al-Khilafah）	菲律宾	2014 年 8 月 14 日	效忠
"邦萨摩洛伊斯兰自由战士"（Bangsamoro Islamic Freedom Fighters）	菲律宾	2014 年 8 月 13 日	支持
"邦萨摩洛正义运动"（Bangsmoro Justice Movement）	菲律宾	2014 年 9 月 11 日	支持
"伊斯兰团"（Jemaah Islamiyah）	菲律宾	2015 年 4 月 27 日	效忠
"帖木儿印尼圣战士"（Mujahideen Indonesia Timor）	印度尼西亚	2014 年 7 月 1 日	效忠
"认主独一支持者团"（Jemaah Anshorut Tauhid）	印度尼西亚	2014 年 8 月	效忠
北亚地区			
"高加索酋长国卡巴尔达—巴尔卡尔中央部门"（Central Sector of Kabardino-Balkaria of the Caucasus Emirate）	俄罗斯	2015 年 4 月 26 日	效忠
"高加索酋长国诺赫齐克省"（Nokhchico Wilayat of the Caucasus Emirate）	俄罗斯	2015 年 6 月 15 日	效忠

　＊　阿拉伯语名称为"沙姆圣门弟子军"。

　资料来源："Islamic State's 43 Global Affiliates：Interactive World Map," Intel Center, December 15, 2015, http://www.intelcenter.com/maps/is-affiliates-map.html。

　　第六，中东恐怖主义势力内部分化与整合呈现虚实结合的特征。中东变局以来尤其是"伊斯兰国"组织兴起后，"基地"组织在西亚北非地区的号召力大幅下降，索马里青年党、"博科圣地"等原先效忠"基地"组织的恐怖组织纷纷被"伊斯兰国"组织招致麾下。与此同时，"伊斯兰国"组织还加大了对"基地"组织在也门和阿富汗等国势力范围的争夺。在袭击目标上，"基地"组织以西方国家即"远敌"为主要攻击对象，"伊斯兰国"组织"建国"初期为巩固疆域以叙利亚和伊拉克的"异教徒"即"近敌"为主要攻击对象。从表面上看，中东恐怖主义势力内部经历了重要的分化与整合。但随着俄罗斯军事介入叙利亚反恐，包括"伊斯兰国"组织在内的当地恐怖组织在数月内遭到沉重打击，"伊斯兰国"组织不得不调整作战策略，竭力鼓动恐怖分子通过"独狼"式行动在海外反击。埃及、突尼斯、黎巴嫩、法国、英国、比利时和美国等国接连发生的恐袭，都是由极端组织"伊斯兰国"策划和实施的，袭击方式呈现明显的"基地化"特征，"伊斯兰国"组织袭击目标"远敌"和"近敌"并重趋势凸显。从2014年2月"基地"组织头目扎瓦赫里公开宣布与"伊斯兰国"组织"决裂"，到2015年11月初扎瓦赫里呼吁"基地"组织与"伊斯兰国"组织支持者团结一致，两大恐怖组织正在使用虚实结合的策略，以实现恐怖效应的最大化。

二 "伊斯兰国"组织与中东反恐困境

"伊斯兰国"组织的现象，是中东地区国际关系和政治秩序深刻调整的缩影，同时也反映出伊拉克等地区国家国内政治极化加剧、政治派别难以达成和解共识的现实。更为复杂的是，"伊斯兰国"问题与叙利亚内战、也门危机、利比亚乱局、库尔德问题、美国中东政策调整、伊核问题全面协议达成、地区大国地缘博弈、俄罗斯军事介入叙利亚反恐等多重因素相互交织，美国、欧盟、俄罗斯、叙利亚、伊拉克、沙特、伊朗和土耳其等在中东反恐问题上存在不同的利益诉求和政治考量。2015年9月以来，美国组建的反恐联盟与俄罗斯组建的反恐联盟在中东反恐行动中呈现分庭抗礼之势；同年12月沙特组建的34国反恐联盟既显示出其对美国反恐行动效果的不满，也表达出其对俄组建的什叶派反恐联盟的担忧。参与中东反恐的各国既受到其对叙利亚危机等地区热点问题的立场的制约，也受到国内利益集团、政治派系斗争的影响，因而难以真正在打击"伊斯兰国"组织等恐怖主义势力上形成共识。

"9·11"事件发生后的十年间，美国建立了一个复杂的官僚机构来打击"圣战"组织，通过调整其军事、情报和执法机构来执行反恐和反叛乱任务。[①] 美国的反恐和反叛乱战略曾有效地削弱了"基地"组织的威胁。[②] 在打击"伊斯兰国"组织方面，美国最初采用的也是反恐和反叛乱战略，却难以取得成效，主要原因是"伊斯兰国"组织不属于传统意义上的非国家行为体范畴的恐怖组织。时任美国总统奥巴马曾在电视讲话中将"伊斯兰国"组织形容为"一个纯粹而简单的恐怖组织"，强调"通过一套全面持久的反恐战略削弱并最终摧毁'伊斯兰国'组织"。[③] 然而，"伊斯兰国"组织既不是"基地"组织的分支，也不代表"基地"组织发展的新阶段。2014 年 6 月 29 日，"伊斯兰国"组织宣布建立"哈里发国"，随即发布了一段名为"赛克斯—皮科的终结"的视频，该视频这样阐述"伊斯兰国"组织的"建国愿景"："我们不承认所谓的'赛克斯—皮科协定'边界，我们将摧毁这一边界。……我们要打破伊拉克、约旦、黎巴嫩的边界，直至耶路撒冷。"[④] 这表明了该组织意在推翻中东民族国家体系、恢复中世纪阿拉伯帝国政治宗教制度的企图。

对"伊斯兰国"组织本身而言，其已超越纯粹的极端武装组织，发展成为拥有实际政治统治权力的"国家机构"。在行为方式上，"伊斯兰国"组织既通过斩首、火刑、屠杀、自杀式袭击等暴恐行为引发恐怖效应，也注重推行所谓的"社会治理"，包括组建政府、开设医院、修建道路、发展农业、（宣布）发行货币、规范交通秩序、开办宗教学校、供水供电供气、推广小型商业计划等对其控制的土地和人口实行管理。该组织拥有一套自上而下的组织结构，最高权力机构由"哈里发"巴格达迪及其两个副

① Audrey Kurth Cronin, "ISIS Is Not a Terrorist Group: Why Counterterrorism Won't Stop the Latest Jihadist Threat," *Foreign Affairs*, Vol. 94, No. 2, March/April, 2015, p. 87.

② Audrey Kurth Cronin, "ISIS Is Not a Terrorist Group: Why Counterterrorism Won't Stop the Latest Jihadist Threat," *Foreign Affairs*, Vol. 94, No. 2, March/April, 2015, p. 88.

③ "Statement by the President on ISIL," The White House, September 10, 2014, https://www.whitehouse.gov/the-press-office/2014/09/10/statement-president-isil-1.

④ "The End of Sykes-Picot," Al Hayat Media Center, June 29, 2015.

手艾布·阿里·安巴里（Abu Ali al-Anbari）和艾布·穆斯林·图尔克马尼（Abu Muslim al-Turkmani）三人掌控，并根据地区差异，在伊拉克和叙利亚设立了两套政府班子。"伊斯兰国"组织拥有"内阁"，由巴格达迪领导，下设九大委员会（见表4），分管宗教、法律、军事、金融、安全、情报、媒体、后勤等事务。这种严密的组织结构，反映了该组织的"国家机构"是一套分工明确的官僚体系，有别于其他结构松散的极端组织。

表4　"伊斯兰国"组织的"内阁"委员会及其职能

委员会	职　能
领导委员会	负责制定法律和重大决策，所有决策须经巴格达迪通过，领导委员会的成员理论上有权废除哈里发
协商委员会	由9名经巴格达迪任命的精通伊斯兰教法的宗教人士组成，负责宗教、军事事务，确保"伊斯兰国"组织成员严格遵守教义
军事委员会	负责"伊斯兰国"组织"国防"事务，召集作战部队
法律委员会	负责处理家庭纠纷和宗教违规行为，招募新兵，颁布包括死刑在内的各类教令（法特瓦）
安全委员会	负责处理"伊斯兰国"组织控制地区和各类检查站的监管事务，以及死刑的执行工作
情报委员会	负责向领导层提供"伊斯兰国"组织敌对方的各类信息
财政委员会	负责处理油品销售、武器交易等财政事务，监督资金的使用情况
战士援助委员会	负责为外国"圣战"分子提供住房，协助从伊拉克和叙利亚贩卖外国武装分子
媒体委员会	负责社交媒体运营和管理，发布"伊斯兰国"组织官方声明

资料来源："The Islamic State：How Its Leadership Is Organized，"Examiner，September 9，2014，http：//blogs. wsj. com/briefly/2014/09/09/the-islamic-state-how-its-leadership-is-organized-the-short-answer。

美国和打击"伊斯兰国"组织国际联盟成员国试图通过采取直接军事行动、支持叙伊地面部队、情报收集与共享、限制外籍作战人员流动、切断资金链等方式来削弱该组织。美国在打击叙利亚和伊拉克境内的"伊斯兰国"组织上，制定了不同的政策目标和打击方式。在打击手段上，美国对叙利亚和伊拉克政策分别受"'伊斯兰国'优先"和"伊拉克优先"的方针驱动。① 在叙利亚，美国主要通过直接空袭行动和依靠沙特培训叙反对派武装组织来打击叙境内的"伊斯兰国"组织及其关联组织。在伊拉克，美国主要通过向伊拉克跨教派的安全部队等本土力量提供支持和训练地面作战部队来遏制"伊斯兰国"组织在伊境内的扩张。美国传统的"定点清除"战术也不适用于打击与当地民众混居的"伊斯兰国"组织头目及武装分子，况且该组织核心作战人员相当一部分是萨达姆时期伊拉克的正规部队，具有极高的作战能力和经验。在政策目标上，美国打击"伊斯兰国"组织采用的仍是以速战速决为导向的遏制战略，而非彻底的摧毁战略。这种战略一方面是基于美国介入中东地区冲突的意愿已经下降，小布什政府之后，美国在中东地区陷入政治、意识形态和军事困境，奥巴马政府一直避免重蹈阿富汗战争和伊拉克战争的覆辙，多次重申不派地面部队进驻伊拉克；另一方面也是基于美国介入中东事务能力的下降，是美国在与以色列、沙特两个中东地区盟友之间互信日益下降、对地区控制能力降低以及美国缺乏成熟的叙利亚政策背景下做出的无奈之举。2015 年 7 月，奥巴马承认美国缺乏打击"伊斯兰国"组织的"完整战略"。②

在对遏制"伊斯兰国"战略的态度上，支持者认为，该组织在中东地区的攻城略地并不对美国本土安全构成直接的恐怖主义威胁；反对者认为，放任"伊斯兰国"组织继续存在下去，将对美国在中东伙伴国的利益构成持续威胁，也会为该组织袭击美国本土或海外目标提供机会。③ 西方学界对"伊斯兰国"组织是否对美国本土安全构成直接威胁持怀疑态度。有学者提出，经过叙利亚和伊拉克战场"洗礼"的"伊斯兰国"组织外籍成员回到本国后，尽管在作战能力上更具杀伤力，但"回流"的恐怖分子总体数量可能较小，该组织的外籍成员大多会成为战场"炮灰"，即使侥

---

① Kenneth Katzman et al., "The 'Islamic State' Crisis and U. S. Policy," CRS Report R43612, Congressional Research Service, September 10, 2014, p. 14, http://fpc.state.gov/documents/organization/231789. pdf.

② Bill O'Reilly, "More danger for Americans," Fox News, June 9, 2015, http://www.foxnews.com/transcript/2015/06/09/bill-oreilly-more-danger-for-americans/.

③ Kenneth Katzman et al., "The 'Islamic State' Crisis and U. S. Policy," CRS Report R43612, Congressional Research Service, September 10, 2014, p. 15, http://fpc.state.gov/documents/organization/231789. pdf.

幸存活下来，也可通过强大的情报活动对其进行监控和管理，因此不应夸大"伊斯兰国"组织对美国本土安全的威胁。①

三 中东恐怖主义治理的新思路

当前，中东地区安全治理面临传统安全问题与非传统安全问题交互影响、新型恐怖主义与传统恐怖主义共存、大国反恐政策失效和地区安全合作机制缺失等多重困境。2015 年 11 月 20 日，联合国安理会决议认定"伊斯兰国"组织"是国际和平与安全面临的前所未有的全球性威胁"。②"伊斯兰国"组织的兴起和中东反恐困境对地区恐怖主义治理提出了新要求。无论是动荡国家，还是转型国家，甚至一度被视为政权稳定的海湾国家沙特，均面临不同程度的恐怖主义威胁。当前，中东地区恐怖主义治理主要面临思维固化、主体单一、机制缺失三大问题，因此，地区国家和国际社会需要在创新治理观念、思路和方式的基础上，寻求新的合作模式。

第一，摒弃冷战思维，树立安全共同体意识。西方大国中东政策严重的偏向性和两面性，中东国家在政治制度、意识形态、民族宗教上的差异和经济社会发展的严重不平衡，以及长期以来形成的冷战思维，使中东国家之间难以消除历史裂痕，地区民族冲突、教派矛盾、边界问题、水资源危机等问题往往牵一发而动全身，地区国家间冲突常年不断、战争时有爆发。中东宗教极端主义和恐怖主义的产生，既是对西方国家中东政策偏向性的暴力性回应，也是中东国家内部不平衡性、安全互信缺失、治理能力低下的深刻体现。中东地区恐怖主义的治理，既需要地区国家超越以对抗求安全的传统冷战思维，也需要西方国家摒弃反恐双重标准，充分认识地区共同安全与本国安全和稳定的联系性，在安全合作中树立"你中有我、我中有你"的安全共同体意识，实现安全互信。

---

① Daniel Byman and Jeremy Shapiro, "Homeward Bound?" *Foreign Affairs*, Vol. 93, No. 6, November/December 2014, pp. 37–46.

② 《恐怖主义对国际和平与安全的威胁》，联合国安理会第 2249（2015）号决议，2015 年 11 月 20 日，http://www.un.org/zh/documents/view_doc.asp? symbol=S/RES/2249（2015）。

第二，构建多元治理主体，实现地区安全协同融合治理。近年来，中东地区伊斯兰主义、新自由主义等各种本土和外来思潮的相互交织，在政治、社会、经济和文化等领域深刻影响着地区和国家的转型。中东地区本土思想与外来思想难以调适导致部分国家转型艰难、社会矛盾突出、经济发展迟滞，是近年来恐怖主义和宗教极端势力在地区国家盛行的催化因素。"伊斯兰国"组织的思想来源不仅包含传统萨拉菲主义、反西方主义、泛伊斯兰主义，也包含被该组织泛化的教派主义、"定叛"思想、"圣战"和"迁徙"观念，这些思想成为该组织进行政治动员的思想工具，其对伊斯兰教主流价值观已构成严峻挑战。随着美国中东政策的调整及其在海湾地区战略利益的下降，尤其是美国对介入教派冲突保持审慎和克制态度，海湾阿拉伯国家在构建新的地区安全秩序上不得不开始寻找美国的替代角色，逐渐降低其在安全事务上对美国的依赖性。因此，中东恐怖主义的治理，应注重构建多元的治理主体，充分调动地区国家和国际社会的政治、外交、军事、宗教、法律、经济、社会、文化、教育和科技等各种资源，依靠多元治理主体实现地区安全的协同治理和融合治理。

第三，创新平台机制，探索恐怖主义治理新范式。确立对中东恐怖主义和恐怖组织的国际共识是实现中东安全问题全球治理的基础。当前美国、欧盟国家、俄罗斯和中东地区国家在对地区恐怖主义和恐怖组织的认定上仍存在较大分歧，尤其是美国在反恐问题上搞单边主义、利己主义和双重标准，严重阻碍了国际和地区国家在中东宗教极端主义和恐怖主义的治理上形成共识。中东地区安全问题的复杂性、多样性和联动性等特征，尤其是"伊斯兰国"组织的全球扩散，决定了中东恐怖主义治理需要创新平台和机制，尤其要重视发挥青年、妇女在打击恐怖主义和宗教极端主义、促进和平方面的作用。一方面，在伊斯兰国家的反恐和反极端运动中，青年和妇女未被充分调动参与社区治理和宣传宗教宽容；另一方面，地区宗教极端组织近年来正在加大从青年和妇女群体中招募成员的力度，甚至强迫部分妇女加入极端组织开展"性圣战"。中东国家应重视青年和妇女在恐怖主义治理中的主体作用，如设立中东青年和平论坛、中东妇女去极端化教育平台等，通过对话实现中东各国和各民族间互鉴、互通和互谅，营造包容开放、平等相待、和谐共处的社会、文化和宗教环境。

从西方大国在中东地区的反恐实践效果来看，带有双重标准的反恐政策和单一的军事手段无法根除地区恐怖主义和宗教极端主义。中国参与中东安全治理时，主张"摒弃一切形式的冷战思维，树立共同、综合、合作、可持续安全的新观念"，"充分发挥联合国及其安理会在止战维和方面的核心作用，通过和平解决争端和强制性行动双轨并举"，同时"推动经济和社会领域的国际合作齐头并进，统筹应对传统和非传统安全威胁，防战争祸患于未然"。① 反恐合作的基础是各国达成安全共识，中国参与中东反恐等非传统安全领域的治理，也可探索与地区国家共建新的安全平台和对话机制，在中阿合作论坛框架和中国—海合会战略对话机制基础上，考虑建立中国与中东和平论坛、中国—美国—中东对话机制，通过多边合作平台与多边对话机制加强中国与大国和地区国家在反恐、去极端化等问题上的沟通、协调与合作，同时要避免掉入中东国家教派矛盾的话语陷阱。

---

① 习近平：《携手构建合作共赢新伙伴　同心打造人类命运共同体——在第七十届联合国大会一般性辩论时的讲话》，《人民日报》2015 年 9 月 29 日，第 2 版。

中国对中东地区安全危机的建设性介入：新态势和新特征

汪舒明[*]

摘　要： 2010 年年底开始的中东变局标志着中东地区的安全危机进入了一个新阶段：中东地区安全危机由"带"成"片"、联动结构改变、治理困境加剧、非传统安全问题空前严重，而美国主导中东地区安全治理的能力和意愿明显下降。中东地区新的安全危机态势从能源安全、国际政治利益、地缘政治和安全、海外利益和侨民安全等方面给中国带来了挑战，也为中国的中东外交带来了机遇。中国开始以更加积极主动的姿态建设性地介入中东地区安全危机，并展现出不同于西方的特点：量力而行，突出重点；注重维护国际关系和国际法基本准则，注重维护中东国际秩序的稳定；重视国际和地区多边机制，注重国际协调和协商；立场相对公允、客观、平衡。但中国的"软身段"方式仍有其明显的局限性。

关键词： 中东地区安全危机　中国　建设性介入

---

* 汪舒明，上海社会科学院国际问题研究所副研究员。

一 中东地区安全危机的新发展

变局发生前，中东就是一个持续动荡、热点频生的地区。美国的反恐战争制造了阿富汗和伊拉克两个动荡、脆弱的国家，加上周期性爆发的巴以冲突和不时高涨的伊朗核问题，这一地区存在一条从地中海东岸到阿富汗的动荡弧，而且这四大焦点形成了相互关联强化的态势。2010年年底开始的中东变局，标志着中东地区的失序、动荡和危机进入了一个新阶段，呈现出以下几大新态势。

其一，地区安全危机由"带"成"片"，联动性增强。中东地区的安全危机在此前阿富汗、伊拉克、伊核、巴以等几大危机的基础上，又增添了叙利亚、利比亚、也门、埃及和"伊斯兰国"等新"热点"。危机的地理辐射范围由此前的动荡弧升级为范围更广的危机片区，且危机的扩散和联动效应在强化。

其二，地区安全危机关联互动的结构和方式发生改变。在冷战期间，阿以矛盾是中东地区的核心矛盾，阿以冲突长期成为引发中东地区危机连锁反应的"风暴眼"。冷战结束后，中东地区的主要危机围绕支持或反对美国霸权的矛盾而发生，中东逐渐形成了反美激进派阵营和亲美温和派阵营。美国在中东推进的"反恐"、倒萨、大中东民主化等进程都旨在建立和巩固其在中东地区的主导地位。而中东变局主要是中东地区的本土性矛盾尖锐化的结果，并受什叶派与逊尼派之间的地区性主要矛盾所驱使强化。只要存在什叶派—逊尼派教派分歧的国家，通常就会成为两个阵营的角力舞台，形式包括支持/反对反政府抗议、大规模骚乱、代理人战争、直接的武装干涉/反干涉等在内的危机。对于各种各样的危机，沙特和伊朗都将教派均势作为决定其立场的一个关键考量。而"伊斯兰国"和"基地"等极端组织也在制造或利用教派冲突来寻找发展良机。

其三，中东地区"弱国家化"趋势和治理困境明显加剧。中东变局带来新的大众政治觉醒和政治冲突，导致许多国家内部不同群体之间的认同政治抬头，出现严重的社会极化现象，导致更多国家陷入动荡、失序乃至内战，失序和动荡的地理范围扩大，程度加深。在发生动荡的国家中，叙利亚、利比亚和也门等国已经陷入内战失序泥潭，甚至不存在能有效治理全国的中央政府。埃及则经历了温和派穆斯林势力失败的执政，重新回归军人专政、强力镇压穆斯林兄弟会的老路。迄今为止，①"革命"后的国家尚未找到一种适合自身的国家治理和现代化发展之路，国家合法性和权威的缺失可能成为一个长期现象。中东的失序，正是当今国际体系失序和混乱的重要征兆。它与乌克兰危机、东亚地缘政治紧张等国际危机并发，凸显了联合国等全球治理机制的脆弱性，国际公共产品供给的严重不足，以及主要大国利益和立场的深刻分歧。

其四，宗教极端主义和恐怖主义借动荡和冲突再次高涨，非传统安全问题空前严重。以美军击毙本·拉登为主要标志，大中东地区的极端宗教势力暂时在十年反恐高压下陷入低谷，巴、阿边境地区"基地"核心组织受到重创，伊拉克、北非"基地"分支的活跃度都明显下降。穆斯林兄弟会等温和势力借助中东变局在埃及、突尼斯等国上台执政，曾被视为政治伊斯兰"去极端化"、走温和改革路线的有益探索和未来希望。但穆兄会在埃及等国执政的失败，使得阿拉伯—伊斯兰世界内外的这种期待破产。而许多阿拉伯国家的动荡失序却为宗教极端势力提供了广阔舞台，叙利亚内战使其成为暴恐组织迅猛成长的沃土。"伊斯兰国"组织乘势在阿拉伯腹地崛起，在叙利亚和伊拉克宣布"建国"，控制了大片土地和大量人口，拥有堪与伊拉克和叙利亚政府军匹敌的武装力量。这一非国家行为体的崛起，使中东国家版图受到严峻挑战，现代民族国家疆土观念和边界也面临颠覆。宗教极端暴恐势力形成了"基地"和"伊斯兰国"两大组织，分别以巴阿边境普什图部族区和叙利亚—伊拉克逊尼派地区为主要根据地，并在世界各地四处扩散、相互竞争。新兴的"伊斯兰国"组织脱胎于"基地"组织，但其极端性、危险性和实力与"基地"组织相比有过之而无不及。动荡、冲突和失序导致了难民潮和严重的人道主义灾难，使国际社会相关难民救助机制不堪重负、近乎崩溃。

其五，美国主导中东地区安全治理的能力和意愿明显下降。进入 21 世纪之初的十年，美国在中东地区推动"反恐"和"改造"，已经使美国不

---

① 本文写作之时。

堪重负而趋于收缩"减负"。但美国在中东广泛的利益又使其不能"一走了之"、任由其长期努力打造的中东地区秩序陷入完全崩解。因中东变局导致更大范围的动荡和失序，客观上要求美国为其在中东"不可或缺"的地位承担责任和信守承诺。但美国在中东变局中放弃支持穆巴拉克这样的长期盟友，使其自身在沙特等国的信誉明显降低，认为其是"不可信赖的盟友"。[1] 美国在叙利亚内战问题上的犹豫迁延、在应对伊朗核问题上的妥协退让、在应对"伊斯兰国"威胁中的谨慎拖沓，都让沙特、以色列和土耳其等中东盟友深感失望和不满。在美国推行选择性介入、对中东盟友承担的义务相应减少的情况下，其中东盟国的独立自主性相应增加。[2] 美国在中东地区的声誉严重受损，其主导地位出现了严重的合法性危机。与此同时，尽管奥巴马政府坚持推行"亚太再平衡"战略，但中东地区危机频发仍难免吸引美国的注意力。仅仅为调解巴以之间的冲突，美国国务卿克里就经常穿梭中东，投入了大量的外交精力。恐怖势力威胁、伊朗核危机等问题，同样让美国在中东焦头烂额。在反恐问题上，尽管奥巴马政府力避重新在中东投入大规模兵力，但美国驻利比亚大使遇袭身亡、"伊斯兰国"在伊拉克—叙利亚攻城略地等态势，都迫使美国不断加大在中东的军事投入并努力构建一个反"伊斯兰国"联盟。

二 中东变局带给中国中东外交的挑战和机遇

（一）中东变局对中国国家利益的挑战

1. 海外利益和侨民安全

总体而言，本轮中东变局中部分国家出现政局动荡给中国在中东的经贸利益所带来的损失和影响较为有限。利比亚、叙利亚、也门三国陷入长期动荡和内战，对中国确实造成了损失。2010 年，中国与这三国之间的进

---

[1] See Christopher Clary and Mara E. Karlin, "Saudi Arabia's Reform Gamble," *Survival*, Vo. 53, No. 5, Oct.-Nov. 2011, pp. 15-20.

[2] 牛新春：《选择性介入：美国中东政策调整》，《外交评论》2012 年第 2 期，第 45~54 页。

出口贸易总额约为 135.5 亿美元，在当年 2.97 万亿美元的中国对外贸易总额中，占比不到 0.5%。中国企业在利比亚的工程承包业务遭受重大损失，但也不应高估。中国企业的实际损失主要体现为设备和资产损失、利比亚发包方拖欠的工程进度款等。据统计，中国工程承包企业在利比亚的损失为 198 亿至 199 亿元人民币。[①] 中国在叙利亚的经济损失，主要体现为暂时丧失丝绸之路经济带交通网络建设的一个潜在重要节点，并非现实发生的利益。相比较而言，侨民安全的重要性远高于经济损失。在陷入动荡和内战之前，中国在利比亚大约有 3.6 万侨民。

2. 能源安全

中东地区对于中国能源安全的重要性不言而喻。有学者认为，"中东能源实质性地影响中国经济可持续发展，涉及中国核心利益"。[②] 对中国能源安全构成"灾难性"威胁的情势主要有以下几种。其一，海湾的霍尔木兹海峡和东南亚的马六甲海峡这两个海上石油输送的咽喉被封锁。其二，在中国石油进口中占很大份额的两个及以上国家同时对中国实行石油禁运，或两个及以上国家陷入动荡或冲突而无法维持石油生产稳定。除了这几种"灾难"图景，还有几种情势对中国能源安全乃至经济稳定构成重要影响，如，石油价格在较长时期内维持高位；个别在中国石油进口中占很大份额的国家因双边关系严重危机或国内外动荡等因素中断或大幅减少对华供应；中国主要能源企业在中东国家的重要石油资产及其稳定运营的环境丧失等。中东地区（尤其海湾）能否维持和平稳定、中国与中东国家的关系能否稳定发展是这些情形会否出现的重要条件。

2010 年年底开始的中东变局，对中国的能源安全并未产生严重负面影响。中国中东石油进口约 90% 来自海湾五国，即沙特、伊朗、阿曼、伊拉克和科威特，合计占当年进口总量的 42.9%。而利比亚、也门两国分别占

---

① 肖君秀：《中国企业在利比亚损失不足 200 亿元》，http://www.eeo.com.cn/finance/insurance/2011/04/27/199934.shtml。

② 牛新春：《中国在中东的利益与影响力分析》，《现代国际关系》2013 年第 10 期，第 47 页。

2010 年中国进口总量的 3.1% 和 2.2%，分别达到 737.33 万吨和 402.11 万吨。[①]

但中国在中东的能源安全并非全然无忧，扰乱中东石油生产和输出的因素始终存在，有时可能变得更为严峻。最大的隐患来自什叶派和逊尼派争夺地区影响力的尖锐矛盾和斗争。伊朗核问题就是两大阵营斗争的最重要议题。围绕伊朗核问题的地区紧张局势延续，有时甚至剑拔弩张，形成危机事态。此外，两大阵营还围绕叙利亚危机、也门危机、伊拉克政府危机、应对"伊斯兰国"极端组织等一系列问题展开斗争，在不同危机中开展"代理人战争""低烈度战争"，必要时甚至直接对危机国家实施军事干预（如 2015 年的也门危机）。以"伊斯兰国"为代表的极端组织借助叙利亚危机等地区性危机强势崛起，也对中东能源安全带来冲击。摩苏尔等重要城市以及一些石油资产的陷落，显示了这些非国家行为体对中东国家治理和石油产业安全构成的严峻挑战。即使像沙特这样的地区强国，对来自"伊斯兰国"的安全挑战也不敢掉以轻心。

3. 国际政治利益

多个阿拉伯国家政局陷入转型、动荡乃至内战，对中国的国际政治利益也产生了多方面的挑战。主要体现为三个方面。

其一，"新干涉主义"抬头挑战中国外交长期秉持的"和平共处五项原则"。长期以来，以尊重国家主权、不干涉别国内政为基石的"和平共处五项原则"构成了中国外交的核心原则。这既符合中国基于近代以来历史经历、情感以及由此形成的价值偏好和利益判断，也符合《联合国宪章》的基本宗旨。这些原则和宗旨保障着包括中国在内的第三世界国家在国际舞台上的独立自主地位，使它们免于沦为强国的鱼肉。中东变局被部分西方国家视为扩展民主、人权甚至实施"政权更迭"的良机，部分逊尼派国家（如沙特、卡塔尔、土耳其等）也将之视为削弱什叶派阵营或扩大自身影响力的良机。这些国家利用国际社会对人道主义问题的关切以及联合国秘书长实施"保护的责任"的意愿，积极推动国际社会对利比亚、叙

[①] 田春荣：《2010 年中国石油进出口状况分析》，《国际石油经济》2011 年第 3 期，第 19 页。

利亚等国事务进行干预，尊重国家主权、和平共处的原则受到严峻挑战。在利比亚等问题上，如何兼顾国家利益和不干涉原则、平衡人权与国家主权的关系，成为中国外交面临的一大考验。①

其二，国际形象和大国地位受到挑战。中东变局发生后，西方打着民主和人权旗号，致力于扶植亲西方势力，并推动未竟的中东"民主化"事业。"从全球意识形态的竞争态势看，西方意识形态在中东迅速、全面扩散，会对中国意识形态形成间接威胁，不符合中国的政治利益。"② 西方国家推动干预利比亚和叙利亚的行为还危及了联合国安理会的团结和权威。西方越权滥用安理会第 1973 号决议的行为开了一个打着"保护的责任"旗号，违反《联合国宪章》，误导和裹挟安理会推进"政权更迭"的恶劣先例。而维护联合国安理会的公共性、权威性和有效性，不使其沦为少数大国的霸权工具或者因内部分裂而陷于瘫痪，对于中国维护和提升国际地位具有重要意义。此外，中东危机中西方的人权、民主话语在西方和一些中东国家舆论中占据了主导地位，也使中国在西方和中东地区的国家形象受到了新的考验。中东变局前总体上对中国持积极正面认识的阿拉伯国家媒体，因叙利亚问题上中国数次动用安理会否决权而惊诧、不解和不满，甚至出现一些妖魔化中国的倾向。③

其三，中国在中东的原有外交布局受到冲击，在竞争阵营之间的平衡难度上升。多个阿拉伯共和制国家陷入动荡，或发生"政权更替"，对几乎所有的域外大国在中东的外交布局和关联渠道都产生了冲击。中国能否以及如何与新的政府领导人建立友好合作关系也受到关注。围绕一系列危机，相互竞争和矛盾重重的国家和群体都期望赢得中国某种程度的支持和理解，而中国与中东几乎所有国家都存在友好合作关系。中国与中东其他

---

① 利比亚危机对中国不干涉原则的冲击，可参见 Chris Zambelis, "A Swan Song in Sudan and Libya for China's 'Non-Interference' Principle," *China Brief*, Vol. XI, Issue 15, August 12, 2011。

② 牛新春：《中国在中东的利益与影响力分析》，《现代国际关系》2013 年第 10 期，第 52 页。

③ 陈杰、古萍、潘暐、颜学雄：《阿拉伯媒体中的中国形象分析——以阿拉伯媒体对中国涉叙否决票上的反应为例》，刘中民、朱威烈主编《中东地区报告（2012 年卷）：中东变局的多维透视》，时事出版社，2013，第 381~396 页。

国家之间的政治关系如何管理？如何避免大国之间的矛盾升级、外溢，导致国际秩序更大的混乱？如何促进大国在中东地区的协调合作大局？这些都是中国外交经常需要考量的问题。

4. 地缘政治和国家安全

中东动荡失序导致中国西部和近邻国家面临的非传统安全威胁大大加剧。鉴于中国的"三股势力"与源自中东的极端暴恐势力之间存在千丝万缕的关联，秉持极端意识形态的中东地区非国家行为体的壮大，必然外溢到中国境内，加剧中国新疆等地的安全治理难题。因此，中东是中国打击"三股势力"、维护西部边疆稳定的前沿阵地。在中东变局前，中国的这种安全治理难题主要来自"东突"分裂势力与"基地"组织之间的关联。中东变局后，则越来越体现为"东突"分裂势力与"伊斯兰国"之间的关联，及其所导致的"东突"分裂势力"极端化"、"宗教化"和"军事化"进程。大批极端分子从全球各地奔赴叙利亚等地投身"圣战"对世界各国都构成了一大挑战。即使一小部分人回流，也会带来很大的安全隐患。

近年来中国境内的极端分子受"东伊运"和国际恐怖势力的网络宣传、招募的吸引，非法借道东南亚出境赴叙利亚、伊拉克等国参战的情况尤为突出。根据国家反恐局提供的数据，2015年5月，在叙利亚作战的中国籍极端分子约有300名，其中大部分人员属在叙利亚的"东伊运"分支。① 除了这种较为直接的影响，中东动荡失序还大大加剧了阿富汗、巴基斯坦以及其他中亚国家的安全治理困境。

从传统地缘政治竞争的视角来看，中东变局对中国带来的影响显得较为复杂和模糊。中东变局为验证两个有关中国中东地缘政治利益的命题提供了机会。

其一，中东陷入（美国）单极独霸是对中国中东利益的首要威胁。②

---

① 《国家反恐局：约300名中国籍极端分子在叙利亚参战》，中国新闻网，2015年5月15日，http：//www.chinanews.com/m/mil/2015/05-15/7279593.shtml。

② 吴冰冰先生在《对中国中东战略的初步思考》（《外交评论》2012年第2期，第36~44页）一文中提出并论证了这一命题，但在次年的《中东战略格局失衡与中国的中东战略》（《外交评论》2013年第6期，第35~48页）一文中作了修正，认为"美国在中东实现霸权意图会面临更大困难"。

即使在美国最为强大的时期，美国也从未实现独霸中东。"9·11"后美国试图在中东大力"反恐谋霸"，强化其对中东的控制，反而导致其自身实力严重受损，心力交瘁。中东变局下更大规模的危机也未提振美国重振中东霸权地位的政治意志，反而尽显美国急欲从中东收缩减负的意愿，并由此带来美国中东主导地位的合法性危机加剧、地区大国外交独立意识增强、域外其他大国在该地区的影响力上升等势头。

其二，中东动荡牵制美国对中国的战略压制。中东变局发生后，曾有一些分析认为美国将再一次陷入中东难以自拔，可能牵制美国的东移步伐，减轻中国在"东线"的压力，从而为中国提供又一个"战略机遇期"。但在中东变局尚未危及美国核心利益的情况下，美国并未再次陷入中东泥潭，也未对其"亚太再平衡"战略带来严重影响。无论在中东还是亚太，美国都推动地区盟友在各自地区的安全问题中更积极地分担责任，因此，美国仍能以较低成本实现其战略目标。中国不宜以中美"零和"博弈的逻辑来认知中东失序，更不应对美国在中东遇到的困境"幸灾乐祸"。① 无论在中东还是亚太，中美之间已经实际上形成了一种利益既广泛重合又有重要区别的复合相互依赖局面，但维持两大地区的基本稳定而不致陷入更严重的失序动荡则是双方共同利益所在。合作应对中东地区的严重危机，符合双方的共同利益，也可以成为中美双方维系合作大局、管控双方矛盾的有利因素。

（二）中东变局给中国中东外交带来的机遇

中东变局给中国带来挑战的同时，也为中国的中东外交提供了新的机遇。中东乱象环生、美国在中东收缩减负和中国和平发展这三个因素的相互作用，构成了中国中东外交新机遇的基础条件。与中东变局前相比，中国在中东的地位和角色变得难以忽略，中国关于中东外交的理念、倡议和行动受到国际社会更大的关注和回应。

---

① 相关论析可参见：李伟健：《如何认识当前中国重要战略机遇期内涵和条件的变化？——基于中东研究的视角》，《西亚非洲》2013 年第 5 期，第 4～14 页；牛新春：《中国在中东的利益与影响力分析》，《现代国际关系》2013 年第 10 期，第 44～52 页。

其一，其他域外大国（尤其美国）对中国介入中东地区性事务更具开放性。中东是中国运筹大国关系的重要舞台。冷战结束以来，中东地区发生的危机数次促使美国管控和缓和与中国的关系，以赢得中国的支持。第一次是反对伊拉克入侵科威特时，第二次是"9·11"事件后美国致力于全球反恐、打击"基地"组织网络时。中东变局引发的更大程度和规模的危机，凸显出地区治理的严重匮乏以及国际社会在该地区的公共产品供给中的巨大缺口。就连美国也认识到其自身无力对中东事务"大包大揽"，而希望其他大国和地区国家积极分担地区治理的责任和风险。华盛顿近东研究所资深研究员戴维·申克尔（David Schenker）称，中国需要在稳定中东中发挥更大作用，如通过在维和等提供安全合作，对地区国家提供金融援助、技术援助等以促进其发展。[①] 只要中国在中东的作为整体上不挑战美国的主导地位，美国愿意接受中国以更积极主动的姿态参与中东事务。中国参与阿富汗重建与和平进程、参与亚丁湾巡航、参与伊核问题国际谈判等都受到了国际社会的普遍欢迎。近年来，责难中国不愿积极介入中东的"搭便车"论在西方很有市场。2014年8月，在美国苦苦拼凑反"伊斯兰国"国际联盟之际，奥巴马公开表达对中国的不满，称中国搭了30年"便车"。美国所抱怨的，是中国在中东治理中承担的责任还"不够"。

其二，中东国家欢迎中国以更加积极的姿态介入中东地区事务。中东变局既是中东地区治理和发展失败的危机，也是美国治下的中东地区体系的危机。美国在中东建构的国际体系结构出现了明显的松动和裂缝。几乎所有美国在中东的传统盟国，如以色列、土耳其、沙特、埃及等，对美国的不满和不信任都有所上升，在外交上的独立自主倾向明显抬头，积极致力于对外关系"多元化"，争取与除美国外的其他域外大国建立和加强联系与合作。中国与中东国家交往长期恪守互不干涉内政原则，在中东地区冲突中长期坚持公道，与几乎所有国家都建立和发展友好合作关系。因此，中东地区国家总体上对中国建设性地介入中东事务持更加积极的态度，甚至抱有越来越高的期待。"中国责任论"在近年来的中东舆论中也

---

① David Schenker, "What a Changing Middle East Means for China," Carnegie-Tsinghua, July 1, 2013.

在上升。在第四届中国—阿拉伯国家关系研讨会上，阿联酋学者尤素福·哈桑提出，"中国在解决自身面临的复杂问题的同时，也要参与世界其他问题的解决"，"中国在中东的扩张使其对这一地区的稳定和安全，以及调解地区纠纷负有更大的责任"。①

其三，中国在中东国家的发展议程中的角色和地位上升。中东变局和动荡体现出中东国家社会治理和发展模式的深重危机，以及经济可持续发展动力不足导致的民生危机。而中东变局带来的动荡失序，进一步冲击了中东国家的经济发展和市场融合进程。即使埃及、突尼斯等以和平方式实现"政权更替"的国家，其民生问题也变得更加严重。发展议程的重要性和紧迫性在中东国家变得更加突出，这种情况强化了中东国家"向东看"的倾向。中国的发展道路和经验、中国对外投资的能力和意愿都受到中东国家的高度重视。中东国家开展对华经贸合作，实现与中国发展战略对接的积极性空前高涨。穆兄会在埃及上台后，出自穆兄会的总统穆尔西选择中国作为其出访的首站，显示将中国置于埃及外交调整的中心位置。除了显示埃及与中国之间的传统友谊，穆尔西还希望以此来重振埃及的国际地位、学习中国发展模式，更希望推动中国大力投资埃及。② 2014 年 12 月，塞西总统访华，积极寻求"一带一路"框架下的合作契机，力邀中国企业赴埃及投资。这些都体现了中东国家对中国作用的高度重视。

三　中国对中东地区安全危机的建设性介入

中东变局以前，中国总体上超脱于中东地区危机之外，参与和介入程度十分有限。中国在中东的现实利益、介入途径和手段都非常有限，而且中国长期坚持以经济发展为中心，奉行"韬光养晦"的外交策略。③ 因此，

---

① 尤素福·哈桑：《理解中国在日益变化的世界中的作用》，中国国际问题研究所主编《第四届中国—阿拉伯国家关系研讨会论文集》，世界知识出版社，2011，第 116~121 页。

② Chris Zambelis, "A New Egypt Looks to China for Balance and Leverage," *China Brief*, Vol. XII, Issue 18, Sept. 21, 2012.

③ 刘中民：《中国的中东热点外交：历史、理念、经验与影响》，《阿拉伯世界研究》2011 年第 1 期，第 42~52 页。

即使参与，总体上仍表现出被动反应、弱对抗（或非对抗）、低投入和低风险的特征，主要行动是原则性表态、安理会表决、参与联合国授权的维和行动、有限的人道主义援助等。

中东变局发生后，中国由总体超脱、被动反应式的危机外交，转向更加积极主动地去塑造有利于和平稳定的地区环境。中国开始更积极主动地向中东推出自己的理念、主张、方案和倡议，更积极主动地参与中东地区危机的斡旋调解。在叙利亚问题上，中国先后多次动用安理会否决权，在调解促和中先后提出"六点建议""四点主张""五个坚持"等。在巴以冲突问题上，中国先后提出了"四点主张"① 和"五点倡议"，主张加强人道主义援助。在伊朗核问题谈判过程中，中国先后提出了全面解决伊核问题的"五点主张"（2014 年 2 月）、② "四点倡议"（2015 年 3 月底）③ 等动议，并专门就谈判过程中的一些焦点问题与难点提出了一系列"中国方案"和"中国思路"，以弥合各方分歧。中国在这些危机中的参与积极性、话语权和存在感大幅提升，在一些问题上甚至成为不可或缺的（如伊核谈判）或者关键的（如阿富汗、苏丹等危机）角色。中国也更坚决地在多边外交舞台上坚持不同于西方的立场和观点，更愿意为之投入更多外交资源。中国的不干涉内政实践，也从被动卷入国际集体努力转向主动参与国际集体努力。④

中国对该地区危机的参与主要有以下几个方面的特点。

第一，量力而行，突出重点。正如表 1 所示，不同危机的性质和特征存在差异，对中国国家利益的影响各不相同，中国影响危机解决的途径和手段也各不相同，这些因素影响着中国参与和介入不同危机的积极性、目

---

① 习近平主席于 2013 年提出，包括支持建立以 1967 年边界为基础、以东耶路撒冷为首都、拥有完全主权的巴勒斯坦国；当务之急是为重启和谈创造必要条件；应该坚持"土地换和平""阿拉伯和平倡议"等原则不动摇；国际社会应该为推进和平进程提供保障等。

② 由中国外交副部长李保东在伊核问题对话会上提出，包括：坚持走对话谈判道路；寻求全面、公平、合理的长期解决方案；秉持分步对等原则；营造有利的对话谈判气氛；寻求标本兼治、综合治理。

③ 由王毅外长提出，包括坚持政治引领、坚持相向而行、坚持分步对等、坚持一揽子解决等。

④ 潘亚玲：《从捍卫式倡导到参与式倡导——试析中国互不干涉内政外交的新发展》，《世界经济与政治》2012 年第 9 期，第 45~57 页。

标、立场、路径、方式和成效等。无可厚非的是，中国对那些给国家利益带来较大影响、中国拥有较强有力影响手段和途径的危机，介入积极性较高，投入较大，成效也较明显。在阿富汗问题上，阿富汗的稳定对中国国家安全会产生重要影响，而且中国可以借助上海合作组织以及中巴、中阿友好关系开展斡旋调解。伊朗核问题则影响中国的能源安全、国际核不扩散机制的稳定性以及中美合作大局，而且中国与美国和伊朗这两个关键行为体都有良好关系。苏丹问题同样关系中国能源安全，而且中国与南北苏丹都存在紧密联系。

第二，注重维护国际关系和国际法基本准则，注重维护中东国际秩序的稳定。在利比亚问题上，尽管担心利益可能受损和不干涉原则受到破坏，但中国和俄罗斯还是从"保护的责任"国际规范和共识出发，支持谴责卡扎菲政权暴行的第 1970 号决议，并对在利比亚设立"禁飞区"的第 1973 号决议投下了弃权票。在发生北约滥用授权在利比亚实行"政权更替"的恶劣先例后，中国则根据叙利亚危机升级的潜在危险性，与俄罗斯一起数次否决（包括三次在安理会否决）严重偏向叛乱武装的提案，维护了安理会的权威和《联合国宪章》精神、国际法的效力和权威，忠实于国际社会关于"保护的责任"的共识，打击了"新干涉主义"的气焰，维护了国际秩序的稳定。

第三，重视国际和地区多边机制，注重国际协调和协商。在介入中东地区危机的过程中，中国高度重视联合国和阿盟、非盟等全球性和地区性国际组织的作用。如在利比亚危机和叙利亚危机中，中国都积极支持这些国际组织进行斡旋调解。最突出的就是高度重视并大力支持联合国和阿盟联合特使安南和普拉希米在叙利亚危机中的调解努力，积极与他们进行有效沟通。中国还经常利用与阿盟和非盟等国际组织的良好关系，沟通和协调立场。中国还与其他域外大国就中东问题积极沟通、协调立场。从 2011 年举行的第四轮中美战略经济对话开始，中东事务成为双方对话的议题。2012 年 8 月，中美双方派出副部级高级官员，首次专门就中东问题开展对话。[①] 在 2013 年的第五轮对话中，双方磋商的内容不仅包括对前两轮中东

[①] 《美中举行首轮中东对话，聚焦叙利亚伊朗问题》，http://news.ifeng.com/world/special/xuliya/content-3/detail_2012_08/15/16813613_0.shtml。

事务磋商的回顾，还专门就伊朗核问题、叙利亚问题、南北苏丹问题和阿富汗问题展开磋商，寻求共识。从中国外交部网站提供的信息来看，中国外交部亚非司还就中东事务与俄罗斯、巴西、印度、欧盟国家、韩国等展开磋商沟通，而军控司也就伊朗核问题与各方开展协调。在叙利亚问题上，中俄在全面战略协作伙伴关系框架下密切协调，采取一致立场，反对任何外来武力干涉叙利亚的企图。但中国在通过安理会否决票反对西方干涉叙利亚的同时，也积极与美、英、阿盟等磋商，共同促进叙利亚危机的政治解决。①

此外，中国还积极与中东地区国家就危机应对开展沟通协调，以减少误解、增信释疑。中国对一些中东热点问题的立场和应对，以及中国对一些国内问题的处理，都可能在中东国家舆论中引发一些负面反应，前者如中国在叙利亚问题上在安理会投下否决票就曾在阿拉伯世界引发一些负面评价。中国中东问题特使密集出访，其重要任务之一就是与中东各方就热点问题开展沟通。中东特使还积极参加海湾地区国家一年一度的"麦纳麦对话会"，阐释中国在相关热点问题上的立场。中阿合作论坛、中非合作论坛等也是中国与阿拉伯国家就热点问题进行沟通的重要平台。

第四，立场相对公允、客观、平衡。与美、欧、俄等其他介入中东事务的老牌强国相比，中国在中东国家公众中间很少有殖民帝国的历史包袱和宗教冲突的负面情感，而且，中国是唯一同该地区所有国家都保持良好关系的域外大国。因此，中国可以从一种更加理性、客观、中立和平衡的立场出发，根据自身利益需要和事情本身的是非曲直来制定和实施中东战略、参与和介入中东地区的危机。在巴以冲突问题上，中国支持巴勒斯坦人民反对占领、要求自决的正义要求；也主张以色列有和平、安全的权利。在伊朗核危机中，中国一方面支持伊朗和平利用核能的权利，另一方面则反对伊朗走向核武装；一方面反对西方任意扩大对伊朗的制裁，另一

---

① 潘亚玲：《从捍卫式倡导到参与式倡导——试析中国互不干涉内政外交的新发展》，《世界经济与政治》2012 年第 9 期，第 45~57 页。

表1 中国对中东地区危机的建设性介入

地区危机	性质和类型	主要发生时间	主导性外部参与方	中国介入必要性	介入途径和手段	介入目标	主要行动	成效
利比亚危机	内战+外部干预	2011年	欧美	低	有限（联合国）	维护海外利益；管控暴力冲突	安理会第1973号决议，弃权；斡旋调解；撤侨	低
叙利亚危机	内战+代理人战争+恐怖主义	2011年~	美俄、中东国家	中	有限（联合国）	维护不干涉原则；管控暴力冲突	1）安理会否决；2）调解促和，提出"六点建议""五个坚持""四点主张"等；3）参与销毁化武；4）参与人道援助	中等偏低
也门危机	内乱+代理人战争+恐怖主义		逊尼派、什叶派	低	有限（联合国；阿盟）	维护不干涉原则；撤侨；管控冲突	安理会原则性表态；撤侨	低
伊朗核危机	全球防扩散；可能引发严重地区冲突	2005年~2011年~2015年	P5+1	高	较强（联合国；P5+1机制；伊朗信任；在伊朗投资）	防扩散；能源安全、地缘政治利益；中美关系稳定	积极参与P5+1机制的谈判；积极调解促和，五点主张、四点倡议等；抵制不恰当制裁	高

续表

地区危机	性质和类型	主要发生时间	主导性外部参与方	中国介入必要性	介入途径和手段	介入目标	主要行动	成效
巴以冲突	民族自决		美	较高	较强（政治和外交；特使，双边和多边外交；人道主义援助）	推动巴以和平进程；提升中国在中东影响	1）特使等外交官密集访问斡旋、促和；2）2013年5月，巴以领导人先后来访，习近平提出"四点主张"*（2014年6月中阿合作论坛重申，并援助6000万）；3）2014年外长在联大提"五点倡议"	中等
"伊斯兰国"崛起	恐怖主义	2014年夏～	西方、中东国家	中	弱（国际多边组织）	阻止恐怖主义蔓延肆虐	表明原则立场；人道主义援助	低
南北苏丹冲突	国际冲突		中国	高	强（投资）	管控危机	积极斡旋调解	高

* "四点主张"包括支持建立以1967年边界为基础、以东耶路撒冷为首都、拥有完全主权的巴勒斯坦国；当务之急是为重启和谈创造必要条件；应该坚持"土地换和平""阿拉伯和平倡议"等原则不动摇；国际社会应该为推进和平进程提供保障等。

方面也反对伊朗封锁霍尔木兹海峡。在叙利亚危机中，中国一再主张对冲突各方的行为进行客观公允的评估，反对不顾事实地美化反对派和妖魔化巴沙尔政府。在几乎所有的中东冲突中，中国都主张运用和平方式加以解决。① 这与西方国家从一己私利出发，偏袒一方，并动辄进行武力干预或以武力相威胁形成鲜明对比。

通过积极介入中东地区安全危机，中国中东外交主要取得了以下成果。

第一，捍卫了中国在中东的主要利益，提升了中国在中东地区的影响力，标志着中国真正成为参与中东事务的强大行为体。叙利亚问题上三次否决票显示中国的存在。用一位美国分析家的话来说，就是"显示中国可以，而且中国将站立起来"。② 2015 年伊朗核协议签署后，美国国务院发言人在接受采访时承认，中国在谈判中扮演的角色"至关重要"，非常具有建设性和有益。通过促进伊朗核协议的达成，中国在经济方面有望获得相对稳定的重要石油来源，从而提升中国能源安全；中国推出的"一带一路"倡议，也将在一个关键支点国家获得顺利实施的外部环境。在政治和战略方面，中国在伊朗核协议上的建设性介入显现了中美合作协调的价值，缓和了中美关系；同时，中国还借此加强了与伊朗的战略伙伴关系，可以借助伊朗进一步扩展在中东的影响力。伊朗核协议既反映了中国为调解矛盾做出的积极努力，反映了中国稳定中东局势和维护国际核不扩散机制的愿望，也在一定程度上体现了中国所倡导的互信、互利、平等和合作的新安全观的内涵和精神。因此，伊朗核协议被视为体现出中国特色的协议。③ 在利比亚、也门等国的大规模紧急撤侨行动，既展现了新时期中国在海外公民保护中的强大组织动员、外交能力以及初步的远程投送能力，

---

① 在叙利亚问题上，阮宗泽将中国的主张概括为止暴、对话、救援、戒武、合作和团结六个关键词。参见曲星《联合国宪章、保护的责任与叙利亚问题》，《国际问题研究》2012 年第 2 期，第 6~18 页。

② Dawn C. Murphy, *Testimony before the U. S. —China Economic and Security Review Commission*, June 6, 2013.

③ Emma Scott, "A Nuclear Deal with Chinese Characteristics: China's Role in the P5+1 Talks with Iran," *China Brief*, Vol. 15, Issue, 14, http://www.jamestown.org/programs/chinabrief/single/? tx_ ttnews%5Btt_ news%5D=44172&tx_ ttnews%5BbackPid%5D=789&no_ cache=1.

也通过帮助他国侨民撤离展现了中国愿意提供国际公共产品的道义形象。尤其是利比亚大撤侨，是中国军舰首次到达地中海，也是中国军队海空力量首次大规模投入保护海外公民，更是军民、政企、中外以前所未有的规模进行的一次联合大救援。①

第二，有效管理了与一些阿拉伯国家之间的分歧，维护了与中东各国之间的互信、合作和共赢关系。美国曾希望中国会因坚持不干涉原则、不公开支持民众而在中东更加孤立。② 但中国与中东国家的关系并没有沿着这条轨道发展。埃及、利比亚和突尼斯新政府仍然期望并欢迎中国积极参与这些国家的经济重建，这些正是上述国家新任领导人的迫切需要，而中国可以发挥积极作用。在一个问题丛生的时代和地区，一以贯之地坚持不干涉内政原则对国际友好合作关系有强大的自我维护和修复能力，也容易获得中东国家的理解和认可。内乱中的政府反对派有时因中国的不干涉内政原则而生嫌隙，但一旦他们上台成为执政者，则又很容易转而认可和支持不干涉内政原则。此时，奉行非意识形态化务实外交的中国，较容易成为新政权信任的合作者。在"阿拉伯之春"后建立的一些新政府看来，不论谁掌权都会与之打交道的中国的务实立场是防范不可预测的美国的有益手段。③ 黎巴嫩《明星日报》前编辑卡米利娅·拉里奇指出，中国的不干涉态度赢得了阿拉伯人心。中国投下否决票，并未导致阿拉伯世界反华，反而获得更多认同。中国被视为一个非意识形态国家、日益崛起的力量、成功的发展样板和投资来源，中阿关系发展有助于双赢。④

第三，捍卫了国际关系基本准则和国际秩序的稳定，捍卫了中东国家人民的根本利益。若没有中国、俄罗斯等国家的制衡，打着"保护的责

---

① 王逸舟：《创造性介入：中国外交新取向》，北京大学出版社，2011，第 75 页；Gabe Collins and Andrew S. Erickson, "Implications of China's Military Evacuation of Citizens from Libya," *China Brief*, Vol. XI, Issue 4, Mar. 10, 2011。

② Nikolas Gvosdev, *The Realist Prism*: *Don't Count China Out in Middle East*, http://www.worldpoliticsreview.com/articles/11654/the-realist-prism-dont-count-china-out-in-middle-east.

③ 尼古拉斯·格沃斯杰夫：《现实主义棱镜：在中东问题上，别把中国排除在外》，世界政治评论网站，2012 年 3 月 2 日。可参考 http://www.fx361.com/page/2012/0305/36022.shtml。

④ 卡米利娅·拉里奇：《中国不干涉态度赢得阿拉伯人心》，《南华早报》2012 年 2 月 16 日。

任"旗号的西方新干涉主义就将泛滥成灾，使国际秩序陷入更大范围的动荡之中，国际关系基本准则也将受到更加严重的破坏。同时，叙利亚的内乱也将迅速恶化升级，大规模内战将撕裂国家，暴力和冲突将向周边迅速扩散。防止内战升级、冲突扩散符合叙利亚人民和中东人民的根本利益。

四　余论

作为中东事务的一个"新来者"，中国与西方国家及俄罗斯等老牌列强在参与中东地区危机的应对和治理等方面都存在差异。[①] 中国在参与的广度、深度以及施加影响的手段和途径的多样性等方面与西方国家难以匹敌。中国在中东的战略投放能力和影响手段有限，主要为政治和经济两种。中国尊重主权、偏重对话的方式，比西方动辄越俎代庖实施强制干预的方式相比，更符合"建设性介入"的标准，制造不必要的附带伤害的可能性很小。但这种"软身段"方式主要对有较强对话意愿的行为体有明显影响，在冲突酝酿阶段或者冲突后重建阶段使用的成效比较明显。但对那些决意选择将武力作为问题解决方案的（内外部）行为体影响不大，对正在升级进程中的冲突的影响也不大。唯有在各方行为体都产生以对话和谈判方式解决冲突的情况下，中国的"软身段"方案才有较大的用武之地。而经济和民生手段，也唯有在基本安全能够得到保障的环境中成效才更为明显。这也显示了中国参与中东地区危机应对和治理的局限性。中国在危机解决中倾向于承担和发挥斡旋、调解的角色和作用，但缺乏有效阻止冲突爆发和升级的"硬身段"方案，尤其缺乏硬性的军事存在（尤其军事基

---

① 关于参与中东地区冲突治理，孙德刚研究员总结了以下中西差异：民主优先 vs 民生优先、自下而上 vs 自上而下、激进式 vs 渐进式、强制型 vs 协商型、全面介入 vs 选择参与、精英治理 vs 平民治理、封闭 vs 开放、意（识形态）利并重 vs 义利并重（参见孙德刚《中国参与中东地区冲突治理的理论与实践》，《西亚非洲》2015 年第 4 期，第 79～97 页）。但笔者认为，中国参与中东地区冲突治理的方式和手段，大多属于风险和投入较低、冲突性较低的方式，西方国家也大多曾长期采用。而且，这两类不同的治理方式和手段并不必然相互排斥、对立，在许多情况下可以实现相互支持、相得益彰。随着中国更深入地参与中东地区危机治理，实施高风险、高投入的行动，西方、俄罗斯的经验、教训仍然值得中国借鉴，中国更需与这些国家加强协调与合作。

地）作为支撑。2009 年以来的海军护航编队的后勤保障依赖海上补给、临时停靠的外国港口以及沿途中国民用船只，成本高昂。[①] 在西方仍然占据国际体系主导地位并奉行新干涉主义的环境里，中国能力和手段的有限性，也使中国在维护国际关系的基本准则和国际秩序的稳定方面处于不利地位。中国还面临一个值得深思的问题：在"保护的责任"规范进一步国际化的时代，如何在基本人权保护和不干涉内政原则之间建立新的均衡点，既践行大国责任中的"保护的责任"，又防止西方借"保护的责任"之名实施"人道主义干预"，甚至"政权更替"，从而推动国际社会接受一种"负责任的保护"规范？

---

① Andrew Erickson and Austin Strange，"Learning by Doing：PLAN Operational Innovations in the Gulf of Aden，" *China Brief*，Vol. XⅢ，Issue 21，Oct. 24，2013.

图书在版编目（CIP）数据

新世纪地区安全危机及其治理／刘鸣主编 . -- 北京：
社会科学文献出版社，2018.12
　（国际战略与国际关系理论青年论丛）
　ISBN 978-7-5201-3742-3

　Ⅰ . ①新…　Ⅱ . ①刘…　Ⅲ . ①国家安全-研究-世界
Ⅳ . ①D815.5

　中国版本图书馆 CIP 数据核字（2018）第 238016 号

国际战略与国际关系理论青年论丛
新世纪地区安全危机及其治理

主　　编／刘　鸣
副 主 编／顾　炜　汪舒明

出 版 人／谢寿光
项目统筹／高明秀
责任编辑／许玉燕　卢敏华

出　　版／社会科学文献出版社·当代世界出版分社（010）59367004
　　　　　地址：北京市北三环中路甲 29 号院华龙大厦　邮编：100029
　　　　　网址：www. ssap. com. cn
发　　行／市场营销中心（010）59367081　59367083
印　　装／三河市龙林印务有限公司

规　　格／开本：787mm×1092mm　1/16
　　　　　印张：15　字数：235 千字
版　　次／2018 年 12 月第 1 版　2018 年 12 月第 1 次印刷
书　　号／ISBN 978-7-5201-3742-3
定　　价／79.00 元